4年

実力アップ

漢字練習ノート

特別《とくべつ》ふろく

教科書の順《じゅん》に練習できる！

教育出版版
完全準拠

年　　組	名前

「漢字練習ノート」はとりはずして使用できます。

もくじ

漢字練習ノート 教育出版版 国語4年

この本の使い方

- 教科書に出てくる漢字を、単《たん》元ごとに練習しましょう。
- ４年生で学習する漢字202字を、全て出題しています。
- 全ての漢字を、正しく書けるようになれば、合格《かく》です。

白いぼうし
見つけよう、ぴったりの言葉

第1回 /18問

☆ □に漢字を書きましょう。〔 〕には、漢字とひらがなを書きましょう。（☆は、新しい漢字のべつの読み方です。）

白いぼうし

1 □□《しんごう》が赤だ。

2 六月の〔 〕《はじめ》。

3 □□《そくたつ》で送る。

4 色が青に〔 〕《かわる》。

5 □□□《うんてんせき》にすわる。

6 □《な》の花がさく。

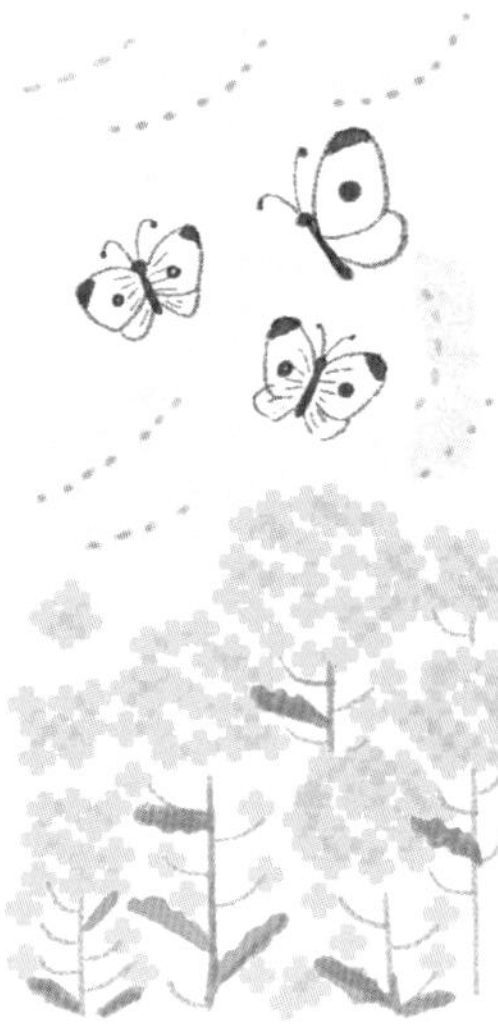

7 〔 〕《わらい》がこみあげる。

8 花の〔 〕《かおり》。

9 □《うめ》の実がなる。

10 □□《やさい》を育てる。

11☆ □□《はつゆき》がふる。

12☆ 一学期の□□《しょにち》。

13☆ 気持ちが□□《へんか》する。

14☆ □□《かがわ》県のうどん。

15☆ □□《ばいう》前線が近づく。

見つけよう、ぴったりの言葉

16 〔 〕《まわり》を見る。

17 わたしの□□《じゅんばん》だ。

18☆ 公園を□□《いっしゅう》する。

漢字の広場① 漢字の部首《ぶしゅ》

第2回
/20問

☆ □に漢字を書きましょう。〔　〕には、漢字とひらがなを書きましょう。（☆は、新しい漢字のべつの読み方です。）

1 何かに□□《かんけい》がある。

2 □□《めじるし》とする部分。

3 □□□《かいすいよく》に行く。

4 クラブに□□《かにゅう》する。

5 □□《どりょく》が実を結《むす》ぶ。

6 ひまわりの□《め》が出る。

7 マラソンを□□《かんそう》する。

8 商品が豊《ほう》□《ふ》だ。

9 □□□《えいかいわ》を習う。

10 写真を□□《かこう》する。

11 □□《かんぜん》な形。

12☆ □□《せきしょ》を通る。

13☆ 犬に〔　　〕《かかわる》仕事。

14☆ □《いん》かんをおす。

15☆ シャワーを〔　　〕《あびる》。

16☆ 文字を書き〔　　〕《くわえる》。

17☆ 勉学に〔　　〕《つとめる》。

18☆ 種《たね》が□□《はつが》する。

19☆ 変化に〔　　〕《とむ》けしき。

20☆ ばく大な□《とみ》をきずく。

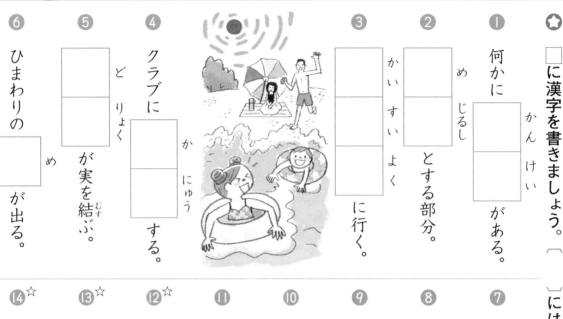

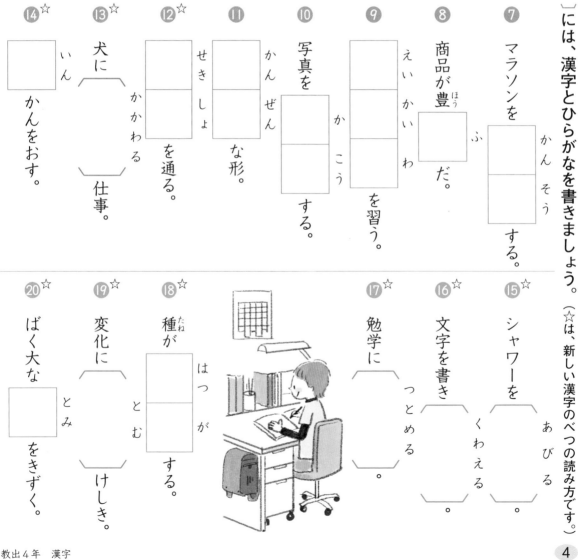

漢字の広場①　三年生で学んだ漢字①

/20問　第3回

☆ □に漢字を書きましょう。〔　〕には、漢字とひらがなを書きましょう。

1 真夏の□□《たいよう》。

2 村のお〔　〕《まつり》。

3 □□《じゅうしょ》を正しく書く。

4 □□《でんちゅう》にせみがとまる。

5 列車が□□《てっきょう》をわたる。

6 川に魚を□□《ほうりゅう》する。

7 山の中の□《みずうみ》。

8 □《ひつじ》の毛をかる。

9 □《はたけ》をたがやす。

10 船が□□《きてき》を鳴らす。

11 赤い□《み》がなる。

12 二つ目の〔　〕《まがり》角。

13 □《えき》で待ち合わせる。

14 □《しょう》防《ぼう》車のサイレン。

15 □□《せんろ》にそって歩く。

16 船が□《みなと》を出る。

17 風が強く、□《なみ》が高い。

18 遠くに□《しま》が見える。

19 〔　〕《むかい》風を受ける。

20 日本の□□《のうぎょう》。

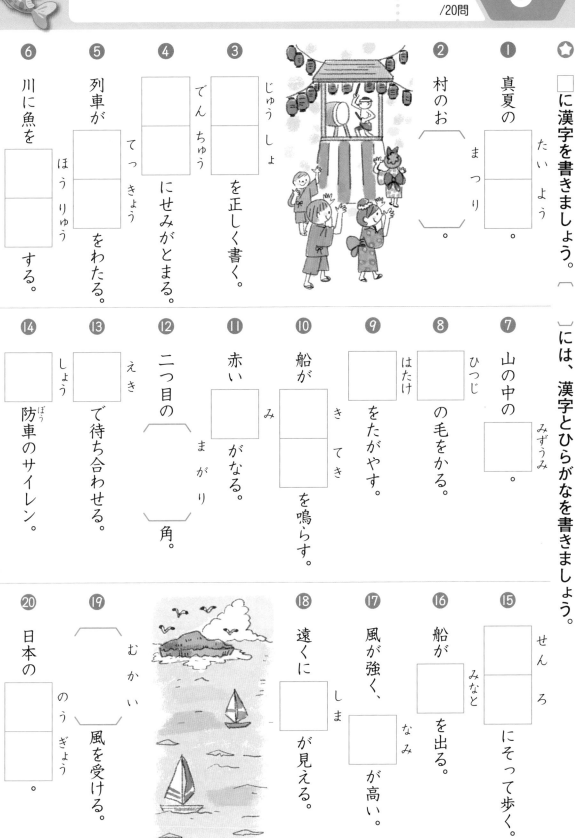

ぞうの重さを量る
花を見つける手がかり

第4回　/19問

□に漢字を書きましょう。〔　〕には、漢字とひらがなを書きましょう。（☆は、新しい漢字のべつの読みかたです。）

ぞうの重さを量る

1. 重さを〔　　〕《はかる》。
2. □□《ほうほう》を思いつく。
3. □□《さいご》にやること。
4. □《やく》四千五百キログラム。
5. 店を□□《よやく》する。
6. ☆ キノコの生産《さん》□《りょう》。
7. ☆ 日本で〔　　〕《もっとも》高い山。

花を見つける手がかり

8. 大がかりな□□《じっけん》。
9. ヘチマを□□《かんさつ》する。

10. 四□□《しゅるい》の花。
11. □《べつ》のことをする。

12. □《ねん》のため、かさを持つ。
13. 長さの□□《たんい》。
14. □□《しょうめい》をつける。
15. 植物を□□《ぶんるい》する。
16. ☆ ひまわりの□《たね》。
17. ☆ 駅前で兄と〔　　〕《わかれる》。
18. ☆ 百の□《くらい》の数。
19. ☆ かい中電灯《とう》で〔　　〕《てらす》。

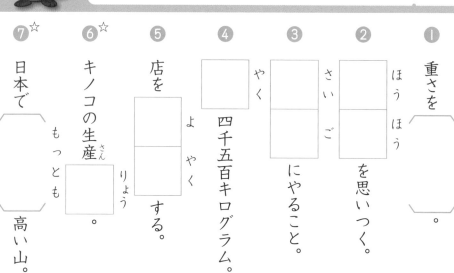

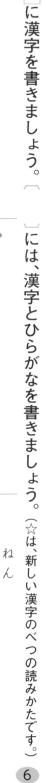

読書の広場① 分類をもとに本を見つけよう
言葉の広場① 漢字辞典の使い方 (1)

第5回

/18問

★ □に漢字を書きましょう。〔 〕には、漢字とひらがなを書きましょう。(☆は、新しい漢字の別の読み方です。)

読書の広場①

1 □□□□《しぜんかがく》。

2 町の主な□□《さんぎょう》。

3 音楽などの□《げい》術《じゅつ》。

4 □□《とうぜん》の結果《けっか》。

5 牛が□□《しゅっさん》する。

6 しゅみは□□《しゅげい》だ。

7☆ □□《てんねん》のどうくつ。

言葉の広場① (1)

8☆ 赤ちゃんを〔　〕《うむ》。

9 国語□□《じてん》を使う。

10 ももたろうのおに退《たい》□《じ》。

11 漢字の〔　〕《なり》立ち。

12 □□《おんくん》さくいんを使う。

13 □□《ちょっけい》をはかる。

14 たつまきの□□《ぜんちょう》。

15☆ けがが〔　〕《なおる》。

16☆ 国を〔　〕《おさめる》。

17☆ 病気の□《ち》りょう。

18☆ 子どもが□□《せいちょう》する。

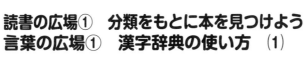

言葉の広場①　漢字辞典の使い方　(2)

第6回

/20問

☆ □に漢字を書きましょう。〔　〕には、漢字とひらがなを書きましょう。（☆は、新しい漢字の別の読み方です。）

1. 主君に仕える□□《かしん》。
2. □□□《じょうかまち》を旅する。
3. □□《ならく》の底《そこ》。
4. 海のそばにある□□《えんでん》。
5. 電車で□□《きせい》する。
6. 手間を〔はぶく〕。
7. 文部科学□《しょう》の決定。
8. □□《とくほん》は昔の教科書だ。
9. ざっしを□□《いんさつ》する。
10. □□《りょうしん》的《てき》な店。
11. おじいさんと□《まご》。
12. 平和を□《あい》する。
13. □《しょう》エネルギーに努める。
14. □□《あいけん》とくらす。

15. ☆ □□《だいじん》の発言。

16. ☆ 古い□《しろ》を見学する。
17. ☆ □□《しおみず》につける。
18. ☆ 版《はん》画を〔する〕。
19. ☆ 〔よい〕香りがする。
20. ☆ 徳川家康《とくがわいえやす》の□□《しそん》。

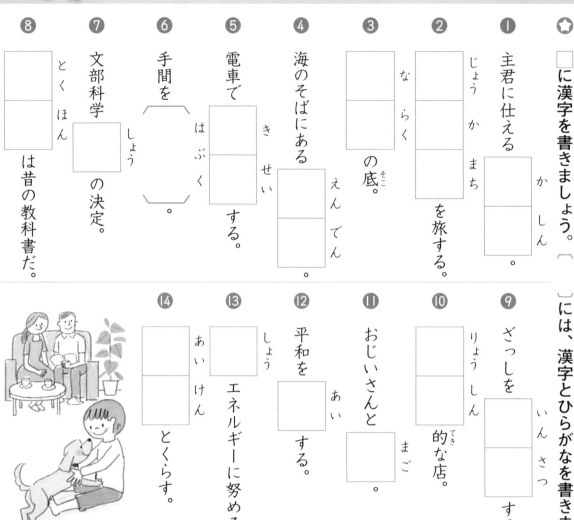

メモの取り方のくふう リーフレットでほうこく

第7回　/18問

□に漢字を書きましょう。〔　〕には、漢字とひらがなを書きましょう。（☆は、新しい漢字の別の読み方です。）

メモの取り方のくふう

1 □□《ひつよう》なじょうほう。

2 □□《ともだち》と話す。

3 文章を□□《ようやく》する。

4☆ 〔　　〕《かならず》歯をみがく。

5☆ 守りの□《かなめ》。

リーフレットでほうこく

6 様子が〔　　〕《つたわる》。

7 □□《かだい》を見つける。

8 家の人に〔　　〕《つたえる》。

9 □□《ゆうがい》なガス。

10 □□《きかい》を動かす。

11 紙を二つに〔　　〕《おる》。

12 □□《せつめい》を聞く。

13 マイバッグの□□《じさん》。

14 □□□《ほうかご》の校庭。

15 写真を□□《さんこう》にする。

16☆ 科学者の□□《でんき》を読む。

17☆ 次の角を□□《うせつ》する。

18☆ お宮〔　　〕《まいり》をする。

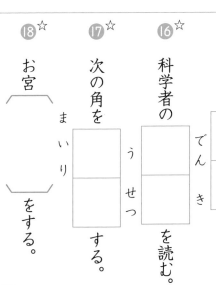

言葉の文化① 短歌の世界
漢字の広場② 漢字の音《おん》を表す部分 (1)

第8回

/18問

☆ □に漢字を書きましょう。〔 〕には、漢字とひらがなを書きましょう。（☆は、新しい漢字の別の読み方です。）

言葉の文化①

1 真っ白な□□《いふく》。

2 自然の□□《ふうけい》。

3 美しい□□《けしき》。

4 □□《うみべ》を歩く。

5 千年□□《いじょう》昔の短歌。

漢字の広場② (1)

6☆ 〔　〕《あたり》を見回す。

7☆ 湖の□□《しゅうへん》。

8 ご□《はん》をもる。

9 良い□《あん》を思いつく。

10 □□《じどう》たちが遊ぶ。

11 □□□□《かもつれっしゃ》。

12 六才□□《みまん》の子ども。

13 □□《めいれい》にしたがう。

14 家まで□□《あんない》する。

15 □□《みらい》を想像《ぞう》する。

16 会場は□□《まんいん》だ。

17☆ にぎり□《めし》を食べる。

18☆ 海が〔　〕《みち》しおになる。

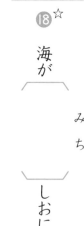

漢字の広場②　漢字の音《おん》を表す部分　(2)
都道府県名に用いる漢字　(1)

/20問

第9回

★ □に漢字を書きましょう。〔　〕には、漢字とひらがなを書きましょう。（☆は、新しい漢字の別の読み方です。）

漢字の広場②　(2)

1 □□《れいせい》になる。

2 けいさつ□《かん》が見回る。

3 □□《やくそく》を守る。

4 日本□□《かくち》の名所。

5☆ 〔　　〕《つめたい》水を飲む。

6☆ 体が〔　　〕《ひえる》。

7☆ スープが〔　　〕《さめる》。

8☆ 〔　　〕《しずか》な夜。

9☆ □□《はなたば》をおくる。

漢字の広場②　都道府県名に用いる漢字　(1)

10 都道□《ふ》県の名前。

11 □□《みやぎ》県のかまぼこ。

12 □□《とちぎ》県のいちご。

13 □□《いばらき》県のメロン。

14 □□《ぐんま》県の特《とく》産品。

15 □□《さいたま》県の人形づくり。

16 □□□《かながわ》県の港。

17 □□《にいがた》県の米。

18 □□《とやま》県のホタルイカ。

19☆ 魚の〔　　〕《むれ》。

20☆ ありが□《むら》がる。

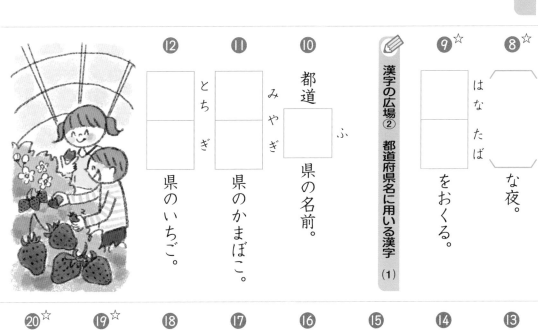

漢字の広場②　都道府県名に用いる漢字 (2)

/20問　第10回

☆ □に漢字を書きましょう。（☆は、新しい漢字の別の読み方です。）

① □□《ふくい》県に行く。

② □□《やまなし》県のもも。

③ □□《ぎふ》県の和紙。

④ □□《しずおか》県のお茶。

⑤ □□《しが》県の琵琶《びわ》湖。

⑥ □□《おおさか》府の人口。

⑦ □□《ひょうご》県の肉牛。

⑧ □□《なら》県の大仏《ぶつ》。

⑨ □□《とっとり》県の砂丘《さきゅう》。

⑩ □□《とくしま》県の阿波《あわ》おどり。

⑪ □□《えひめ》県のみかん。

⑫ □□《さが》県の有田焼《ありたやき》。

⑬ □□《ながさき》県の教会。

⑭ □□《くまもと》県のトマト。

⑮ □□《おおいた》県の温泉《せん》。

⑯ □□□《かごしま》県の自然。

⑰ □□《おきなわ》県のサンゴ。

⑱ □□《ねんが》状《じょう》を書く。

⑲ □□《どうとく》の教科書。

⑳☆ □《しか》にえさをやる。

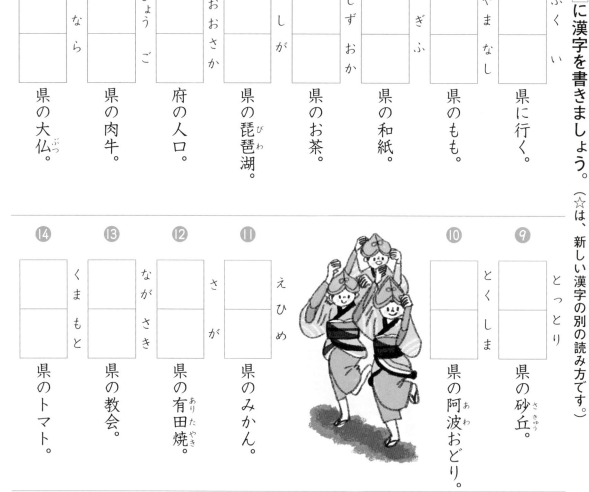

漢字の広場②　三年生で学んだ漢字②　(1)

/20問

第11回

☆ □に漢字を書きましょう。〔　〕には、漢字とひらがなを書きましょう。

① 大きな□□《びょういん》。

② 電車の方が□□《あんしん》だ。

③ □《こおり》で冷やす。

④ □□《ぐあい》がよくない。

⑤ かぜの□《くすり》。

⑥ □□《にがみ》のある飲み物。

⑦ 友達に□□《そうだん》する。

⑧ 天気が〔　〕《わるい》。

⑨ □□《はなぢ》が出る。

⑩ □□《にかい》のまどをふく。

⑪ □□《めんかい》時間を守る。

⑫ □□《すいえい》の練習。

⑬ □□《いしゃ》にみてもらう。

⑭ ベッドに□《よこ》たわる。

⑮ キャンプの〔　〕《もうし》こみ。

⑯ □《つぎ》の人をよぶ。

⑰ □《ゆび》でおす。

⑱ 大きく□《いき》をすう。

⑲ 好《す》きな□□《ししゅう》を読む。

⑳ □《いのち》の大切さを伝える。

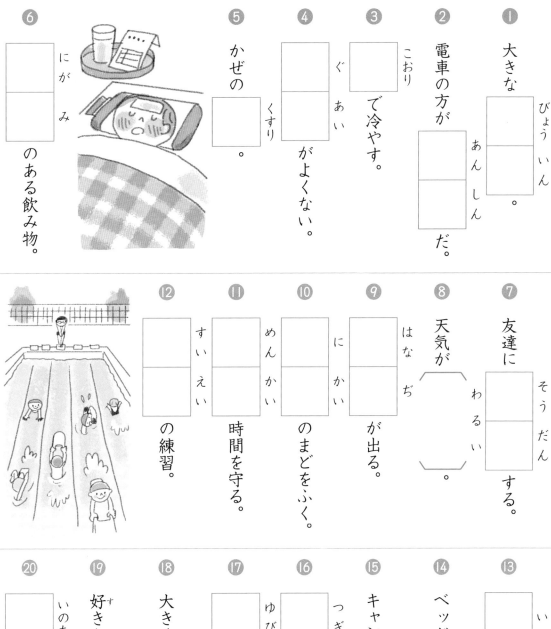

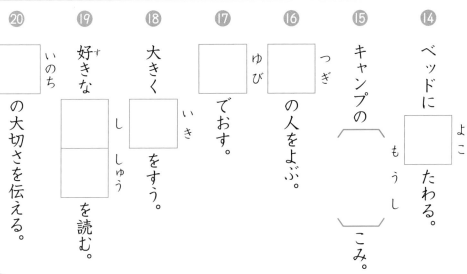

漢字の広場②　三年生で学んだ漢字②　(2)
落語　ぞろぞろ

第12回

/18問

☆ □に漢字を書きましょう。〔　〕には、漢字とひらがなを書きましょう。（☆は、新しい漢字の別の読み方です。）

漢字の広場②　三年生で学んだ漢字②　(2)

❶ □□《かぞく》で旅行に行く。

❷ □□《しんたい》けんさをする。

❸ おかずを□《さら》に取る。

❹ 病院の□□□《まちあいしつ》。

❺ バスの□□□《うんてんしゅ》。

落語　ぞろぞろ

❻ 十七世紀《き》の□《すえ》。

❼ おもしろい□□《けつまつ》。

❽ 代金を〔　　〕《おく》。

❾ わらじが売れ〔　　〕《のこる》。

❿ □□《しつれい》をおわびする。

⓫ かつらを〔　　〕《かりる》。

⓬ □□《けっきょく》中止になった。

⓭ □□《しつげん》をせめられる。

⓮☆ リボンを〔　　〕《むすぶ》。

⓯☆ 家具を□□《はいち》する。

⓰☆ □□《ざんねん》に思う。

⓱☆ 気を〔　　〕《うしなう》。

⓲☆ □□《しゃっきん》を返す。

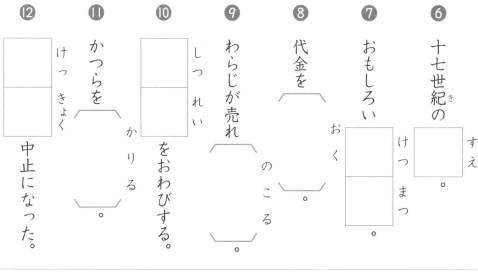

写真から読み取る
作ろう学級新聞

/16問

第13回

□に漢字を書きましょう。〔　〕には、漢字とひらがなを書きましょう。（☆は、新しい漢字の別の読み方です。）

写真から読み取る

1 梅の□□《きせつ》。

2 □□《しき》のうつり変わり。

3☆ 竹の□《ふし》。

作ろう学級新聞

4 効《こう》□□《かてき》に使う。

5 毎日の□□《きゅうしょく》。

6 □□《えいよう》士《し》さん。

7 実験の□□《けっか》。

8 □□□《かつどうてき》な人。

9 食べ物の□□《はいきゅう》。

10 日本一の□□《えいこう》。

11 根から□□《ようぶん》を取る。

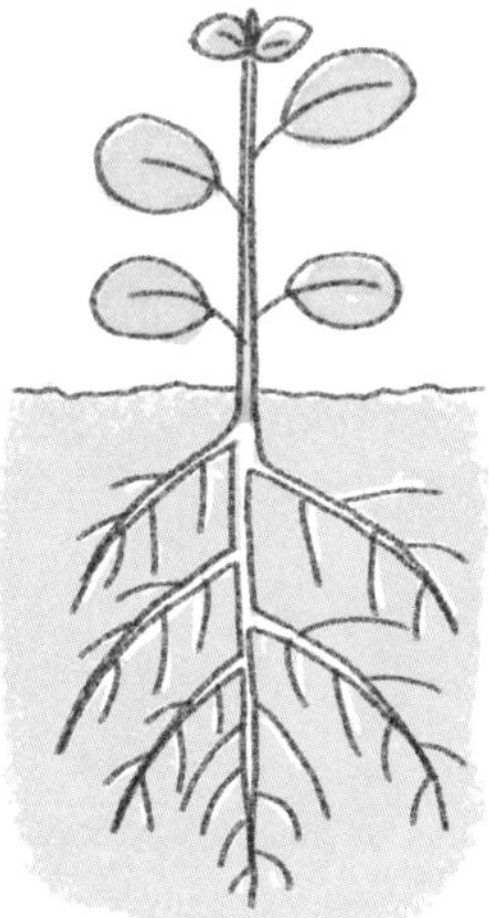

12☆ 地の〔　　〕《はて》にある国。

13☆ 役目を〔　　〕《はたす》。

14☆ 矢が□《まと》に当たる。

15☆ 町が〔　　〕《さかえる》。

16☆ 家族を〔　　〕《やしなう》。

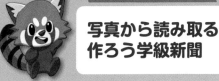

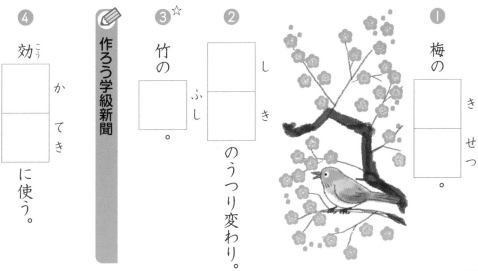

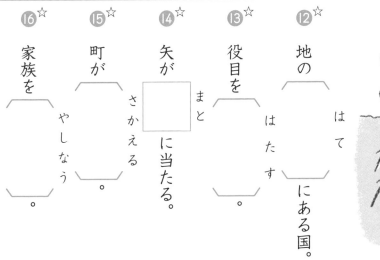

漢字の広場③　送りがなのつけ方

第14回

/18問

☆ □に漢字を書きましょう。（　）には、漢字とひらがなを書きましょう。（☆は、新しい漢字の別の読み方です。）

1 人が（　　）《おいる》。

2 ゼリーが（　　）《かたまる》。

3 会社で（　　）《はたらく》。

4 □□《きぼう》が通る。

5 じゅもんを（　　）《となえる》。

6 手を（　　）《あげて》発言する。

7 名前を（　　）《おぼえる》。

8 目が（　　）《さめる》。

9 □□《きしょう》な動物。

10 結果に□□《しつぼう》する。

11☆ □□《ろうじん》に昔の話を聞く。

12☆ （　　）《かたく》約束する。

13☆ ピンで□□《こてい》する。

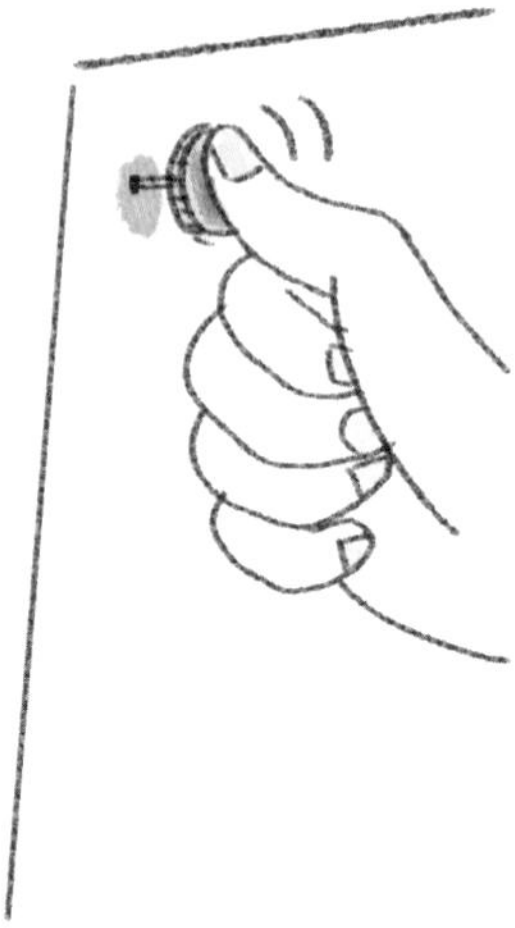

14☆ （　　）《のぞみ》をかなえる。

15☆ 詩を□□《あんしょう》する。

16☆ □□《きょしゅ》をして質《しつ》問する。

17☆ □□《かんかく》がするどい。

18☆ □□《みかく》の秋。

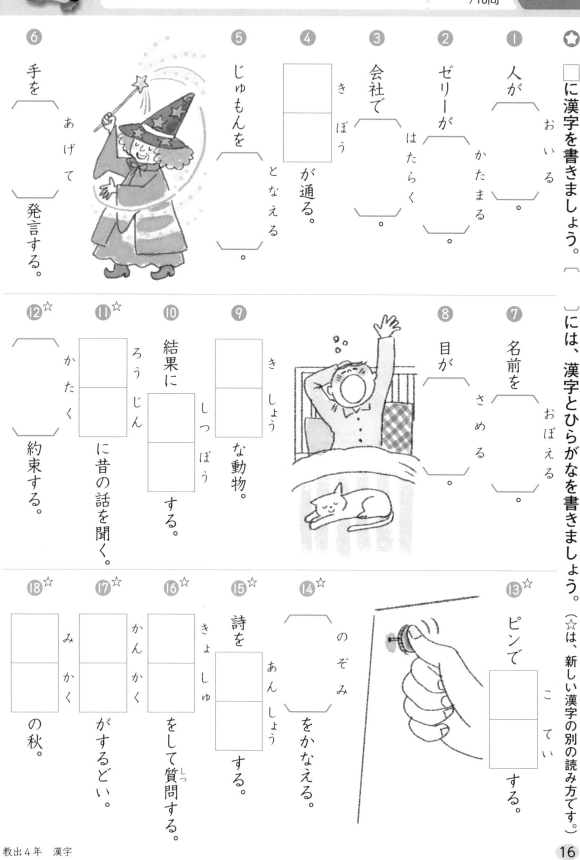

漢字の広場③　三年生で学んだ漢字③

第15回

/20問

☆ □に漢字を書きましょう。〔　〕には、漢字とひらがなを書きましょう。

❶ 図書館で□□《べんきょう》する。

❷ 話を〔　　〕《おわり》まで聞く。

❸ 号令で□□《きりつ》する。

❹ □□《りゆう》を話す。

❺ 来週の□□□《よていひょう》。

❻ □□《こくばん》に名前を書く。

❼ 夏休みの□□《しゅくだい》。

❽ 手紙の□□《へんじ》を書く。

❾ □□《きょねん》の秋。

❿ 短い□□《きかん》で覚える。

⓫ □□□□《せかいちず》。

⓬ □□《ぶんしょう》を書く。

⓭ 一日の〔　　〕《はじまり》。

⓮ 昔の□□《しゃしん》。

⓯ □□《とし》でのくらし。

⓰ □□《いけん》を発表する。

⓱ 新しい□□《ふでばこ》。

⓲ 百人一首を□□《あんしょう》する。

⓳ □□《がっきゅう》で話し合う。

⓴ 漢字□□□《れんしゅうちょう》。

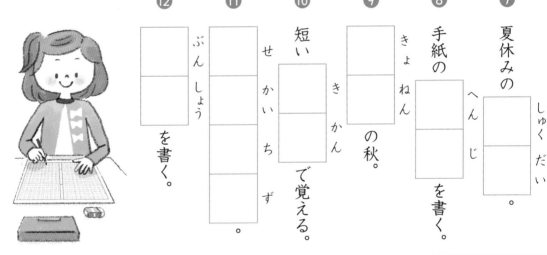

一つの花　(1)

第16回

/18問

☆ □に漢字を書きましょう。〔　〕には、漢字とひらがなを書きましょう。(☆は、新しい漢字の別の読み方です。)

① □□《せんそう》がはげしくなる。

② てきの□□□《ひこうき》。

③ 鳥が空を〔　〕《とぶ》。

④ 町が〔　〕《やかれる》。

⑤ □□《ほうたい》をまく。

⑥ 〔　〕《なき》顔を見せる。

⑦ 〔　〕《いさましい》声。

⑧ □□《ぐんか》が聞こえる。

⑨ □□□《けっしょうせん》で負ける。

⑩ □□《ほうちょう》とまな板。

⑪ 人の多い□□□《じかんたい》。

⑫ 妹が〔　〕《なく》。

⑬ □□《ぐんて》をはめる。

⑭☆ てきと〔　〕《たたかう》。

⑮☆ 先を〔　〕《あらそう》。

⑯☆ 着物の□《おび》を結ぶ。

⑰☆ 電気を〔　〕《おびる》。

⑱☆ □□《ゆうき》を出して言う。

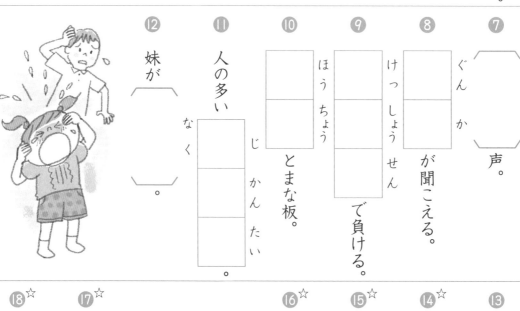

一つの花 (2)／言葉の広場② 修飾語《しゅうしょく》
作ろう！「ショートショート」
言葉の文化② 「月」のつく言葉

/14問

第17回

☆ □に漢字を書きましょう。〔　〕には、漢字とひらがなを書きましょう。（☆は、新しい漢字の別の読み方です。）

一つの花 (2)

1 □□《へいたい》になる。

2 □□《いちりん》の花。

3 花に〔　　〕《つつまれる》。

4 大きな□□《しゃりん》。

5☆ □《わ》投げをする。

言葉の広場②

6 大きい□《はた》。

7 □□《きしゅ》をつとめる。

8 広い□□《ぼくじょう》。

作ろう！「ショートショート」

9 □□□《ふしぎ》な話。

10 □□□《はくぶつかん》に行く。

11 話し合いの□□《ぎだい》。

12☆ □□□《ぶきみ》な声。

言葉の文化②

13 満ち〔　　〕《かけ》する月。

14☆ 学校を□□《けっせき》する。

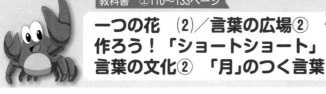

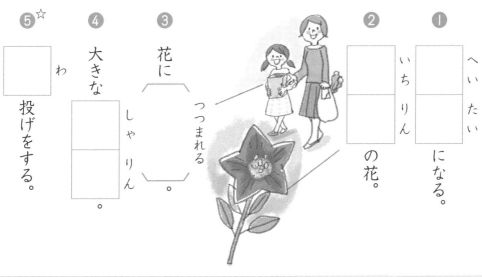

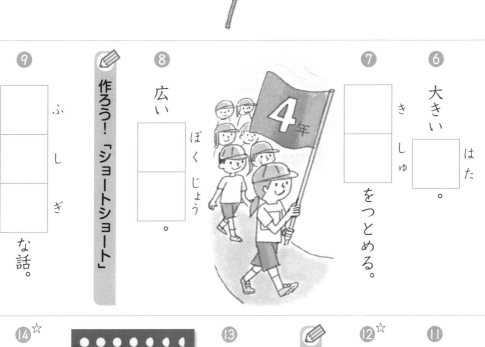

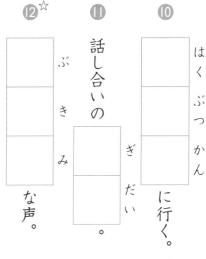

ごんぎつね
読書の広場③　「読書発表会」をしよう

/16問

第18回

☆ □に漢字を書きましょう。〔　〕には、漢字とひらがなを書きましょう。（☆は、新しい漢字の別の読み方です。）

ごんぎつね

❶ いもをほり〔　　〕《ちらす》。

❷ 雨がふり〔　　〕《つづく》。

❸ □《まつ》たけを持っていく。

❹ 道のかた□《がわ》にかくれる。

❺ □《す》あなから出て走り回る。

❻☆ 犬の□□《さんぽ》をする。

❼☆ 問題が□□《ぞくしゅつ》する。

❽☆ □□□《しょうちくばい》のかざり。

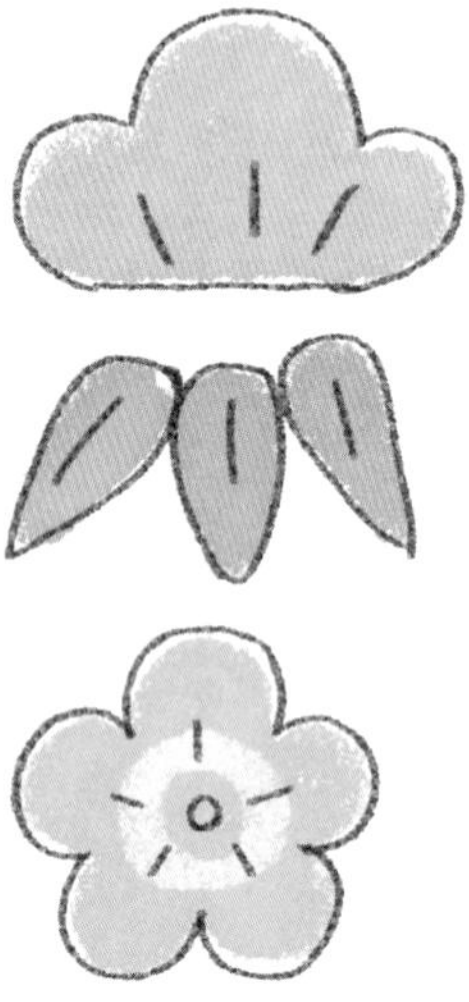

❾☆ 箱の□□《そくめん》。

読書の広場③

❿ テーマに□□《かんれん》がある。

⓫ 読んだ本の□□《きろく》。

⓬ □□《りょうり》の仕方。

⓭ 島に□□《じょうりく》する。

⓮ 町に〔　　〕《つれて》いく。

⓯ □□《なんきょく》の生き物。

⓰ 五月の□□《れんきゅう》。

みんなが楽しめる新スポーツ
漢字の広場④ いろいろな意味を表す漢字 (1)

第19回　/18問

☆ □に漢字をかきましょう。〔　〕には、漢字とひらがなをかきましょう。（☆は、新しい漢字の別の読み方です。）

みんなが楽しめる新スポーツ

1 □《なか》のいい友達。

2 □□《しかい》の役わり。

3 お〔　　〕《ねがい》する。

4 □□□《きょうつうてん》をさがす。

5 □□《しあい》をする。

6 友人に□□《きょうりょく》する。

7 大切な□□《なかま》。

8 図書館の□□《ししょ》。

9☆ □□《がんぼう》をかなえる。

10☆ 両親は□《とも》働きだ。

11☆ 新しく〔　　〕《こころみる》。

漢字の広場④ (1)

12 サッカーの□□《せんしゅ》。

13 海の近くの□□《とうだい》。

14 本を〔　　〕《えらぶ》。

15 □□《かわら》の菜の花。

16 □□《しみん》の声を聞く。

17 □□《せんきょ》で代表を決める。

18 いろいろな□□《みんぞく》。

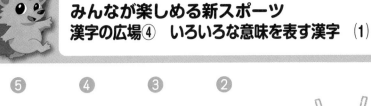

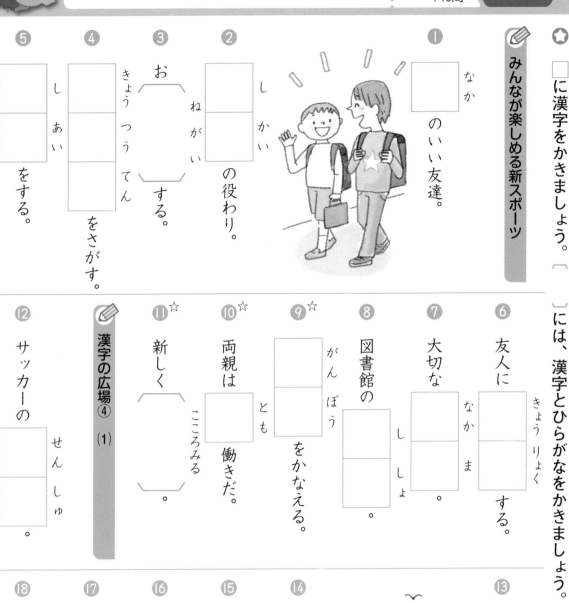

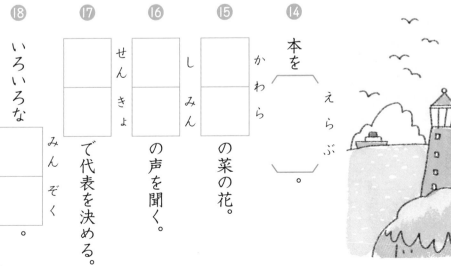

漢字の広場④　いろいろな意味を表す漢字　(2)
三年生で学んだ漢字④

/20問

第20回

☆ □に漢字を書きましょう。〔　〕には、漢字とひらがなを書きましょう。（☆は、新しい漢字の別の読み方です。）

漢字の広場④　(2)

1 父は□□□《ふくいんちょう》だ。

2 つまと□《おっと》で出かける。

3 □□□《せんえんさつ》ではらう。

4 むねに□□《なふだ》をつける。

5☆ □□《のうふ》が土をたがやす。

漢字の広場④　三年生で学んだ漢字④

6 □□《ひっし》におうえんする。

7 兄のあとを〔　　〕《おう》。

8 □□《こうてい》で遊ぶ。

9 □□《やね》を直す。

10 □□□《たいいくかん》に集まる。

11 選手が□□《せいれつ》する。

12 ライバルとの□□《たいけつ》。

13 ごみを〔　　〕《ひろう》。

14 □□《だいだ》として出場する。

15 運動場の□□《ちゅうおう》。

16 真けんに□□《しょうぶ》する。

17 □□□□《ぜんりょくとうきゅう》。

18 自然を〔　　〕《まもる》。

19 □□《うえき》に水をやる。

20 □□□□《びかいいいん》。

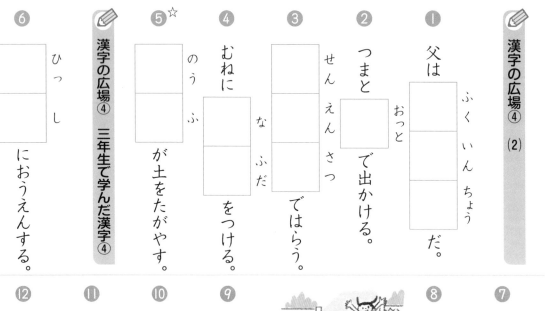

ウミガメの命をつなぐ
言葉の広場④　二つのことがらをつなぐ言葉
クラスの「不思議ずかん」を作ろう
言葉の文化③　故《こ》事成語

/18問

☆ □に漢字を書きましょう。〔　〕には、漢字とひらがなを書きましょう。（☆は、新しい漢字の別の読み方です。）

ウミガメの命をつなぐ

1. そうしょく品の□□《ざいりょう》。
2. とうてい□□《むり》だ。
3. 体調を□□《かんり》する。
4. 実験に□□《せいこう》する。
5. □□《ぎょこう》に運ばれる。

6. □□□《いちおくにん》分の記録。
7. ☆ 会が□□《ぶじ》に終わる。
8. ☆ 細い□《くだ》を水が通る。
9. ☆ □□《たいりょう》をよろこぶ。

言葉の広場④

10. □《れい》を挙げて話す。
11. □□《さくや》は雨だった。
12. □□《がいとう》がともる。
13. 駅まで□□《とほ》で行く。
14. ☆ 花びらを雪に〔　　〕《たとえる》。

クラスの「不思議ずかん」を作ろう

15. □《とく》に見てほしい部分。

言葉の文化③

16. ぎょふの□《り》
17. □□《くろう》せずに手に入れる。
18. □□《たいき》晩《ばん》せい

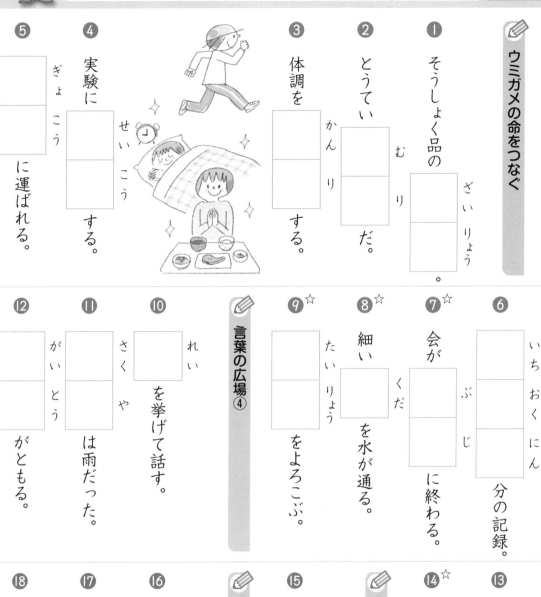

漢字の広場⑤　熟《じゅく》語のでき方
三年生で学んだ漢字⑤　(1)

第22回　/16問

☆ □に漢字をかきましょう。〔　〕には、漢字とひらがなをかきましょう。（☆は、新しい漢字の別の読み方です。）

漢字の広場⑤

① たん生日を〔　　〕《いわう》。

② 〔　　〕《きよい》心。

③ 音の□□《こうてい》。

④ □□《ていおん》がひびく。

⑤☆ □□《しゅくじつ》に動物園に行く。

⑥☆ 作文を□□《せいしょ》する。

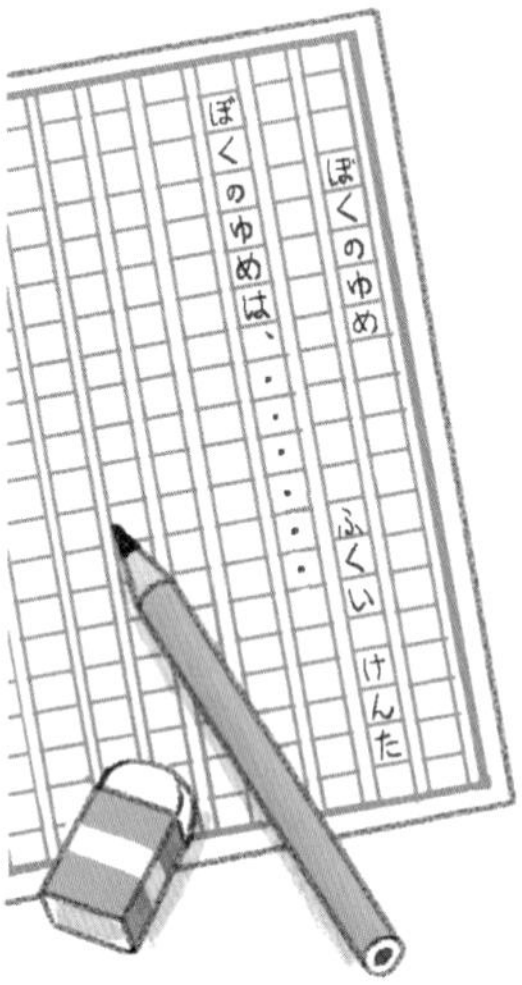

⑦☆ 気温が〔　　〕《ひくい》。

漢字の広場⑤　三年生で学んだ漢字⑤　(1)

⑧ 荷物を□□《はいそう》する。

⑨ □□《ぶひん》を組み立てる。

⑩ □□《しんごう》が青になる。

⑪ 花屋の□□《かいてん》時間。

⑫ □□《りょくちゃ》を飲む。

⑬ 駅で□□《じょうしゃ》する。

⑭ かばんを〔　　〕《もつ》。

⑮ □□□《くやくしょ》に行く。

⑯ □□《きんこ》のかぎ。

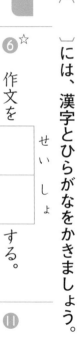

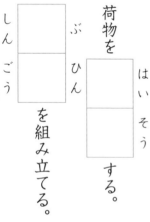

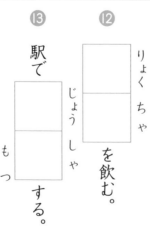

漢字の広場⑤　三年生で学んだ漢字⑤　(2)
くらしを便利にするために

第23回

/20問

☆ □に漢字を書きましょう。〔　〕には、漢字とひらがなを書きましょう。（☆は、新しい漢字の別の読み方です。）

漢字の広場⑤　三年生で学んだ漢字⑤　(2)

1. お□《きゃく》さんが来る。
2. □□《そくど》をゆるめる。
3. □《あぶら》でいためる。
4. □□《だいず》をにる。
5. コップに水を〔　　〕《そそぐ》。
6. お気に入りの□□《ようふく》。
7. 三□□《ちょうめ》の田中《たなか》さん。

くらしを便利にするために

8. □□《べんり》な道具。
9. チャイムを〔　　〕《つける》。
10. 〔　　〕《あらためて》考える。
11. 道具を□□《かいりょう》する。
12. エレベーターが〔　　〕《つく》。
13. □□《たいさ》で勝つ。
14. □□《とうひょう》に行く。
15. 東京都の□□《ぐんぶ》に住む。
16. 駅の□□《かいさつ》口。
17. ☆ □《びん》せんとふうとう。
18. ☆ 〔　　〕《たより》がとどく。
19. ☆ 学校の□□《ふきん》。
20. ☆ かさを〔　　〕《さす》。

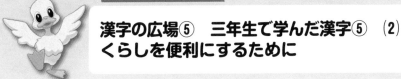

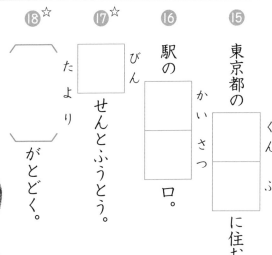

言葉の広場⑤　点(、)を打つところ
自分の成長をふり返って

第24回

/16問

☆ □に漢字を書きましょう。〔　〕には、漢字とひらがなを書きましょう。（☆は、新しい漢字の別の読み方です。）

言葉の広場⑤

❶ □□《けんこう》に気をつける。

❷ この川は〔　〕《あさい》。

❸ 秋山《あきやま》□《し》が出演《えん》する。

❹ □□《てんこう》がよくなる。

❺ 海の□《あさ》せ。

❻ 住所と□□《しめい》を書く。

❼ おだやかな□□《きこう》。

❽ 会長に□□《りっこう》補《ほ》する。

自分の成長をふり返って

❾ 後転に□□《しっぱい》する。

❿ 〔　〕《すき》な服を着る。

⓫ □□《もくひょう》を達成する。

⓬ □□《しょうはい》を決める一点。

⓭ 交通安全の□□《ひょうご》。

⓮☆ 試合に〔　〕《やぶれる》。

⓯☆ □□□《だいこうぶつ》を食べる。

⓰☆ 〔　〕《このみ》の食べもの。

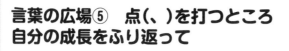

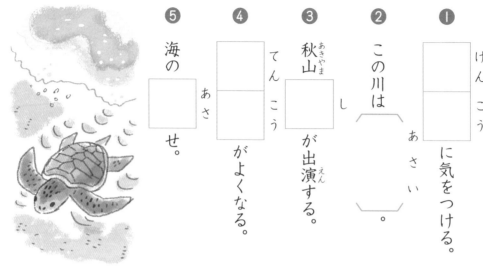

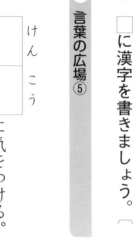

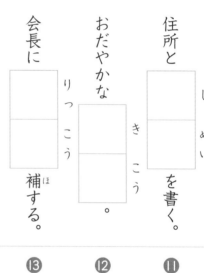

言葉の文化④ 雪
漢字の広場⑥ 同じ読み方の漢字の使い分け

第25回 /16問

☆ □に漢字を書きましょう。〔　〕には、漢字とひらがなを書きましょう。（☆は、新しい漢字の別の読み方です。）

言葉の文化④

1 雪が〔つもる〕。

2☆ 四角形の□□（めんせき）。

漢字の広場⑥

3 そうじを〔てつだう〕。

4 農具をしまう□□（そうこ）。

5 新しいわざの□□（きょうそう）。

6 □□（ねっとう）を注ぐ。

7 〔あつい〕ふろ。

8 新しいビルが〔たつ〕。

9 姉の□□□（そつぎょうしき）。

10 幸福を□□（ついきゅう）する。

11 五十メートル□□（きょうそう）。

12 強い□□（ねつい）を感じる。

13 □□（ようきゅう）を受け入れる。

14☆ □□（けいば）を見る。

15☆ □（けん）設《せっ》中の家。

16☆ 平和を〔もとめる〕。

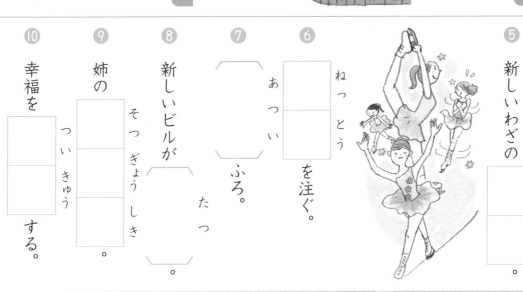

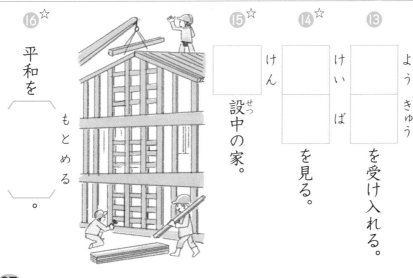

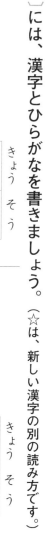

漢字の広場⑥　三年生で学んだ漢字⑥　人形げき　木竜《もくりゅう》うるし

第26回　/20問

★ □に漢字を書きましょう。〔　〕には、漢字とひらがなを書きましょう。（☆は、新しい漢字の別の読み方です。）

漢字の広場⑥　三年生で学んだ漢字⑥

1. □《すいへい》にたもつ。
2. 外は〔　〕《さむい》。
3. □《おんどけい》を見る。
4. ケーキを□《とうぶん》する。
5. □《こうふく》にくらす。
6. との□《さま》が城を建てる。
7. 薬の□《ちょうごう》。
8. 本の□《かんそう》を書く。
9. □《ひめい》が聞こえる。
10. 〔　〕《みじかい》時間。
11. 木の実が□《らっか》する。

12. □《どうわ》を読む。
13. 夏休みの自由□《けんきゅう》。

人形げき　木竜《もくりゅう》うるし

14. お□《れい》を言う。
15. □《はんたい》の意味の言葉。
16. ふちの□《そこ》。
17. □《きのう》思ったこと。
18. □《かがみ》を見る。
19. ☆ □《かいてい》にすむ魚。
20. ☆ □《ぼうえんきょう》をのぞく。

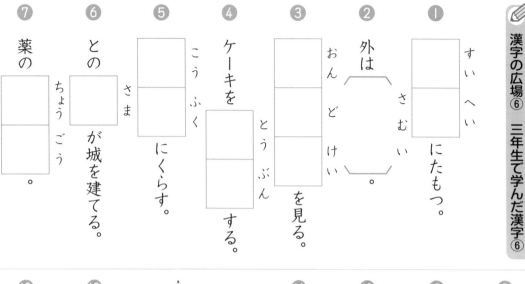

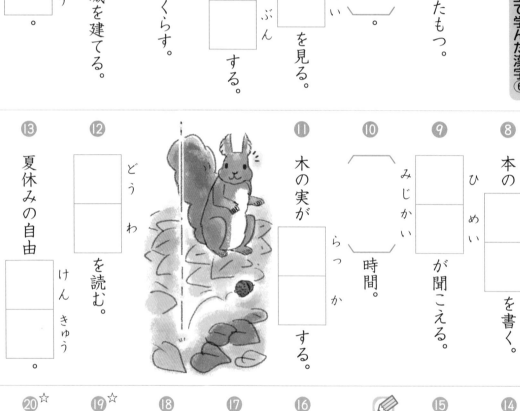

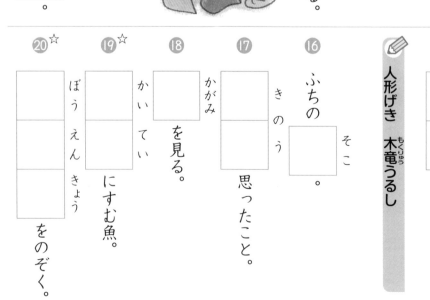

答え

第1回

①信号 ②初め ③速達
④変わる ⑤運転席 ⑥菜
⑦笑い ⑧香り ⑨梅
⑩野菜 ⑪初雪 ⑫初日
⑬変化 ⑭香川 ⑮梅雨
⑯周り ⑰順番 ⑱一周

第2回

①関係 ②目印 ③海水浴
④加入 ⑤努力 ⑥芽
⑦完走 ⑧富 ⑨英会話
⑩加工 ⑪完全 ⑫関所
⑬関わる ⑭印 ⑮浴びる
⑯加える ⑰努める
⑱発芽 ⑲富む ⑳富

第3回

①太陽 ②祭り ③住所
④電柱 ⑤鉄橋 ⑥放流
⑦湖 ⑧羊 ⑨畑
⑩汽笛 ⑪実 ⑫曲がり
⑬駅 ⑭消 ⑮線路
⑯港 ⑰波 ⑱島
⑲向かい ⑳農業

第4回

①量る ②方法 ③最後
④約 ⑤予約 ⑥量
⑦最も
⑧実験 ⑨観察 ⑩種類
⑪別 ⑫念 ⑬単位
⑭照明 ⑮分類 ⑯種
⑰別れる ⑱位 ⑲照らす

第5回

①自然科学 ②産業 ③芸
④当然 ⑤出産 ⑥手芸
⑦天然 ⑧産む（生む）
⑨辞典 ⑩治 ⑪成り
⑫音訓 ⑬直径 ⑭前兆
⑮治る ⑯治める ⑰治
⑱成長

第6回

①家臣 ②城下町 ③奈落
④塩田 ⑤帰省 ⑥省く
⑦省 ⑧読本 ⑨印刷
⑩良心 ⑪孫 ⑫愛
⑬省 ⑭愛犬 ⑮大臣
⑯城 ⑰塩水 ⑱刷る
⑲良い ⑳子孫

第7回

①必要 ②友達 ③要約
④必ず ⑤要
⑥伝わる ⑦課題
⑧伝える ⑨有害 ⑩機械
⑪折る ⑫説明 ⑬持参
⑭放課後 ⑮参考 ⑯伝記
⑰右折 ⑱参り

第8回

①衣服 ②風景 ③景色
④海辺 ⑤以上 ⑥辺り
⑦周辺
⑧飯 ⑨案 ⑩児童
⑪貨物列車 ⑫未満
⑬命令 ⑭案内 ⑮未来
⑯満員 ⑰飯 ⑱満ち

第9回

①冷静 ②官 ③約束
④各地 ⑤冷たい
⑥冷える ⑦冷める
⑧静か ⑨花束
⑩府 ⑪宮城 ⑫栃木
⑬茨城 ⑭群馬 ⑮埼玉
⑯神奈川 ⑰新潟 ⑱富山
⑲群れ ⑳群

第10回

①福井 ②山梨 ③岐阜
④静岡 ⑤滋賀 ⑥大阪
⑦兵庫 ⑧奈良 ⑨鳥取
⑩徳島 ⑪愛媛 ⑫佐賀
⑬長崎 ⑭熊本 ⑮大分
⑯鹿児島 ⑰沖縄 ⑱年賀
⑲道徳 ⑳鹿

第11回

①病院 ②安心 ③氷
④具合 ⑤薬 ⑥苦味
⑦相談 ⑧悪い ⑨鼻血
⑩二階 ⑪面会 ⑫水泳
⑬医者 ⑭横 ⑮申し
⑯次 ⑰指 ⑱息
⑲詩集 ⑳命

答え

第12回
①家族 ②身体 ③皿
④待合室 ⑤運転手
⑥末 ⑦結末 ⑧置く
⑨残る ⑩失礼 ⑪借りる
⑫結局 ⑬失言 ⑭結ぶ
⑮配置 ⑯残念 ⑰失う
⑱借金

第13回
①季節 ②四季 ③節
④果的 ⑤給食 ⑥栄養
⑦結果 ⑧活動的 ⑨配給
⑩栄光 ⑪養分 ⑫果て
⑬果たす ⑭的 ⑮栄える
⑯養う

第14回
①老いる ②固まる
③働く ④希望 ⑤唱える
⑥挙げて ⑦覚える
⑧覚める ⑨希少 ⑩失望
⑪老人 ⑫固く ⑬固定
⑭望み ⑮暗唱 ⑯挙手
⑰感覚 ⑱味覚

第15回
①勉強 ②終わり ③起立
④理由 ⑤予定表 ⑥黒板
⑦宿題 ⑧返事 ⑨去年
⑩期間 ⑪世界地図
⑫文章 ⑬始まり ⑭写真
⑮都市 ⑯意見 ⑰筆箱
⑱暗唱 ⑲学級 ⑳練習帳

第16回
①戦争 ②飛行機 ③飛ぶ
④焼かれる ⑤包帯
⑥泣き ⑦勇ましい
⑧軍歌 ⑨決勝戦 ⑩包丁
⑪時間帯 ⑫泣く ⑬軍手
⑭戦う ⑮争う ⑯帯
⑰帯びる ⑱勇気

第17回
①兵隊 ②一輪
③包まれる ④車輪 ⑤輪
⑥旗 ⑦旗手 ⑧牧場
⑨不思議 ⑩博物館
⑪議題 ⑫不気味
⑬欠け ⑭欠席

第18回
①散らす ②続く ③松
④側 ⑤巣 ⑥散歩
⑦続出 ⑧松竹梅 ⑨側面
⑩関連 ⑪記録 ⑫料理
⑬上陸 ⑭連れて ⑮南極
⑯連休

第19回
①仲 ②司会 ③願い
④共通点 ⑤試合 ⑥協力
⑦仲間 ⑧司書 ⑨願望
⑩共 ⑪試みる
⑫選手 ⑬灯台 ⑭選ぶ
⑮川原 ⑯市民 ⑰選挙
⑱民族

第20回
①副院長 ②夫 ③千円札
④名札 ⑤農夫
⑥必死 ⑦追う ⑧校庭
⑨屋根 ⑩体育館 ⑪整列
⑫対決 ⑬拾う ⑭代打
⑮中央 ⑯勝負
⑰全力投球 ⑱守る
⑲植木 ⑳美化委員

第21回
①材料 ②無理 ③管理
④成功 ⑤漁港 ⑥一億人
⑦無事 ⑧管 ⑨大漁
⑩例 ⑪昨夜
⑫街灯（外灯） ⑬徒歩
⑭例える
⑮特
⑯利 ⑰苦労 ⑱大器

第22回
①祝う ②清い ③高低
④低音 ⑤祝日 ⑥清書
⑦低い
⑧配送 ⑨部品 ⑩信号
⑪開店 ⑫緑茶 ⑬乗車
⑭持つ ⑮区役所 ⑯金庫

第23回

1 客　2 速度　3 油
4 大豆　5 注ぐ　6 洋服
7 丁目
8 便利　9 付ける
10 改めて　11 改良　12 付く
13 大差　14 投票　15 郡部
16 改札　17 便　18 便り
19 付近　20 差す

第24回

1 健康　2 浅い　3 氏
4 天候　5 浅　6 氏名
7 気候　8 立候
9 失敗　10 好き　11 目標
12 勝敗　13 標語　14 敗れる
15 大好物　16 好み

第25回

1 積もる　2 面積
3 手伝う　4 倉庫　5 競争
6 熱湯　7 熱い　8 建つ
9 卒業式　10 追求　11 競走
12 熱意　13 要求　14 競馬
15 建　16 求める

第26回

1 水平　2 寒い　3 温度計
4 等分　5 幸福　6 様
7 調合　8 感想　9 悲鳴
10 短い　11 落下　12 童話
13 研究　14 礼　15 反対
16 底　17 昨日　18 鏡
19 海底　20 望遠鏡

教科書ワーク もくじ

教育出版版 国語4年

動画 コードを読みとって、下の番号の動画を見てみよう。

【イラスト】artbox、植木美江、かつまたひろこ、クリエイティブ・ノア、坂道なつ、福留鉄夫、ユニックス

【写真提供】アフロ

【図版提供】教育出版

きほんのワーク

春のうた
あり

教科書 上 10〜12ページ
答え 1ページ

学習の目標
- 詩のリズムをとらえよう。
- 場面の様子やかえるの気持ちを想像《ぞう》しながら読もう。

勉強した日 月 日

おわったら シールを はろう

次の二つの詩を読んで、問題に答えましょう。

あ 春のうた

草野《くさの》 心平《しんぺい》

かえるは冬のあいだは土の中にいて春になると
地上に出てきます。そのはじめての日のうた。

ほっ まぶしいな。
ほっ うれしいな。

みずは つるつる。
かぜは そよそよ。
ケルルン クック。
ああいいにおいだ。
ケルルン クック。

ほっ いぬのふぐりがさいている。
ほっ おおきなくもがうごいてくる。

1 あの詩は、いつ、だれが、何をした日のことをうたっていますか。

（　　　）になって、（　　　）が土の中から地上に（　　　）出てきた日。

2 次の行と、形のにている行を書きましょう。

① ほっ まぶしいな。
（　　　）

② みずは つるつる。
（　　　）

3 「ケルルン クック。」とは、何を表していますか。

（　　　）

この詩では、形のにている行をならべることで、リズムを生み出しているよ。

ケルルン　クック。
ケルルン　クック。

い　あり

ロベール＝デスノス
小海《こかい》　永二《えいじ》　やく

頭に帽《ぼう》子かぶった
十八メートルもあるありさん
そんなありありっこないさ　そんなありありっこないさ

ペンギンとあひるで満《まん》員の
車を引っ張《ぱ》るありさん
そんなありありっこないさ

フランス語を話すありさん
ラテン語とジャヴァ語を話すありさん
そんなありありっこないさ　そんなありありっこないさ
ほんと！　でもそんなありさん　なぜいないんだろ？

4　**あ** の詩は、どんな気持ちをうたっていますか。一つに○をつけましょう。

ア（　）春、地上に出てきたことをうれしく思う気持ち。
イ（　）春がすぎ去ろうとすることを悲しく思う気持ち。
ウ（　）冬が終わってしまったことをせつなく思う気持ち。

5　**い** の詩の「そんなありありっこないさ」について答えましょう。

(1)「そんなありありっこないさ」という言葉は、ほかに何回出てきますか。（　）回

(2)「そんなあり」とは、どんなありですか。合うほうに○をつけましょう。

❶ 帽子をかぶったとてつもなく｛ア（　）小さな／イ（　）大きな｝あり。
❷ 重たい車を引く｛ア（　）力持ちの／イ（　）かよわい｝あり。
❸｛ア（　）こん虫の言葉／イ（　）人間の言葉｝を話すあり。

6　よく出る　**い** の詩には、どんなとくちょうがありますか。一つに○をつけましょう。

ア（　）じっさいのありの様子をくわしく説《せつ》明している。
イ（　）ありという言葉をテンポよくくり返している。
ウ（　）読み手に対する問いかけの言葉が多く使われている。

ものしりメモ
「春のうた」の作者の草野心平《くさのしんぺい》さんは「かえるの詩人」といわれるほど、かえるを題材《ざい》にした詩をたくさん書いているんだよ。

きほんのワーク

白いぼうし

教科書 上 14～27ページ
答え 2ページ
勉強した日 月 日

学習の目標
●言葉や表現《げん》に気をつけて、場面の様子や登場人物の気持ちを読み取ろう。
●できごとや登場人物のつながりを考えよう。

おわったら シールを はろう

漢字練習ノート3ページ

新しい漢字

教科書 14ページ
◀練習しましょう。 筆順《じゅん》 1 2 3 4 5

ページ	漢字	読み	画数
14	信	シン	9画
14	初	ショ はじめ はつ	7画
15	達	タツ	12画
15	変	ヘン かわる	9画
18	席	セキ	10画
19	菜	サイ な	11画
21	笑	わらい	10画
26	香	か かおり	9画
26	梅	バイ うめ	10画

1 漢字の読み

読みがなを横に書きましょう。

①信号
②初め
③速達
④変わる
⑤運転席
⑥笑い
⑦香り
⑧梅
⑨野菜

○新しく学ぶ漢字
●新しい読み方をおぼえる漢字
◆特別な読み方の言葉

③の「速」と「達」、⑤「運」の三字は、「辶」という同じ部分をもつ漢字だよ。

4 言葉の意味

○をつけましょう。

1 （14ページ）お客のしんしが、話しかける。
ア（　）上品でれいぎ正しい男の人。
イ（　）いばりちらしている男の人。
ウ（　）太って体の大きい男の人。

2 （14）そでを、うでまでたくし上げる。
ア（　）短く切りそろえる。
イ（　）手でまくって引き上げる。

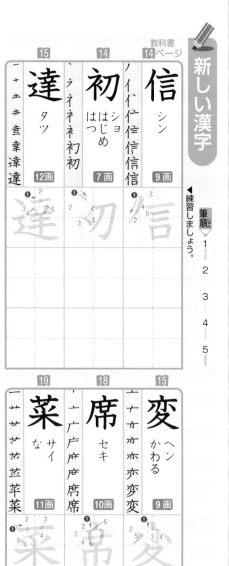

② 漢字の書き　漢字を書きましょう。

① 六月の□《はじ》め。

② □□《そくたつ》で送る。

③ □□□《うんてんせき》にすわる。

④ □《な》の花がさく。

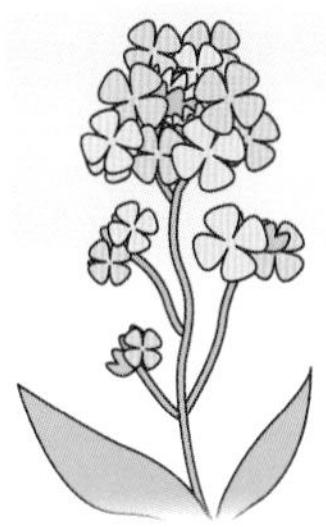

③ 言葉の知識《しき》　――が表している気持ちを下からえらんで、・――・でむすびましょう。

① ほう、それはすばらしい。　・　　・ア　ふしぎに思う気持ち。

② おや、どうしたんだろう。　・　　・イ　なっとくする気持ち。

③ ははあ、そういうことか。　・　　・ウ　感心する気持ち。

内容《よう》をつかもう！

☆白いぼうし　場面ごとの内容をまとめます。（　）に合う言葉を□からえらんで、記号で答えましょう。

教科書14～23ページ

第一の場面
松井《まつい》さんと（　）が夏みかんについて会話をしている。

第二の場面
松井さんが（　）の中のちょうをにがしてしまい、代わりに夏みかんをおく。

第三の場面
松井さんが車にもどると、いつのまにか（　）がすわっている。

第四の場面
女の子が車からいなくなって、野原には（　）がとんでいる。

ア　女の子　　イ　ぼうし
ウ　ちょう　　エ　しんし

タクシー運転手の松井さんと、ふしぎな女の子の話だよ。

ウ（　）きつくしばりつける。

③ 15 もぎたての夏みかん。
ア（　）ねじりとったばかり。
イ（　）切り分けたばかり。
ウ（　）ぬすんだばかり。

④ 18 かたをすぼめる。
ア（　）かたを大きく横にゆらす。
イ（　）かたをせまく小さくする。
ウ（　）かたを急にひくく下げる。

⑤ 18 ぬのに、そめつける。
ア（　）ぴったりとはりつける。
イ（　）そうだと決めつける。
ウ（　）そめて、色などをつける。

⑥ 20 せかせかと言う。
ア（　）のんびりした様子で。
イ（　）えらそうな様子で。
ウ（　）落ち着かない様子で。

⑦ 21 笑いがこみあげる。
ア（　）あふれ出てくる。
イ（　）大きな声でひびく。
ウ（　）いつまでもつづく。

ものしりメモ　「白いぼうし」は、空色のタクシーの運転手、松井《まつい》さんを主人公とする『車のいろは空のいろ』という本の中に入っている物語の一つだよ。

練習のワーク①

白いぼうし

教科書　上　14～27ページ
答え　2ページ

勉強した日　月　日

できるナビ
●様子や気持ちを表す言葉に注意して読もう。
●松井《まつい》さんの行動や気持ちをとらえよう。

おわったら シールを はろう

次の文章を読んで、問題に答えましょう。

アクセルをふもうとした時、松井《まつい》さんは、はっとしました。

（おや、車道のあんなすぐそばに、小さなぼうしが落ちているぞ。風がもうひとふきすれば、車がひいてしまうわい。）

緑がゆれているやなぎの下に、かわいい白いぼうしが、ちょこんとおいてあります。

松井さんは車から出ました。

そして、ぼうしをつまみ上げたとたん、ふわっと何かがとび出しました。

「あれっ。」

もんしろちょうです。

あわててぼうしをふり回しました。そんな松井さんの目の前を、ちょうはひらひら高

1 「松井さんは、はっとしました」とありますが、なぜですか。

車道のすぐそばに、［　　　　　　］が落ちていたから。

2 「松井さんは車から出ました。」とありますが、車から出て、何をしようとしたのですか。一つに○をつけましょう。

ア（　）白いぼうしが風にとばされるかどうか、よく見ようとした。
イ（　）白いぼうしを、車にひかれない安全な場所にうつそうとした。
ウ（　）白いぼうしの中に何が入っているのか、たしかめようとした。

3 ぼうしをつまみ上げたとたん、何がとび出しましたか。

（　　　　　　）

4 ぼうしは、だれが、なんのためにおいたのですか。

「わざわざここにおいたんだな」と松井さんは考えているよ。

だれが（　　　　　　）

言葉の意味プラス
19行　わざわざ…ふつうならしないことを、特別《とくべつ》にする様子。
38行　つば…ぼうしのまわりの、外にとび出している部分。

くまい上がると、なみ木の緑の向こうに見えなくなってしまいました。

（ははあ、わざわざここにおいたんだな。）

ぼうしのうらに、赤いししゅう糸で、小さくぬい取りがしてあります。

たけ山ようちえん　たけのたけお

小さなぼうしをつかんで、ため息をついている松井さんの横を、太ったおまわりさんが、じろじろ見ながら通りすぎました。

（せっかくのえものがいなくなっていたら、この子は、どんなにがっかりするだろう。）

ちょっとの間、かたをすぼめてつっ立っていた松井さんは、何を思いついたのか、急いで車にもどりました。

運転席から取り出したのは、あの夏みかんです。まるであたたかい日の光をそのままそめつけたような、みごとな色でした。すっぱい、いいにおいが、風であたりに広がりました。

松井さんは、その夏みかんに白いぼうしをかぶせると、とばないように石でつばをおさえました。

〈あまん　きみこ「白いぼうし」による〉

なんのため　ちょうを（　　　　）ため。

5 よく出る 「ため息をついている」時の松井さんは、どんな気持ちでしたか。一つに○をつけましょう。

「せっかくのえものが……」の部分に注目しよう。

ア（　）ぼうしをわすれていくなんて、こまった子どもだ。

イ（　）ぼうしを持ち主にとどけるには、どうしたらいいのだろう。

ウ（　）ちょうをにがしてしまって、悪いことをしてしまったな。

6 「何を思いついたのか、急いで車にもどりました」とありますが、松井さんは、どんなことを思いついたのですか。

にげた（　　　　）の代わりに、ぼうしの下に（　　　　）をおいておくこと。

7 松井さんが夏みかんをおいたのは、なぜですか。一つに○をつけましょう。

ア（　）夏みかんをおくことで、ちょうがいなくてもたけおくんに元気を出してほしいと思ったから。

イ（　）夏みかんのいいにおいを、たけおくんにも知ってほしいと思ったから。

ウ（　）夏みかんのにおいにつられて、ちょうがもどってくるかもしれないと思ったから。

ものしりメモ　もんしろちょうは春に多く見られるこん虫だけど、ちいきによっては、秋の終わりまでとんでいるすがたを見ることができるよ。

練習のワーク②

白いぼうし

教科書 上14～27ページ　答え 2ページ

できるナビ
●登場人物のそれぞれの気持ちを読み取ろう。
●場面の様子を想像《ぞう》しながら読もう。

勉強した日　月　日

おわったらシールをはろう

次の文章を読んで、問題に答えましょう。

車にもどると、おかっぱのかわいい女の子が、ちょこんと後ろのシートにすわっています。

「道にまよったの。行っても行っても、四角いたてものばかりだもん。」

つかれたような声でした。

「ええと、どちらまで？」

「え？　……ええ、あの、あのね、菜の花横町ってあるかしら？」

「菜の花橋のことですね。」

エンジンをかけた時、遠くから、元気そうな男の子の声が近づいてきました。

「あのぼうしの下さあ。お母ちゃん、本当だよ。本当のちょうちょが、いたんだもん。」

水色の新しい虫とりあみをかかえた男の子が、エプロンを着けたままのお母さんの手を、ぐいぐい引っぱってきます。

「ぼくが、あのぼうしを開けるよ。だから、お母ちゃんは、

1 よく出る● 松井さんが車にもどると、どんな女の子がすわっていましたか。

（　　　　）

2 「道にまよったの。」とありますが、女の子は、どこに行きたいと言っていますか。

□□□□□

3 「水色の新しい虫とりあみをかかえた男の子」は、何をしようとやってきたのですか。

（　　　　）を開けて、つかまえておいた（　　　　）を、お母さんに（　　　　）でおさえてもらおうとやってきた。

4 「早く行ってちょうだい。」とありますが、女の子は、どんな様子でしたか。一つに○をつけましょう。

前の「せかせかと言いました」から、女の子の様子を考えよう。

言葉の意味プラス
14行　かかえる…うでてだくようにして持つ。　21行　アクセル…車などのスピードを上げるときにふむところ。　33行　ひとりでに…何もしないのにしぜんに。

このあみでおさえてね。あれっ、石がのせてあらあ。」

客席の女の子が、後ろから乗り出して、せかせかと言いました。

「早く、おじちゃん。早く行ってちょうだい。」

松井《まつい》さんは、あわててアクセルをふみました。やなぎのなみ木が、みるみる後ろに流れていきます。

（お母さんが虫とりあみをかまえて、あの子がぼうしをそうっと開けた時――。）

と、ハンドルを回しながら、松井さんは思います。

（あの子は、どんなに目を丸くしただろう。）

すると、ぽかっと口をＯ《オー》の字に開けている男の子の顔が、見えてきます。

（おどろいただろうな。まほうのみかんと思うかな。なにしろ、ちょうが化けたんだから――。）

「ふふふっ。」

ひとりでに笑いがこみあげてきました。でも、次に、

「おや。」

松井さんはあわてました。

バックミラーには、だれもうつっていません。ふり返っても、だれもいません。

〈あまん きみこ「白いぼうし」による〉

ア（　）うれしくて、わくわくしている様子。

イ（　）あわてて、落ち着かない様子。

ウ（　）さびしそうで、なきそうな様子。

5 「やなぎのなみ木が、みるみる後ろに流れていきます。」は、どんな様子を表していますか。

車が（　　　　　　）様子。

6 「ひとりでに笑いがこみあげてきました。」とありますが、松井さんは、どんな様子を想像《ぞう》して笑ったのですか。

ぼうしを開けた男の子が、（　　　　）の代わりにみかんがあることにびっくりして、そのみかんを（　　　　）のみかんだと思う様子。

7 よく出る 「松井さんはあわてました。」とありますが、なぜですか。一つに○をつけましょう。

「バックミラーには……」から、その理由がわかるよ。


ア（　）見たことのない場所に来てしまったから。

イ（　）車に乗っていたはずの女の子がいないから。

ウ（　）まわりにちょうがたくさんとんでいたから。

ものしりメモ 「目を丸くする」は、びっくりするという意味だよ。「目」を使った言葉には、とてもいそがしいという意味の「目が回る」、とてもすきだという意味の「目がない」などもあるよ。

きほんのワーク

見つけよう、ぴったりの言葉
漢字の広場① 漢字の部首《ぶしゅ》

教科書 上28～32ページ

答え 3ページ

学習の目標
●気持ちを表すのにふさわしい言葉を考えよう。
●部首と漢字のつながりや部首の意味について学ぼう。

漢字練習ノート3～5ページ

勉強した日　月　日

おわったらシールをはろう

新しい漢字

教科書ページ

◀練習しましょう。 筆順 1 2 3 4 5

教科書ページ	漢字	読み	画数	筆順
29	周	シュウ　まわり	8画	丿 冂 冂 円 用 周 周 周
29	順	ジュン	12画	丿 川 川 川 川 順 順 順
30	関	カン　せき　かかわる	14画	門 門 門 門 門 閂 関 関
30	印	イン　しるし	6画	′ 厂 F E 印 印
30	浴	ヨク　あびる	10画	氵 氵 氵 汃 汃 浴 浴 浴
30	加	カ　くわえる	5画	フ カ カ 加 加
30	努	ド　つとめる	7画	く 女 女 奴 奴 努 努
31	芽	ガ　め	8画	一 十 艹 艹 芏 芏 芽 芽
31	完	カン	7画	′ ′′ 宀 宀 宇 完 完
31	富	フ　と　とむ　とみ	12画	′ ′′ 宀 宀 宣 富 富 富
31	英	エイ	8画	一 十 艹 艹 芷 芷 英 英

「関」と「間」は、音《おん》が同じで形もにているね。使い分けに気をつけよう。

1 漢字の読み

読みがなを横に書きましょう。

○新しく学ぶ漢字
●新しい読み方をおぼえる漢字
◆特別《とくべつ》な読み方の言葉

① ○順番
② ○関係
③ 目○印
④ ○加入
⑤ ○努力
⑥ ○完走
⑦ ○富士《じ》山
⑧ ○英会話

2 漢字の書き

漢字を書きましょう。

① ○□《まわ》りを見る。
② ○□□□《かいすいよく》。
③ ○□□《どりょく》が実る。
④ 花の○□《め》が出る。

3 三年生の漢字

漢字を書きましょう。

① □□《とざん》に行く。

② 木の□《かわ》。

③ □□《てっきょう》をわたる。

④ □《えき》に行く。

⑤ □《まつ》りのじゅんび。

⑥ 小さな□《しま》。

4 見つけよう、ぴったりの言葉

「うれしい」心の様子を表す言葉を一つえらんで、○をつけましょう。

ア（　）びくびく　　イ（　）いらいら

ウ（　）うきうき　　エ（　）もじもじ

5 漢字の広場① 漢字の部首《ぶしゅ》

次の□には「木」という部首がふくまれる漢字が入ります。組み合わさって言葉になるように、漢字を完成《せい》させましょう。

① 小学 木

② 音 木

③ 電 木

④ 木 物

6

次の部首が表している意味を下からえらんで、•——•でむすびましょう。

① 辶 しんにょう •　　• ア 水

② 氵 さんずい •　　• イ 言葉

③ 言 ごんべん •　　• ウ 行く・進む

7

次の漢字の部首の名前を書きましょう。

① 切（　　）　② 頭（　　）

③ 客（　　）　④ 努（　　）

⑤ 関（　　）　⑥ 庫（　　）

⑦ 聞（　　）　⑧ 細（　　）

⑤と⑦には、きょうつうしている部分があるけれど、ちがう部首の漢字だよ。部首の意味も考えるといいよ。

ものしりメモ　「間」と「問」も形のにている漢字だけれど、部首《ぶしゅ》は同じではないんだよ。「間」の部首は「門(もんがまえ)」、「問」の部首は「口(くち)」だよ。

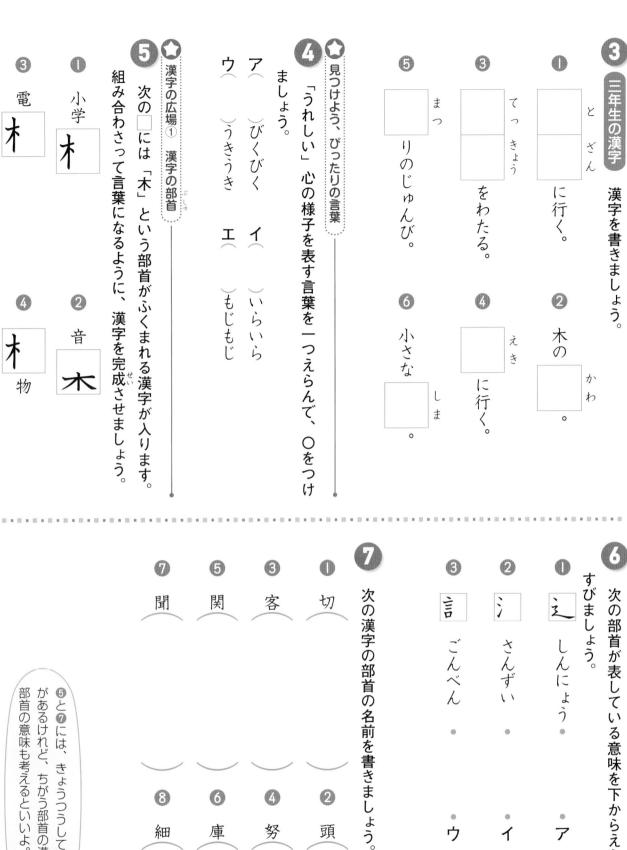

まとめのテスト 白いぼうし 漢字の広場① 漢字の部首《ぶしゅ》

教科書 上14～32ページ　答え 3ページ

時間20分　とく点　/100点

おわったらシールをはろう

勉強した日　月　日

1 次の文章を読んで、問題に答えましょう。

アクセルをふもうとした時、松井《まつい》さんは、はっとしました。

（おや、車道のあんなすぐそばに、小さなぼうしが落ちているぞ。風がもうひとふきすれば、車がひいてしまうわい。）

緑がゆれているやなぎの下に、かわいい白いぼうしが、ちょこんとおいてあります。

松井さんは車から出ました。

そして、ぼうしをつまみ上げたとたん、ふわっと何かがとび出しました。

「あれっ。」

もんしろちょうです。

あわててぼうしをふり回しました。そんな松井さんの目の前を、ちょうはひらひら高くまい上がると、なみ木の緑の向こうに見えなくなってしまいました。

（ははあ、わざわざここにおいたんだな。）

1 「おや、車道のあんなすぐそばに、小さなぼうしが落ちているぞ。」とありますが、この時の松井さんはどんな気持ちでしたか。〔10点〕

ぼうしが車にひかれないか（　　　　）だ。

2 「あわててぼうしをふり回しました。」とありますが、松井さんは何をしようとしたのですか。〔10点〕

（　　　　）

3 チャレンジ! 「ははあ、わざわざここにおいたんだな。」とありますが、松井さんは、ぼうしがおかれてあったのはなんのためだと思いましたか。〔15点〕

（　　　　）

4 「せっかくのえもの」とありますが、それはなんですか。〔10点〕

（　　　　）

言葉の意味プラス

14行 なみ木…ならんで立っている木。

17行 ぬい取り…ししゅう糸で名前や絵をぬって形にすること。

ぼうしのうらに、赤いししゅう糸で、小さくぬい取りがしてあります。

たけ山ようちえん　たけのたけお

小さなぼうしをつかんで、ため息をついている松井さんの横を、太ったおまわりさんが、じろじろ見ながら通りすぎました。

（せっかくのえものがいなくなっていたら、この子は、どんなにがっかりするだろう。）

ちょっとの間、かたをすぼめてつっ立っていた松井さんは、何を思いついたのか、急いで車にもどりました。

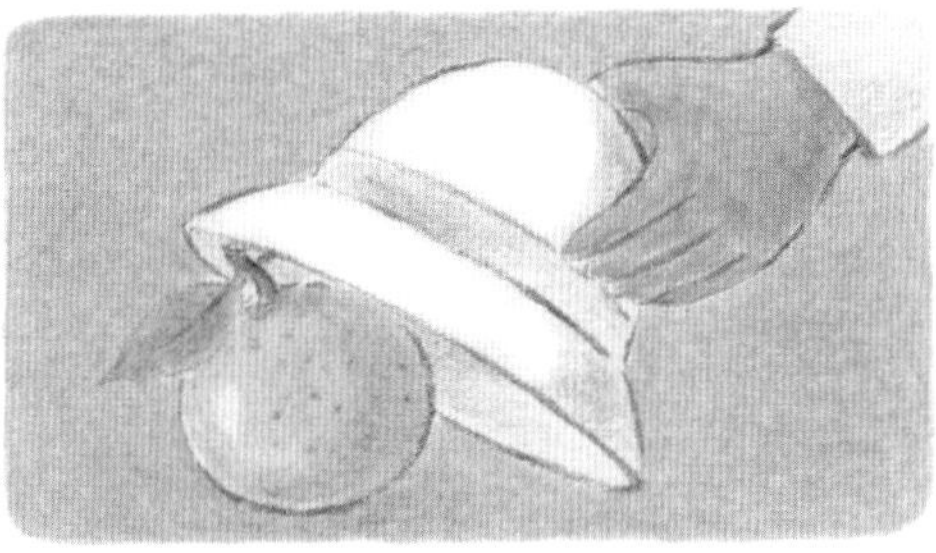

運転席から取り出したのは、あの夏みかんです。まるであたたかい日の光をそのままそめつけたような、みごとな色でした。すっぱい、いいにおいが、風であたりに広がりました。

松井さんは、その夏みかんに白いぼうしをかぶせると、とばないように石でつばをおさえました。

〈あまん　きみこ「白いぼうし」による〉

5 よく出る　松井さんが車にもどったのは、どんなことを思いついたからですか。〔10点〕

（　　　　　　　　）

6 「その夏みかん」とありますが、夏みかんはどんな色をしていましたか。　一つ5〔10点〕

まるであたたかい［　　　］をそめつけたような、［　　　］な色。

7 書いてみよう！　松井さんは、どんなせいかくの人だと思いますか。松井さんの行動から考えて書きましょう。〔15点〕

（　　　　　　　　）

2 次の1～4はきょうつうする部分のある漢字です。何に関係のある漢字か、［　］からえらんで、記号で答えましょう。　一つ5〔20点〕

1 住　使　休（　　）

2 葉　草　茶（　　）

3 思　感　意（　　）

4 晴　昼　早（　　）

ア 天気や時間　イ 人の行動　ウ 考えや気持ち　エ 植物

ものしりメモ　夏みかんの正式名は「ナツダイダイ」。夏期に食べられるので、ふつうのみかんと区別《べつ》して「夏みかん」というよ。香りやすっぱさを生かして、マーマレードなども作られるよ。

きほんのワーク

ぞうの重さを量る

教科書 上34～35ページ
答え 4ページ

学習の目標
●ものごとを考えるすじみちをつかんで、文章の内容《よう》を正しくとらえよう。
●文と文をつなぐ言葉に注目しよう。

勉強した日　月　日

おわったら シールを はろう

漢字練習ノート6ページ

新しい漢字

教科書ページ

教科書ページ	漢字	読み	画数
34	量	リョウ　はかる	12画
34	法	ホウ	8画
35	最	サイ　もっとも	12画
35	約	ヤク	9画

筆順 1 2 3 4 5
◀練習しましょう。

「最」は、訓《くん》読みの「もっと(も)」もおぼえておこう。

1 漢字の読み　読みがなを横に書きましょう。

① 量る　② 方法　③ 最後　④ 約五十キログラム

○新しく学ぶ漢字
●新しい読み方をおぼえる漢字
◆特別《とく》な読み方の言葉

「量る」は、重さをはかるときに、「計る」は、時間などをはかるときに使うよ。

2 漢字の書き　漢字を書きましょう。

① 重さを［　］《はか》る。
② ［　　］《ほうほう》を思いつく。
③ ［　　］《さいご》につむ。
④ ［　］《やく》七十人。

3 次の文章を、正しい順番になるように、（　）に1～3を書きましょう。

（　）次に、ふたをしめて、白っぽい水と黄色っぽいかたまりに分かれるまでシャカシャカとよくふります。

（　）最後に、中のかたまりを取り出します。これがバターです。作ったその日のうちに食べましょう。

（　）まず、ペットボトルによく冷《ひ》やした生クリームと、少しの塩《しお》を入れます。

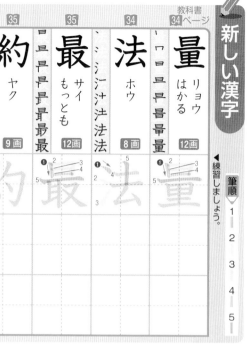

文の頭に書かれている、作り方の順番を表している言葉に注目するといいよ。

4 次の文章を読んで、問題に答えましょう。

「だれか、ぞうの重さを量ってみなさい。」

ところが、この時代の重さを量る道具は、さおばかり、かてんびんばかり。ぞうは、大きすぎて、のせることができません。

すると、王様のむすこの曹沖《そうちゅう》が、

「ぞうの重さを量る方法を思いつきました。」

と、言いました。

そこで、くわしく聞くことにしました。

まず、ぞうを大きな船に乗せて、重さでしずんだところの水のあとに印をつけます。

次に、ぞうをおろして、ぞうの代わりに石をつんでいきます。ぞうが乗った時につけた印まで船が下がったら、石をつむのをやめます。

最後に、船につんだ石の重さを一つ一つ量っていきます。石の重さを合計すると、約四千五百キログラム。大人約七十人分でした。

〈「ぞうの重さを量る」による〉

1 「だれか、ぞうの重さを量ってみなさい。」とありますが、ぞうの重さを量ることがむずかしいのは、なぜですか。

ぞうは（　　　　）て、さおやてんびんのはかりにのせることができないから。

2 よく出る● 「ぞうの重さを量る方法を思いつきました。」とありますが、曹沖が考えたぞうの重さを量る方法は、どのような方法ですか。正しい順番になるように、（　）に1〜3を書きましょう。

（　）船につんだ石の重さを一つ一つ量る。

（　）船に石をつんで、ぞうが乗った時につけた印まで船が下がったらやめる。

（　）ぞうを船に乗せて、重さでしずんだところの水のあとに印をつける。

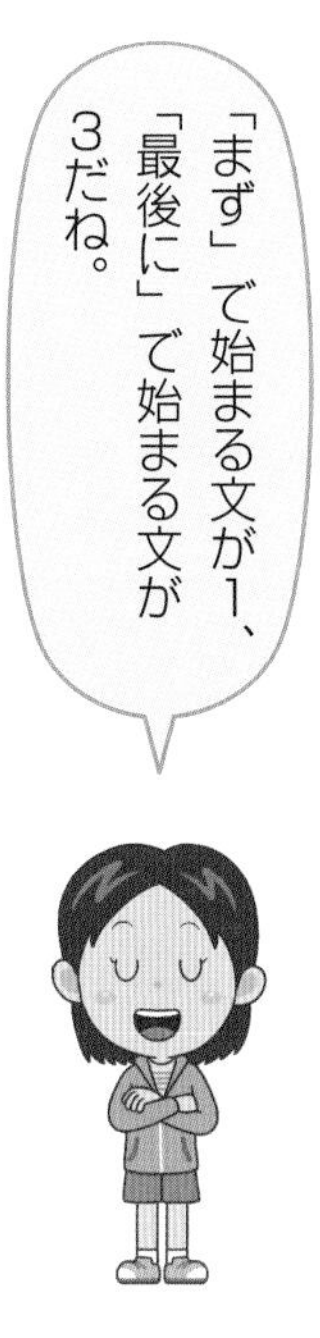
「まず」で始まる文が1、「最後に」で始まる文が3だね。

3 曹沖の考えた方法でぞうの重さがわかるのは、なぜですか。一つに○をつけましょう。

ア（　）ぞうの重さと船の重さが同じだから。

イ（　）船の重さと船につんだ石の重さが同じだから。

ウ（　）ぞうの重さと船につんだ石の重さが同じだから。

ものしりメモ 曹沖《そうちゅう》の話は、昔の中国《ちゅうごく》が魏《ぎ》・呉《ご》・蜀《しょく》という三つの国に分かれていた時の話をえがいた『三国《さんごく》志《し》』という物語に出てくるよ。まんがにもなっているので、ぜひ読んでみよう。

きほんのワーク

花を見つける手がかり

読書の広場① 分類をもとに本を見つけよう

教科書 上36〜49ページ

答え 4ページ

学習の目標

●実験のすじみちをたどりながら何を明らかにした文章かを読み取ろう。

●実験からわかった事実と意見を区別して読もう。

勉強した日　月　日

おわったらシールをはろう

漢字練習ノート6〜7ページ

新しい漢字

◀練習しましょう。 筆順 1 2 3 4 5

教科書ページ	漢字	読み	画数	筆順
37	験	ケン	18画	丨 厂 Ⅱ 馬 馬 馬 験 験
37	観	カン	18画	⺈ 午 午 午 午 雈 観
37	察	サツ	14画	宀 宀 夕 夕 夕 察 察 察
37	種	シュ たね	14画	二 千 禾 禾 禾 稲 種 種
37	類	ルイ たぐい	18画	丷 米 类 类 类 類 類 類
38	別	ベツ わかれる	7画	丨 口 口 号 另 別 別
40	念	ネン	8画	ノ 人 今 今 今 念 念 念
44	単	タン	9画	丶 ッ 兴 㓁 当 当 単
44	位	イ くらい	7画	ノ 亻 亻 仁 仕 位 位
44	照	ショウ てる	13画	丨 冂 日 日 日 昭 昭 照
47	然	ゼン ネン	12画	ノ ク タ 外 外 然 然 然
47	産	サン うむ	11画	亠 立 产 产 产 産 産
47	芸	ゲイ	7画	一 十 艹 艹 芸 芸 芸

1 漢字の読み

読みがなを横に書きましょう。

1 実験

2 観察

3 種類

4 別の実験

5 念のため

6 自然科学

7 産業

8 芸術《じゅつ》

○新しく学ぶ漢字
●新しい読み方をおぼえる漢字
◆特別な読み方の言葉

4 言葉の意味

○をつけましょう。

1 （36ページ） これはありふれたちょうだ。

ア（　）とても変わっている。

イ（　）めずらしくない。

ウ（　）ひじょうに美しい。

2 漢字の書き

漢字を書きましょう。

① 重さの［　　］［　　］《たんい》。

② ［　　］［　　］《しょうめい》の明るさ。

3 言葉の知識《しき》

次の分類記号は、何についての本ですか。教科書47ページの「日本十《じっ》進分類法《しんぶんるいほう》」の表を見て答えましょう。

486
ナ
2

（　　　　　　）

一番上の分類記号の数字が、本の内容《よう》を表しているよ。

内容《よう》をつかもう！

☆花を見つける手がかり　教科書を読んで答えましょう。

1 この文章には、どのようなぎもんについて調べたことが書かれていますか。合うほうに○をつけましょう。　教科書36ページ

{ア（　）もんしろちょう　イ（　）花}は、いったい何を手がかりにして、{ア（　）もんしろちょう　イ（　）花}を見つけるのかというぎもん。

2 さまざまな実験から、どのようなことがわかりましたか。（　）に合う言葉を［　］からえらんで、記号で答えましょう。　教科書37～40ページ

●もんしろちょうは、（　）によって花を見つけること。

●もんしろちょうは、（　）色は見えないらしいこと。

ア におい　イ 色　ウ 赤い　エ 青い

---

2 38 たちまち、いっぱいになる。
ア（　）すぐに。
イ（　）しばらくして。
ウ（　）ゆっくりと。

3 38 たまたま、おいしそうなにおいを出す。
ア（　）とつぜんに。
イ（　）ときどき。
ウ（　）ぐうぜんに。

4 39 色がもんしろちょうをひきつける。
ア（　）ひきよせる。
イ（　）ひきはなす。
ウ（　）ひきずりこむ。

5 40 念のため、赤い色紙も用意する。
ア（　）しっかりおぼえるため。
イ（　）よくわからないため。
ウ（　）よりたしかにするため。

6 41 黄色を目あてにやってくる。
ア（　）目かくしに。
イ（　）目《もく》ひょうに。
ウ（　）目をそらさずに。

ものしりメモ　日本には200種以《い》上のちょうがいるけれど、その中でも、日本を代表するちょうといわれているのが「オオムラサキ」だよ。オスは美しい青紫《むらさき》色の羽をもっているんだ。

練習のワーク1

花を見つける手がかり

教科書　上36～49ページ　答え　4ページ

できるナビ　どのようなぎもんをとくために、どのような実験をしたかを正しく読み取ろう。

勉強した日　月　日

おわったらシールをはろう

次の文章を読んで、問題に答えましょう。

いったい、もんしろちょうは、何を手がかりにして、花を見つけるのでしょう。花の色でしょうか。形でしょうか。それとも、においでしょうか。もんしろちょうにきいてみればわかるのですが、そんなわけにはいきません。

日高敏隆《ひだかとしたか》先生と東京農工大学《とうきょうのうこうだいがく》の人たちは、このぎもんをとくために、大がかりな実験をしました。

実験には、たくさんのもんしろちょうがひつようです。一度に百ぴき、二百ぴきというもんしろちょうを放し、花を見つける様子をえいがのカメラできろくして、くわしく観察するためです。キャベツをえさに青虫を育て、実験に使うもんしろちょうを用意しました。

実験は、まず、花だんの花を使って始めました。花だんには、赤・黄・むらさき・青と、四種類の色の花がさいています。少しはなれた所で、生まれてから花を見たことのないもんしろちょうを、いっせいに放しました。

1　よく出る　「いったい、もんしろちょうは、何を手がかりにして、花を見つけるのでしょう。」とありますが、その手がかりとして、筆者は何を予想としてあげていますか。三つに○をつけましょう。

ア（　）色　イ（　）大きさ　ウ（　）形
エ（　）におい　オ（　）手ざわり

2　「大がかりな実験」とありますが、どんなことをたしかめるための実験ですか。

もんしろちょうが、何を手がかりにして
（　　　　）のかということ。

3　実験のために、どのようにして数多くのもんしろちょうを用意しましたか。

もんしろちょうをとってきたわけではないのだね。

（　　　　）

4　実験に使った花の色を四つ書きましょう。

（　　　　）

言葉の意味プラス
1行　手がかり…調べを進めるための、きっかけ。糸口。　7行　大がかり…仕組みなどが大きい様子。　16行　いっせいに…同時に。一度にそろって。

もんしろちょうは、いっせいに、花だんに向かってとんでいきます。もんしろちょうは、生まれながらに、花を見つける力を身につけているようです。

　花だんは、たちまち、ちょうでいっぱいになってしまいました。注意して見ると、ちょうのよく集まる花と、そうでない花とがあります。むらさきの花には集まっていますが、赤い花には、あまり来ていないようです。もんしろちょうは、色で花を見つけているのでしょうか。

　でも、そう決めてしまうのは、ちょっと早すぎます。たまたま、花だんに植えた赤い花が、おいしそうなにおいを出していないのかもしれないからです。

〈吉原《よしはら》 順平《じゅんぺい》「花を見つける手がかり」による〉

5 「もんしろちょうは、生まれながらに、花を見つける力を身につけているようです。」とありますが、筆者はどんなことからこのように考えたのですか。一つに○をつけましょう。

ア（　）もんしろちょうが、遠くにある花だんをいっしゅんで見つけて、むらがったことから。

イ（　）花を見たことのないもんしろちょうが、いっせいに、花に向かってとんでいったことから。

ウ（　）もんしろちょうが、みつのある花とそうでない花とを見分けて、とんでいったことから。

6 よく出る この実験から、どのようなことがわかりましたか。一つに○をつけましょう。

ア（　）どの花にもちょうは同じように集まること。

イ（　）花によって、ちょうの集まり方がちがうこと。

ウ（　）花の色と、ちょうの集まり方には関係がないこと。

7 「そう決めてしまうのは、ちょっと早すぎます」とありますが、なぜですか。

この実験で使った（　　）色の花が、たまたま（　　）を出していないのかもしれないから。

ものしりメモ ちょうがさなぎから成虫《せい》になることを「羽化《うか》」というよ。1分くらいでさなぎから出てきて、ぬれた羽がかわき、やがてピンとのびて、とび立つそうだよ。

練習のワーク②

花を見つける手がかり

教科書　上36～49ページ　答え　5ページ

できるナビ
●実験の方法とけっかを読み取ろう。
●実験のけっかと、けつろんを読み分けよう。

勉強した日　月　日

おわったらシールをはろう

次の文章を読んで、問題に答えましょう。

[1]そこで、今度は、においのしないプラスチックの造花《ぞう》を使うことにしました。色は、花だんのときと同じ赤・黄・むらさき・青の四種類です。

[2]もんしろちょうを放すと、やはり、まっすぐに造花に向かってとんでいきました。止まって、みつをすおうとするものもいます。プラスチックの造花には、みつもないし、においもありません。ですから、もんしろちょうは、においではなく、花の色か形にひかれていると考えられるでしょう。そして、造花の場合も、赤い花には、あまりやってきませんでした。

[3]次の実験では、花の代わりに、四角い色紙を使ってみました。色紙にも集まってくれば、花の形が問題なのではなく、色だけが、もんしろちょうをひきつけているということになるでしょう。用意した色は、前と同じ四種類です。もんしろちょうは、色紙を花だと思ってくれる

←

1　[1]・[2]だんらくに書かれた実験で使ったものと、その色を四つ書きましょう。

使ったもの　においのしないプラスチックの（　　　）。

色　（　　　）（　　　）（　　　）（　　　）

2　[1]の実験のけっかから、どのようなことがわかりましたか。

プラスチックの造花には何がないかを考えよう。

造花には、（❶　　　）も（❷　　　）もないため、もんしろちょうは、花の（❸　　　）か（❹　　　）のどちらかにひかれているということ。

3　「次の実験」について答えましょう。

(1)　よく出る　実験で四角い色紙を使ったのは、なぜですか。

[3]だんらくから読み取ろう。

四角い色紙にも集まってくれば、花の□ではなく、□だけが、もんしろちょうをひきつけていると考えられるから。

←

言葉の意味プラス
4行　放す…つかまえていたものを自由にする。　12行　問題…注目すべきところ。
18行　ただの…めずらしくもなく、ふつうのこと。

でしょうか。

4 いよいよ、二百ぴきほどのもんしろちょうを放してみました。ただの紙なのに、やはり、ちょうは集まってきます。むらさきの色紙に止まったものもいます。黄色の色紙に止まったものもいます。止まったちょうは、長い口をのばして、みつをすおうとしています。もんしろちょうは、色紙を花だと思っているようです。

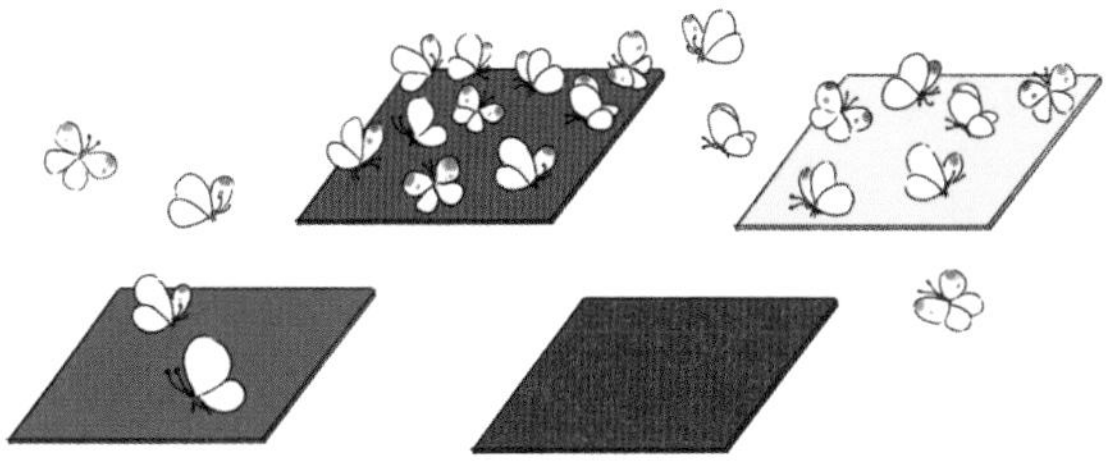

5 集まり方を色別に調べてみました。最も多く集まったのがむらさき、次に多かったのが黄色、青に来たものは少なく、赤には、ほとんど来ませんでした。念のため、赤い色紙にみつをつけたものを用意してみましたが、これにもちょうは来ませんでした。

6 このような実験から、もんしろちょうは、色を手がかりにして花を見つけることがわかりました。そして、色も見分けることができるようで、むらさきや黄色は見つけやすく、赤は見えないらしいのです。

〈吉原《よしはら》 順平《じゅんぺい》「花を見つける手がかり」による〉

(2) よく出る 四角い色紙を使った実験で、もんしろちょうはどの色にたくさん集まりましたか。たくさん集まった順に、1〜4を書きましょう。

ア（　）赤　イ（　）黄
ウ（　）むらさき　エ（　）青

(3) 実験のけっかと、わかったことを、二つに分けて表にまとめましょう。

けっか	わかったこと
●四角い色紙にも、ちょうは集まってきた。	もんしろちょうは、色だけを（　）こと。
●ちょうは、赤い色紙にはほとんど来ない。	もんしろちょうは、色を（　）ことができ、赤は見えないらしいこと。

4 この文章全体のけつろんとなっているだんらくはどれですか。一つに○をつけましょう。

ア（　）2だんらく
イ（　）5だんらく
ウ（　）6だんらく

ものしりメモ もんしろちょうなどのこん虫は、人間には見えない紫《し》外線を見ることができるんだって。人間が見ているけしきとは、全然《ぜん》ちがうように見えているんだね。

きほんのワーク

言葉の広場① 漢字辞典の使い方

教科書 上50～53ページ

答え 5ページ

学習の目標
- 漢字辞典の使い方を知ろう。
- 漢字辞典で漢字を調べるときの、いろいろな調べ方をおぼえよう。

勉強した日　月　日

おわったらシールをはろう

漢字練習ノート7～8ページ

新しい漢字

教科書ページ	漢字	読み	画数
50	辞	ジ	13画
50	典	テン	8画
50	治	ジ　チ　おさめる　なおる	8画
50	成	セイ　なる	6画
51	訓	クン	10画
53	径	ケイ	8画
53	兆	チョウ	6画
53	臣	シン　ジン	7画
53	城	ジョウ　しろ	9画
53	奈	ナ	8画
53	塩	エン　しお	13画
53	省	セイ　ショウ　はぶく	9画
53	刷	サツ　する	8画
53	良	リョウ　よい	7画
53	孫	ソン　まご	10画
53	愛	アイ	13画

◀練習しましょう。　筆順 1 2 3 4 5

1 漢字の読み

読みがなを横に書きましょう。

○新しく学ぶ漢字　●新しい読み方をおぼえる漢字　◆特別な読み方の言葉

1. 辞典
2. 直径
3. 前兆
4. 家臣
5. 奈落
6. 塩田
7. 良薬
8. 愛読書

「成」の筆順に注意しよう。一画めをまちがえやすいよ。

2 漢字の書き　漢字を書きましょう。

① □《な》り立ち。

② 漢字の□□《おんくん》。

③ □□□《じょうかまち》。

④ 正月に□□《きせい》する。

⑤ □□《さっしん》する。

⑥ □□《はつまご》が生まれる。

3 次は、漢字辞典の一部です。これを見て、問題に答えましょう。

辶9画

【運】

12画　3年生

音 ウン

訓 はこ-ぶ

筆順

1 2 3 4 5 6 7 8 9 10 11 12

成り立ち 「辶(すすむ)」と「軍《ぐん》(まるくめぐる)」を組み合わせた字。めぐり歩くことを表す。

意味 ①動く。動かす。回る。れい 運行。運転。

②はこぶ。れい 運送。海運。

③人の力では変えられないめぐり合わせ。れい 運命。

【運行《ウンコウ》】決まったとおりの道すじを進むこと。れい バスの運行時間。

【運転《テンウン》】機械《きかい》や乗り物を動かすこと。れい 安全運転。

---

1 漢字辞典の説明《せつ》として正しいものには○、まちがっているものには×をつけましょう。

ア（　）漢字を部首別に分類してある。

イ（　）言葉を五十音順にならべてある。

ウ（　）漢字の意味や成り立ち、使い方がわかる。

エ（　）漢字の音や訓がわかる。

2 左上の漢字辞典を見て、「運」の総《そう》画数を漢数字で書きましょう。また、部首の形を書きましょう。

総画数（　）画　部首 □

4 漢字辞典で「調」「苦」をさがします。問題に答えましょう。

1 「部首さくいん」で調べるために、（　）に部首の画数を漢数字で、〈　〉に部首名をひらがなで書きましょう。

① 調（　）画〈　〉

② 苦（　）画〈　〉

2 「総画さくいん」で調べるために、総画数を漢数字で書きましょう。

① 調（　）画

② 苦（　）画

訓読みや音読みから調べるときには、「音訓さくいん」を使って調べることもできるよ。

ものしりメモ 漢字辞典は、国語辞典とは内容《よう》がちがうよ。漢字辞典は漢字の部首や画数、読み方、成り立ちなどが説明《せつ》されている本、国語辞典は言葉の意味や使い方などが説明されている本だよ。

きほんのワーク　メモの取り方のくふう

教科書 上54～57ページ　答え 6ページ

勉強した日　月　日

学習の目標
- メモを取るときのくふうの仕方を学ぼう。
- 大事な語句を聞き分けて、こうかてきにメモを取るくふうを考えよう。

おわったら シールを はろう

漢字練習ノート9ページ

新しい漢字

教科書 54ページ

漢字	読み	画数	筆順
必	ヒツ　かならず	5画	丶 ソ 义 必 必
要	ヨウ　かなめ	9画	一 ｢ 襾 襾 襾 覀 覀 要 要

▼練習しましょう。　筆順 1 2 3 4 5

「必」は筆順に注意して書こう。一画め、二画めをまちがえやすいよ。

1 漢字の読み 読みがなを横に書きましょう。

①　必要

②　友達

○新しく学ぶ漢字　●新しい読み方をおぼえる漢字　◆特別な読み方の言葉

2 漢字の書き 漢字を書きましょう。

① □□《ひつよう》なじょうほう。

3 三年生の漢字 漢字を書きましょう。

① メモを□《と》る。

② □《おも》に四種類ある。

③ ごみを□《はこ》ぶ。

④ 大きな□□《かぐ》。

⑤ □□《してい》する。

⑥ れいぞう□《こ》。

4 メモの取り方のくふうとして、正しいものには○、まちがっているものには×をつけましょう。

ア（　）かじょう書きにするなどして、まとまりを考えながら書く。

イ（　）「！」や「？」などの記号はなるべく使わない。

ウ（　）大事なところやわからなかったところなどを、○でかこむ。

エ（　）聞いたことだけを書き、自分が考えたことは書かないようにする。

5 次の学級委員の話について、問題に答えましょう。

みなさん、おはようございます。

来月、全校レクリエーションが行われます。全校レクリエーションでどんなことをやりたいか、このクラスからも案《あん》を出してほしいのです。

案を出すにあたっては、今から話す二つのことに注意して考えてください。

一つめは、一年生から六年生まで、みんなが楽しめることです。レクリエーションでは、ことなる学年の人が同じチームになるからです。

二つめは、ルールがわかりやすいことです。まよわずにすぐ行えるほうがよいからです。

どんな案を出すか、グループごとに話し合って発表してください。その中からいちばんよい案をえらび、このクラスの案として児《じ》童会に提《てい》出します。

1 川島さんは、次のようなメモを取りました。（　）に合う言葉を書きましょう。

案を出すときの注意点

❶みんなが（　　　　）こと

❷ルールが（　　　　）こと

2 1の川島さんのメモのように、いくつかのこうもくに分ける書き方を、何といいますか。

（　　　　）

3 中野さんは、メモの最後に次のように書き加えました。中野さんは、どんなことを書き加えたのですか。一つに◯をつけましょう。

メモの最後

？　レクリエーションはどこで行われるのかな。

ア（　）学級委員の話からわかったこと。

イ（　）ぎもんに思ったこと。

ウ（　）出したいと思う案。

「？」の記号は、あとで見たときにわかりやすくするために使っているよ。

ものしりメモ 「メモ」は、英語の「memo」からできた言葉で、このような外国語がもとになっている言葉を「外来語」というよ。「メモ」は「おぼえ書き」という言葉に言いかえることができるよ。

まとめのテスト

花を見つける手がかり
言葉の広場①　漢字辞典の使い方

教科書 上36～57ページ　答え 6ページ

時間20分　とく点　/100点　おわったらシールをはろう

勉強した日　月　日

1 次の文章を読んで、問題に答えましょう。

①そこで、今度は、においのしないプラスチックの造花《ぞう》を使うことにしました。色は、花だんのときと同じ赤・黄・むらさき・青の四種類です。

②もんしろちょうを放すと、やはり、まっすぐに造花に向かってとんでいきました。止まって、みつをすおうとするものもいます。プラスチックの造花には、みつもないし、においもありません。ですから、もんしろちょうは、においではなく、花の色か形にひかれていると考えられるでしょう。そして、造花の場合も、赤い花には、あまりやってきませんでした。

③次の実験では、花の代わりに、四角い色紙を使ってみました。色紙にも集まってくれれば、花の形が問題なのではなく、色だけが、もんしろちょうをひきつけているということになるでしょう。用意した色は、前と同じ四種類です。もんしろちょうは、色紙を花だと思ってくれるでしょうか。

1 「プラスチックの造花」の実験について答えましょう。

(1) プラスチックの造花には、どんなとくちょうがありますか。　一つ10〔20点〕

（　　　　）もないし、（　　　　）もない。

(2) よく出る● 「もんしろちょうを放すと、やはり、まっすぐに造花に向かってとんでいきました。」とありますが、このことからどんなことが考えられますか。〔15点〕

（　　　　）

2 「次の実験」について答えましょう。

(1) 「四角い色紙」を使ったのはなぜですか。〔15点〕

（　　　　）

(2) 書いてみよう! この実験からわかったのは、どのようなことですか。一つに○をつけましょう。〔15点〕

言葉の意味プラス
8行 ひかれている…ひきつけられている。　17行 いよいよ…長い時間がたったあと、ついに。
30行 見分ける…見て、ちがうものとして区別する。

4 いよいよ、二百ぴきほどのもんしろちょうを放してみました。ただの紙なのに、やはり、ちょうは集まってきます。むらさきの色紙に止まったものもいます。黄色の色紙に止まったものもいます。止まったちょうは、長い口をのばして、みつをすおうとしています。もんしろちょうは、色紙を花だと思っているようです。

5 集まり方を色別に調べてみました。最も多く集まったのがむらさき、次に多かったのが黄色、青に来たものは少なく、赤には、ほとんど来ませんでした。念のため、赤い色紙にみつをつけたものを用意してみましたが、これにもちょうは来ませんでした。

6 このような実験から、もんしろちょうは、色を手がかりにして花を見つけることがわかりました。そして、色も見分けることができるようで、むらさきや黄色は見つけやすく、赤は見えないらしいのです。

〈吉原《よしはら》 順平《じゅんぺい》「花を見つける手がかり」による〉

ア（　）ちょうは、色を手がかりに花を見つける。

イ（　）ちょうは、みつを手がかりに花を見つける。

ウ（　）ちょうは、色を見分けることができない。

チャレンジ! 3 この文章のだんらくを、内容《よう》によって三つのまとまりに分けるとどうなりますか。一つに○をつけましょう。（15点）

ア（　）（1 2 3）（4 5）（6）

イ（　）（1 2）（3 4 5）（6）

ウ（　）（1 2 3 4）（5）（6）

2 漢字辞典の使い方を説《せつ》明した次の文章の□に合う言葉を、□からえらんで、記号で答えましょう。一つ5（20点）

部首がわかるときは、部首さくいんで、調べる漢字の［1］をもとに、その部首をさがす。そこにしめされたページを開き、［2］をもとに漢字をさがす。

読み方がわかるときは、音訓さくいんで、［3］にならんでいる中からさがす。

部首や読み方がわからないときは、総《そう》画さくいんで、その漢字の［4］のところをさがす。

1（　）　2（　）　3（　）　4（　）

ア 総画数　イ 五十音順
ウ 部首の画数　エ 部首をのぞいた部分の画数

ものしりメモ もんしろちょうとにたちょうに、「もんきちょう」がいるよ。黄色っぽい羽のもんきちょうだけど、メスには白い羽のものもいるよ。羽に点のもようがあるのがとくちょうだよ。

きほんのワーク

リーフレットでほうこく
いろいろな手紙

教科書 上58～65ページ
答え 7ページ
勉強した日　月　日

学習の目標
●見学したことをリーフレットにまとめるときの進め方を知ろう。
●もくてきに合った手紙が書けるようになろう。

漢字練習ノート9ページ

おわったらシールをはろう

新しい漢字

筆順 1 2 3 4 5
◀練習しましょう。

教科書ページ	漢字	読み	画数	筆順
58	伝	デン つたわる つたえる	6画	ノ亻亻仁伝伝
58	課	カ	15画	言訁訂訂評評課課
59	害	ガイ	10画	丶宀宀中宝宝害害
59	機	キ	16画	木杉杉杉桦機機機
59	械	カイ	11画	木朩朩朩械械械
60	折	セツ おる おり	7画	一十扌扌扩扩折
60	説	セツ とく	14画	言言言言訁説説説
62	参	サン まいる	8画	ム厶厶厶夫矣参参

○新しく学ぶ漢字
●新しい読み方をおぼえる漢字
◆特別な読み方の言葉

1 漢字の読み

読みがなを横に書きましょう。

①○伝わる　②○課題
③○有害　④○機○械
⑤○折る　⑥○説明
⑦持○参

④「機械」と同じ読みで、「ちょうどよい時」という意味の「機会」という言葉もあるよ。

2 漢字の書き

漢字を書きましょう。

①●□《つた》えたいこと。
②○□□《かだい》を調べる。
③○□□《ゆうがい》なガス。
④二つに○□《お》る。
⑤○□□《せつめい》する。
⑥水を○□□《じさん》する。

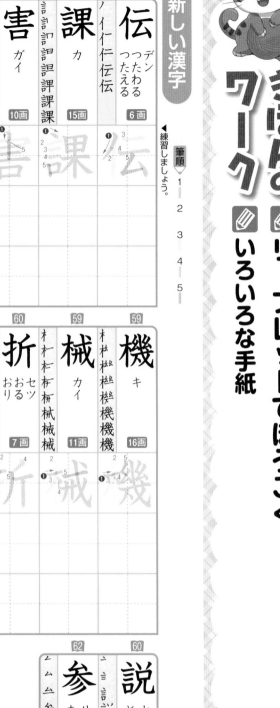

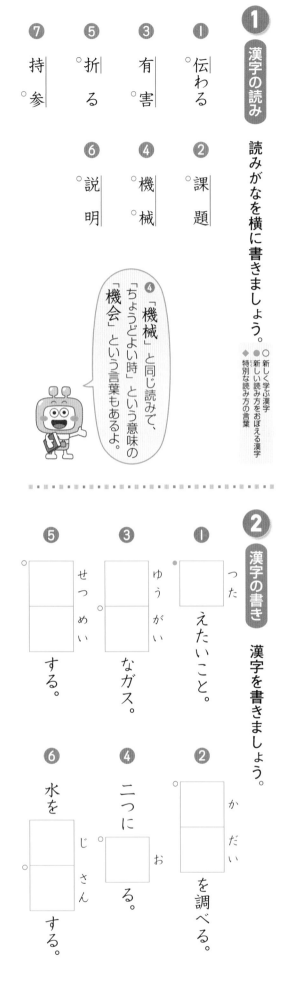

リーフレットでほうこく

3 リーフレットについて説明した次の文や図の（　）に合う言葉を、[　]からえらんで書きましょう。

「リーフレット」とは、（①　　）を二つか三つに折って、何かについての説明や（②　　）などを書いたものです。絵や（③　　）を使ってわかりやすく伝えることができます。

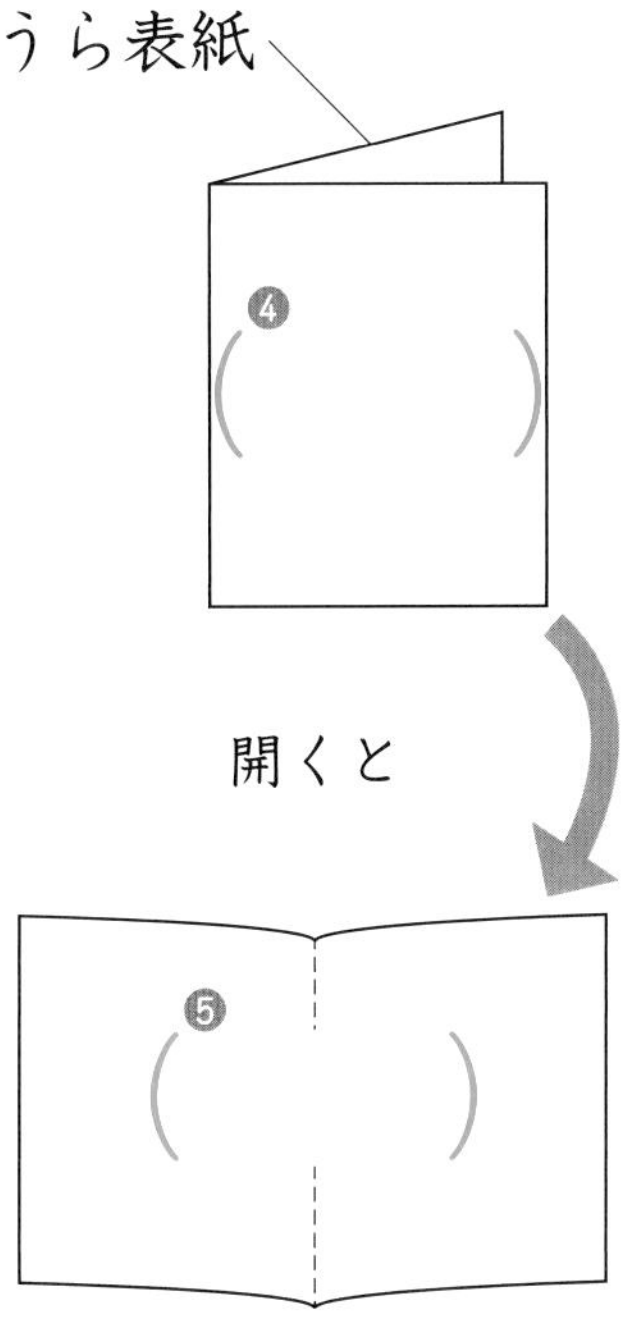

[中面　図表　一まいの紙　表紙　しょうかい]

4 リーフレットを作るときに、どんなことに気をつけるとよいですか。二つに○をつけましょう。

ア（　）いちばん伝えたいことを中心にして書く。
イ（　）説明文と図は、それぞれ分けてのせる。
ウ（　）リーフレットいっぱいにしりょうをのせる。
エ（　）伝えたいことに合ったしりょうをえらぶ。

5 次の調べたことメモと見学メモを見て、問題に答えましょう。

調べたことメモ
①
・生ごみのうち、手つかずの食品が45パーセント以《い》上。
・「生ごみ３キリ運動」
（「使いキリ」「食べキリ」「水キリ」）

見学メモ
②
・食品を少量のパックに分けて売っている。
・ほぞん方法をしょうかいするメモを配っている。
・「何人分」という、食品の分量の目安がパックに書かれている。

右のメモの①・②に合う言葉を、[　]からえらんで、記号で答えましょう。

①（　　）
②（　　）

[ア　店が行う、生ごみをへらすくふう。
イ　生ごみの中身と生ごみをへらすための運動。
ウ　くふうされた生ごみのしょり方法。]

いろいろな手紙

6 手書きのはがきや手紙には、どんなよさがありますか。一つに○をつけましょう。

ア（　）温かみがあり、気持ちが伝わりやすい。
イ（　）要点をしぼらずに書くことができる。
ウ（　）かんたんに送ることができる。

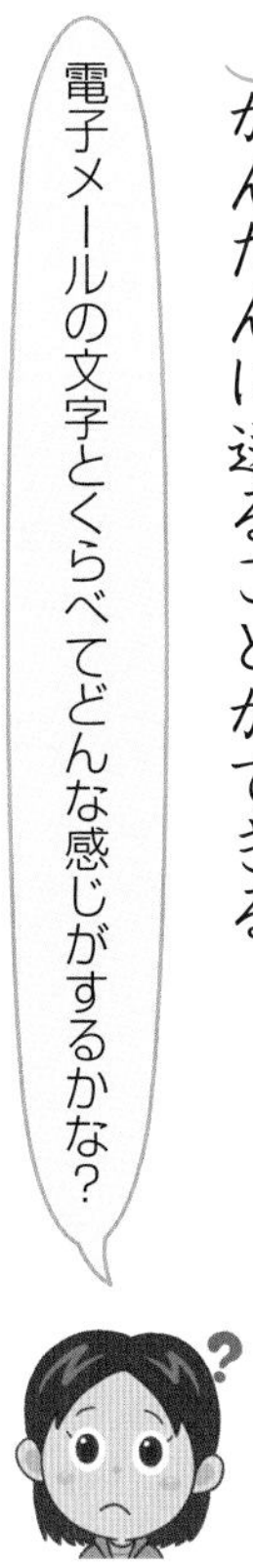

ものしりメモ ごみをへらすために、ペットボトルやアルミかん、新聞紙などの古紙はリサイクルが行われていることは知っているよね。こういったものもりっぱな「しげん」なんだよ。

きほんのワーク

言葉の文化① 短歌の世界

教科書 上66～71ページ

答え 7ページ

勉強した日 月 日

学習の目標

●リズムを楽しみながら、短歌を読もう。
●どのような風景をよんでいるのか考えながら、短歌を読み味わおう。

おわったらシールをはろう

漢字練習ノート10ページ

新しい漢字

教科書66ページ

67 衣 イ 6画 （筆順）丶 亠 ナ 𧘇 衣 衣

67 景 ケイ 12画 （筆順）丨 冂 日 旦 早 昌 昙 景

68 辺 ヘン あたり べ 5画 （筆順）フ 刀 㓛 辺 辺

71 以 イ 5画 （筆順）丨 レ レ 以 以

筆順 練習しましょう。

1 漢字の読み

読みがなを横に書きましょう。

① 衣服　② 風景　③ 景色　④ 海辺　⑤ 以上

○新しく学ぶ漢字　●新しい読み方をおぼえる漢字　◆特別な読み方の言葉

③は、上に「冬」「雪」などがつくと、「ふゆげしき」「ゆきげしき」と、読み方が変わるよ。

2 漢字の書き

漢字を書きましょう。

① ［　　］《いふく》をほす。

② 自然の［　　］《ふうけい》。

③ ［　　］《うみべ》を歩く。

④ 千年［　　］《いじょう》も昔。

3

次の短歌についての説明のうち、正しいものには○、まちがっているものには×をつけましょう。

ア（　）短歌は、五・七・五・七・七の三十一音からできている。

イ（　）短歌には、季語《き》とよばれる、きせつを表す言葉をかならず入れるという決まりがある。

ウ（　）短歌は、千三百年以上も昔から作られ、親しまれてきた。

エ（　）短歌は、自然の風景や心に感じたことを表している。

三年生で習った俳句《はいく》の説明が交じっているよ。

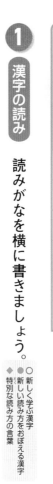

4 次の短歌と文章を読んで、問題に答えましょう。

あ 春すぎて夏来《き》たるらし白たえの
衣《ころも》ほしたり天《あめ》の香具山《かぐやま》
持統天皇《じとうてんのう》

山の中に、真っ白な衣服がほしてあります。青葉の中であざやかにひきたつ白い色に、春がすぎて夏が来たことを感じとっています。

い 見わたせば花ももみじもなかりけり浦《うら》の苫屋《とまや》の秋の夕ぐれ
藤原定家《ふじわらのさだいえ》

春はさくら、秋はもみじが美しい景色の代表ですが、今は、見わたしても何もありません。海辺にそまつな小屋が見えるだけのさびしい秋の夕ぐれです。さくらやもみじがないこのさびしい風景が、かえって心にしみじみと感じられました。

う 列車にて遠く見ているひまわりは
少年のふるぼうしのごとし
寺山《てらやま》 修司《しゅうじ》

1 よく出る あとうの短歌は、どのきせつをよんだものですか。漢字一字で書きましょう。

あ [ ] う [ ]

2 あの短歌の作者は、何に対してそのきせつらしさを感じとっていますか。□に合う言葉を漢字一字で書きましょう。

青葉の中でひきたつ、衣服の [ ] い色。

3 よく出る れいにならって、いの短歌を、五・七・五・七・七に区切りましょう。

れい 春すぎて／夏来たるらし／白たえの／衣ほしたり／天の香具山

見わたせば花ももみじもなかりけり浦の苫屋の秋の夕ぐれ

4 いの短歌では、どのような風景がよまれていますか。

秋の夕ぐれの（　　　　）風景。

5 うの短歌では、遠くに見えるひまわりが、まるで何のように見えているのですか。

（　　　　　　　　）

ものしりメモ 日本最古の歌集は「万葉集《まんようしゅう》」といって、奈良《なら》時代に完成されたといわれているよ。なかでも、持統天皇《じとうてんのう》のよんだあの歌は、ほかの歌集にもおさめられているほど有名な歌なんだ。

まとめのテスト

言葉の文化① 短歌の世界

教科書 上66~71ページ
答え 7ページ

時間 20分

とく点 /100点

おわったらシールをはろう

勉強した日 月 日

次の短歌と文章を読んで、問題に答えましょう。

あ

秋来《き》ぬと目にはさやかに見えねども
風の音にぞおどろかれぬる

藤原敏行《ふじわらのとしゆき》

秋の初めのころには、まだ木々の緑も青々としています。「秋が来た。」と目にははっきりと見えません。けれど、聞こえてくる風の音で、秋が来たことにはっと気づいたのです。

い

金色《こんじき》のちいさき鳥のかたちして
いちょうちるなり夕日のおかに

与謝野《よさの》晶子《あきこ》

秋、夕日がさしているおかに、いちょうの葉がちっています。日の光を受けて、金色の小鳥のように見えるい

←

1 「さやかに」とはどのような意味ですか。一つに○をつけましょう。〔10点〕

ア（　）はっきりと
イ（　）さわやかに
ウ（　）ぼんやりと

2 よく出る● 「風の音」で、作者（藤原敏行）はどんなことに気がついたというのですか。〔15点〕

（　　　　）

3 あの短歌は、秋の中でもいつごろの風景をよんだものですか。一つに○をつけましょう。〔10点〕

ア（　）秋のごく初めのころ。
イ（　）すっかり秋らしくなったころ。
ウ（　）秋の終わりごろ。

4 よく出る● 「金色のちいさき鳥のかたちして」とありますが、何のどんな様子がこう見えたのですか。一つに○をつけましょう。〔15点〕

←

言葉の意味プラス
10行 おか…山よりは低《ひく》いが、小高くなっているところ。
15行 や…ぎもんを表す言葉。

ちょうの葉の美しさをうたっています。

う

白鳥《しらとり》はかなしからずや空の青
海のあおにもそまずただよう

若山《わかやま》　牧水《ぼくすい》

白い鳥が、空の青さ、海の青さにそまることなく、白いままでただよっています。一面の青の中にいる白い鳥を見て、悲しくないのだろうかと思っています。

〈「短歌の世界」による〉

ア（　）いちょうの葉の枝《えだ》にしげった様子が、小鳥がたくさん止まっているように見えた。

イ（　）いちょうの葉が風にまいちる様子が、小鳥がとびかっているように見えた。

ウ（　）地面に落ちているいちょうの葉の形が、小鳥の形と同じであるように見えた。

チャレンジ!

5 「いちょうちるなり夕日のおかに」は、ふつうなら「夕日のおかにいちょうちるなり」となるところです。語順を変えたことによって、どんなことを強調してうたっているのですか。〔15点〕

いちょうの葉の［　　　］。

6 **う**の短歌には、二つの色がよまれています。どんな色ですか。一つ10〔20点〕

（　　　）（　　　）

7 「かなしからずや」とありますが、なぜ悲しくないのだろうかと思ったのですか。一つに○をつけましょう。〔15点〕

ア（　）広い空や海には、白い鳥が休める場所がないから。

イ（　）白い鳥だけ、まわりの色にとけこめていないから。

ウ（　）白い鳥が目立たず、注目してもらえないから。

ものしりメモ 五・七・五・七・七でよむ「短歌」のほか、五・七・五・七・五・七……とくり返し、最後を五・七・七とする長歌《ちょうか》や、五・七・七・五・七・七の旋頭歌《せどうか》など、いろいろな形式があるんだよ。

きほんのワーク

漢字の広場②

漢字の音《おん》を表す部分

教科書 上72～76ページ

答え 8ページ

学習の目標

- 漢字の音を表す部分について知ろう。
- 音を表す部分が同じでも、読み方がちがう漢字があることを学ぼう。

勉強した日　月　日

おわったら シールを はろう

漢字練習ノート10～14ページ

新しい漢字

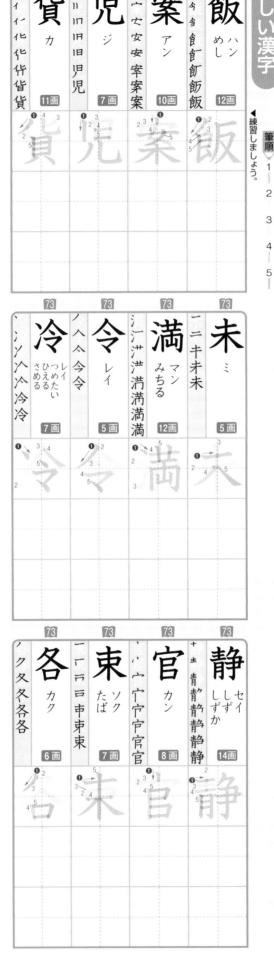

筆順 1 2 3 4 5 ◀練習しましょう。

教科書ページ	漢字	読み	画数
72	飯	ハン　めし	12画
72	案	アン	10画
73	児	ジ	7画
73	貨	カ	11画
73	未	ミ	5画
73	満	マン　みちる	12画
73	令	レイ	5画
73	冷	レイ　つめたい　ひえる　さめる	7画
73	静	セイ　しず　しずか	14画
73	官	カン	8画
73	束	ソク　たば	7画
73	各	カク	6画

1 漢字の読み

読みがなを横に書きましょう。

○新しく学ぶ漢字　●新しい読み方をおぼえる漢字　◆特別な読み方の言葉

① ご飯
② 名案
③ 児童
④ 貨物列車
⑤ 未満
⑥ 命令
⑦ 冷静
⑧ 長官
⑨ 約束

2 漢字の書き

漢字を書きましょう。

① □□《めいれい》を伝える。
② □□《れいせい》に考える。
③ □□《やくそく》を守る。
④ □□《かくち》の祭り。

3 三年生の漢字　漢字を書きましょう。

① □《いき》をすう。

② □《くすり》を飲む。

③ □□《そうだん》する。

④ □□《はなぢ》が出る。

4 次の漢字の音《おん》を表す部分を□に書きましょう。また、その読み方をかたかなで書きましょう。

① 想　音を表す部分 □　読み方（　　）

② 頭　音を表す部分 □　読み方（　　）

③ 課　音を表す部分 □　読み方（　　）

④ 校　音を表す部分 □　読み方（　　）

5 次の漢字は、「昜」の部分がきょうつうする漢字です。——の読み方をかたかなで書きましょう。

① 陽気（　　）

② 会場（　　）

6 次の漢字の部首と音を表す部分を書きましょう。

① 登　部首 □　音を表す部分 □

② 味　部首 □　音を表す部分 □

③ 町　部首 □　音を表す部分 □

④ 問　部首 □　音を表す部分 □

⑤ 持　部首 □　音を表す部分 □

7 次の□にあてはまる、音を表す部分を書きましょう。

① 研穴□《キュウ》　□

② 王□《リ》想　□

③ 敕□《セイ》列　□

①～③の□には、その部分だけで、それぞれ「キュウ」「リ」「セイ」と読む漢字があてはまるよ。

ものしりメモ　漢字の部首は、意味を表すことが多いよ。漢字の意味を表す部分を「意符《いふ》」といい、音《おん》を表す部分を「音符《おんぷ》」というよ。

きほんのワーク

都道府県名に用いる漢字

教科書 上74～75ページ

答え 8ページ

学習の目標
- 都道府県名の読み方や書き方を学ぼう。
- 都道府県名をおぼえよう。

勉強した日　月　日

おわったらシールをはろう

新しい漢字

教科書ページ	漢字	読み	画数	筆順
74	府	フ	8画	府
74	茨	いばら ◆茨城《いばらき》	9画	茨
74	栃	とち	9画	栃
74	群	グン むれる むら	13画	群
74	埼	さい	11画	埼
74	潟	かた	15画	潟
74	井	い	4画	一 二 ナ 井
74	賀	ガ	12画	賀
74	阪	◆大阪《おおさか》	7画	阪
74	兵	ヘイ ヒョウ	7画	兵
74	徳	トク	14画	徳
74	媛	◆愛媛《えひめ》	12画	媛
74	佐	サ	7画	佐
74	崎	さき	11画	崎

◀練習しましょう。　筆順 1 2 3 4 5

2 漢字の書き

漢字を書きましょう。

漢字練習ノート11～12ページ

1. 四十七［　　　　］《とどうふけん》。
2. ［　　］《とちぎ》県産のいちご。
3. ［　　］《ぐんま》県産のえだまめ。
4. ［　　］《ふくい》県産のメロン。
5. ［　　］《やまなし》県産のぶどう。
6. ［　　］《しずおか》県でお茶をつむ。

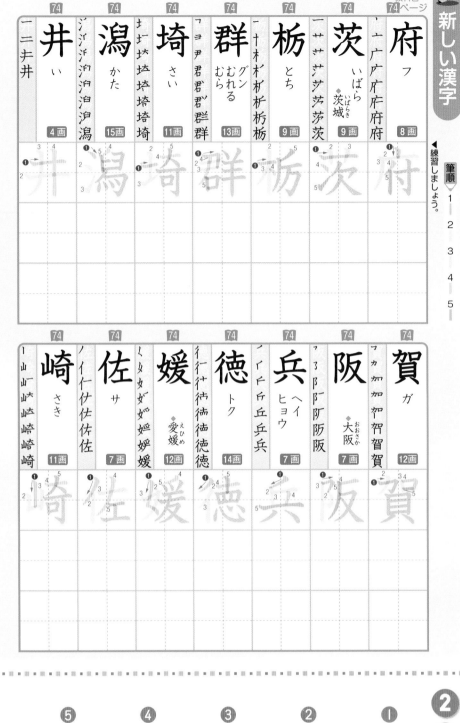

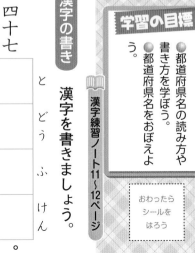

梨	岐	阜	岡	滋
74	74	74	74	74
なし	◆岐阜《ぎふ》	フ	おか	◆滋賀《しが》
11画	7画	8画	8画	12画

熊	鹿	沖	縄
74	74	74	74
くま	しか か ◆鹿児島《かごしま》	おき	なわ
14画	11画	7画	15画

1 漢字の読み

読みがなを横に書きましょう。

① ◆宮城
② ○茨城
③ ○栃木
④ ○埼玉
⑤ ◆神奈川
⑥ 新○潟
⑦ ◆富山
⑧ ◆○岐○阜
⑨ ◆○滋○賀
⑩ ◆大○阪
⑪ ◆奈良
⑫ ◆鳥取
⑬ ◆愛○媛
⑭ ◆大分
⑮ ○◆鹿児島
⑯ ○沖○縄

⑩「大阪」の「阪」は、「板」や「坂」とにているから注意しよう。

「愛媛」は、それぞれの漢字を「え」「ひめ」と読むのではなく、言葉全体で「えひめ」と読むよ。

○新しく学ぶ漢字
●新しい読み方を覚える漢字
◆特別な読み方の言葉

⑦ ◆（しが）県のびわ湖。
⑧ ◆（おおさか）のたこ焼《や》き。
⑨ （ひょうご）県にある城。
⑩ （とくしま）県の有名な祭り。
⑪ （さが）県でとれたいか。
⑫ （ながさき）のカステラ。
⑬ （くまもと）城を見学する。
⑭ ◆（かごしま）の黒ぶた。
⑮ （おきなわ）の海で泳ぐ。

ものしりメモ 「都道府県」の「都」は「東京都」、「道」は「北海道」、「府」は「京都府」と「大阪府」のこと。1都1道2府43県で、「47都道府県」だよ。

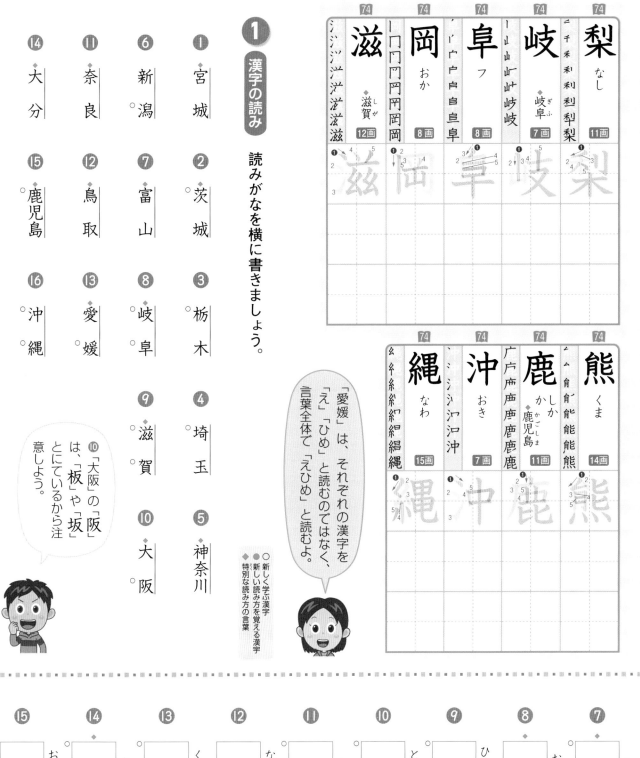

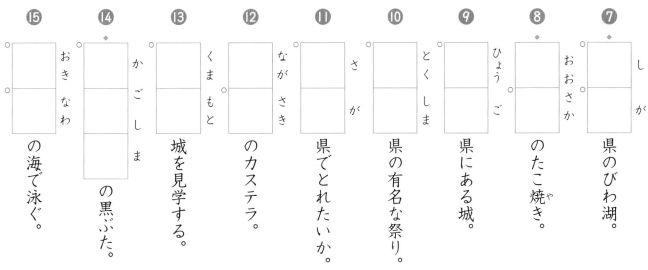

きほんのワーク

落語　ぞろぞろ

教科書 上78〜95ページ

答え 8ページ

学習の目標

●会話から、場面や登場人物の様子やせいかくを想像《ぞう》しながら読もう。
●登場人物のやりとりを楽しんで読もう。

勉強した日　月　日

おわったらシールをはろう

漢字練習ノート14ページ

新しい漢字

教科書78ページ

▼練習しましょう。　筆順 1 2 3 4 5

教科書ページ	漢字	読み	画数
78	末	マツ　すえ	5画
78	結	ケツ　むすぶ	12画
84	置	チ　おく	13画
84	残	ザン　のこる	10画
90	失	シツ　うしなう	5画
94	借	シャク　かりる	10画

1 漢字の読み　読みがなを横に書きましょう。

① 行く末　② 結末　③ 置く　④ 売れ残る　⑤ 失礼

○新しく学ぶ漢字
●新しい読み方をおぼえる漢字
◆特別な読み方の言葉

2 漢字の書き　漢字を書きましょう。

① 物語の［　　］《けつまつ》。
② 代金を［　］《お》く。
③ 魚が売れ［　］《のこ》る。
④ 本を［　］《か》りる。

「末」という漢字を書くときには、上と下の横画の長さに注意してね。

4 言葉の意味　○をつけましょう。

① 79ページ さびれた茶店がある。
ア（　）にぎやかで、活気がある。
イ（　）とても古くて、よごれている。
ウ（　）活気がなく、さびしい。

② 79 細々と茶店をやっている。
ア（　）昔からずっと続《つづ》けて。
イ（　）どうにかこうにか続けて。
ウ（　）おもしろおかしく続けて。

3 **落語** **落語について説明した次の文の（　）に合う言葉を、[　]からえらんで書きましょう。**

落語は、（　　）時代の中ごろに始まった（　　）です。

多くの場合、最後に「（　　）」とよばれるおもしろい結末がつくのがとくちょうです。

噺《はなし》家	江戸《えど》	落ち	話芸

内容《よう》をつかもう！

★ **ぞろぞろ** **あらすじをまとめます。お話の順番になるように、（　）に2～4を書きましょう。** 教科書 79～91ページ

（一）小さなさびれた茶店をいとなむおじいさんが、おいなりさんにお参りする。

（　）茶店の様子を見ていたとこ屋の親方が、おいなりさんにお参りする。

（　）わらじが売り切れると新しいわらじが出てきて、「ぞろぞろわらじ」とひょうばんになる。

（　）急に雨がふりだして、ひさしぶりに茶店に客が来て、わらじが売れる。おばあさんはおいなりさんのごりやくだと言う。

（5）とこ屋の親方が客のひげをそると、あとから新しいひげが「ぞろぞろ！」。

わらじがぞろぞろ出てくるのは、ありがたいけれど、ひげがぞろぞろ出てくるのは、どうかな？

3 82 かぜをひいて、こじらす。

ア（　）病気が治る。

イ（　）病気が人にうつる。

ウ（　）病気が悪くなる。

4 84 よごすのはしゃくにさわる。

ア（　）おそろしくてびくびくする。

イ（　）うれしくてわくわくする。

ウ（　）気に入らずにいらいらする。

5 87 わらじのひょうばんが知れわたる。

ア（　）世の中のうわさ。

イ（　）品物のねだん。

ウ（　）お店の名前。

6 90 ごりやくはてきめんだ。

ア（　）ぴったりと合わさる様子。

イ（　）すぐにききめが出る様子。

ウ（　）思いどおりにならない様子。

7 90 ついうれしくて、ないてしまう。

ア（　）いきなり。

イ（　）思わず。

ウ（　）ひじょうに。

ものしりメモ 落語家は、最初は「前座《ぜんざ》見習い」、「前座」、次に「二ツ目」、最後に「真打《しんう》ち」と階級を上げていって、「真打ち」になることで一人前とみとめられるんだよ。

練習のワーク①

落語　ぞろぞろ

教科書　㊤78～95ページ
答え　9ページ

できるナビ
●場面の様子を想像《ぞう》しながら、「ごりやく」に対する二人の考え方のちがいを読み取ろう。

勉強した日　月　日

おわったらシールをはろう

次の文章を読んで、問題に答えましょう。

おじいさんは、表へ出ました。あっちへぶらぶら、こっちへぶらぶら。そろそろ店へ帰ろうと、近くの橋をわたろうとすると、

○「のぼりが落ちてるじゃねえか……。これはおいなりさんののぼりだ。子どもたちが遊びで持ち出して、そのまんまなんだ。よし、とどけてやろう。」

○「（いなりのほこらの前へ来て）おいなりさん、のぼりが落ちておりましたので、おとどけに参りました。お初《はつ》にお目にかかります。あたしはこの近くの茶店のあるじでございます。これからちょいちょい来ますので。（かしわ手を打つ）」

○「（店へもどって）ばあさん、今、帰ったよ！」

●「ああ、おじいさん、お帰りなさい。お参りしましたか。」

○「ああ、したとも。橋のたもとにのぼりが落ちてた

1 ○と●のせりふは、それぞれ「おじいさん」と「おばあさん」のどちらのせりふですか。

○（　　　　）　●（　　　　）

2 「いいこと」とありますが、どんなことをしたのですか。

おじいさんがしてきたことをまとめよう。

（　　　　　　　　）

3 よく出る● 「さっそくごりやくですよ。」とありますが、おばあさんはどんなことをごりやくだと言ったのですか。一つに○をつけましょう。

ア（　）おじいさんがお参りをしたことで雨が早めにふりだしたこと。

イ（　）おじいさんが家に帰ってきてから雨がふってきたこと。

ウ（　）雨がおそくふりだしたので、おじいさんがぬれてしまったこと。

「ごりやく」は、神やほとけがもたらしてくれる「よいめぐみ」だよ。

言葉の意味プラス
10行　お初《はつ》…はじめて。　11行　ちょいちょい…しばしば。たびたび。
31行　えらい…たいへんな。はなはだしい。

もんで、とどけてやった。」
● 「まあ、おじいさん。いいことをしましたね。」
○ 「そうかい。ごりやくあるかね。」
● 「そりゃ、ありますよ。」
○ 「そいつは、ありがたいな。（外を見て）おや……？　雨がぽつぽつやってきたぞ、ばあさん。」
● 「さっそくごりやくですよ。お参りしたからこそ、雨はおそくふりだしたんですよ。お参りしなかったら、早めにふりだしたはずです。」
○ 「そうかい……。つまらねえごりやくだな。おい、ばあさん。ぽつぽつどころじゃねえぞ。ぼんを返したようなえらいふりになったぞ。」
● 「ますますごりやくですよ。お参りしなかったら、おじいさんはずぶぬれで、かぜをひいて……、それをこじらして……、あの世に。」
○ 「ばかなことを言うなよ。ああ……。天気だって客は来ねえんだ。雨がふった日にゃ、もうだめだ。今日はもう店をしめようや。」

〈三遊亭《さんゆうてい》　円窓《えんそう》「落語　ぞろぞろ」による〉

4 おばあさんの言う「ごりやく」のことを、おじいさんはどんなものだと感じていますか。□に合う、文章中の五字の言葉を書きましょう。

□□□□□ごりやく。

5 「ぼんを返したようなえらいふり」とありますが、雨がどのようにふっているのですか。一つに○をつけましょう。

ア（　）強い雨がザーザーとはげしくふっている。
イ（　）細かい雨がしとしとといつまでもふっている。
ウ（　）雨がふったりやんだりしている。

6 「ばかなことを言うなよ。」とありますが、おじいさんはどんなことを「ばかなこと」と言っているのですか。「ごりやくがなかったら、……と、おばあさんが言ったこと。」という形で書きましょう。

直前のおばあさんの会話に注目しよう。

書いてみよう！

ごりやくがなかったら、
（　　　　　　　　）
と、おばあさんが言ったこと。

ものしりメモ 落語家が使う小道具は「扇子《せんす》」と「手ぬぐい」の二つぐらいだよ。「扇子」は箸《はし》や刀など、「手ぬぐい」は本やさいふなどに見立てて使われるんだ。

練習のワーク②

落語 ぞろぞろ

教科書 上78〜95ページ
答え 9ページ

できるナビ
●だれが何をしたのか、また、だれがだれに向かって、どんなつもりで言った言葉かを読み取ろう。

勉強した日 月 日

おわったらシールをはろう

次の文章を読んで、問題に答えましょう。

客ー「(急に入ってきて)ごめんよ。休ましてもらうよ。」

○「はい……。(おくへ)ばあさん、しめることはねえ。客が来たぞ。」

●「おいなりさんのごりやくですよ。」

○「そうか。こいつは、ありがてえ。」

客ー「雨がやむまで休ましてもらうぜ。茶をいれておくれ。」

○「はい、ただ今。」

客ー「この雨にはびっくりしたな。急にきたからな。」

○「(お茶を運んできて)お待ちどおさま。」

客ー「ありがとうよ。(じっくりと飲んで)いい茶だ。(外を見て)おっ、雨は上がったようだな。そろそろ、出かけるか。(おくに向かって)じいさん、いくらだ?」

○「ありがとうぞんじます。六文《もん》、ちょうだいいたします。」

1 「しめることはねえ」とありますが、おじいさんはなぜこう言ったのですか。

(　　　　　　　　　　)

2 よく出る 「ごりやくですよ」とありますが、おばあさんはどんなことをごりやくだと言ったのですか。

(　　　　　　　　　　)

3 「そうか。こいつは、ありがてえ。」とありますが、おじいさんはどんな気持ちでしたか。一つに○をつけましょう。

ア(　)ごりやくなんてあるはずがない、とはらを立てている。

イ(　)ごりやくかどうかはわからないが、気味が悪いと思っている。

ウ(　)ごりやくというものがあるのかもしれないと、信じ始めている。

言葉の意味プラス
14行 ちょうだいいたします…「もらう」ことの、へりくだった言い方。
17行 ぬかってる…雨などで、道や地面がどろどろになっている。

客―「ほいきた。茶代はここへ置くぜ。（外へ出ようとして）ああ、雨が上がったのはいいんだが、道がぬかってるよ。買ったばかりのはき物をよごすのはしゃくにさわるしな。はだしってえのは、かえってつるつるすべってすってんころり。着物までよごしちまうよ。こういうときは、わらじがあるといいんだがな。（おくへ）じいさん、店にわらじは置いてねえのかい？」

○「ありがとうございます。一年前から売れ残ったのが一足、てんじょうからぶら下がっておりますんで。八文でございます。あいすみません、引っぱってくださいまし。すぐにぬけるようになっておりますんで。」

客―「（わらじを引っぱって）ほいきた。はきよさそうだな、これは。」

○「ありがとうございます。お気をつけなすって。（おくへ）ばあさん。本当に今日はみょうな日だな。あのぼろぼろのわらじが売れちまったんだから。」

〈三遊亭《さんゆうてい》 円窓《えんそう》「落語　ぞろぞろ」による〉

4 「雨は上がったようだな」とありますが、雨上がりの道はどんな様子でしたか。

（　　　　）

5 「つるつるすべってすってんころり」とありますが、どうなることを表していますか。

「はき物」「はだし」とあるように、足もとのことを言っているよ。

（　　　　）

6 書いてみよう！ わらじが長いこと売れずにあったことがわかる言葉を二つ書きましょう。

（　　　　）

（　　　　）

7 「本当に今日はみょうな日だな。」について答えましょう。

(1) おじいさんは、なぜそう言ったのですか。

（　　　　）

(2) この言葉を音読する場合、どのように読みますか。

ア（　）こわがっているような調子で読む。

イ（　）ふしぎがっているような調子で読む。

ウ（　）ありがたがっているような調子で読む。

ものしりメモ　教科書にのっている落語「ぞろぞろ」は東京の話だけど、関西でえんじるときは、大阪にある赤手拭稲荷《あかてぬぐいいなり》がぶたいになるんだよ。

まとめのテスト

落語　ぞろぞろ

教科書 上78～95ページ　答え 9ページ

時間 20分

とく点　　/100点

おわったらシールをはろう

勉強した日　月　日

※ 次の文章を読んで、問題に答えましょう。

「この店も、客が来なくなったなあ……。（前の茶店を見ながら）それに引きかえ、なんだい、あの茶店の人だかりは。今までこんなことはなかったぜ。どういうことだかきいてみよう。」

親方は、じいさん、ばあさんから、「ぞろぞろわらじ」のことを聞かされて、おいなりさんへすっとんできました。

「（　1　）おいなりさん、おいなりさん。初めまして。あっしは茶店の前のとこ屋でござんす。このところ、まるっきり客が来ませんで、こまっております。店にあるだけのぜにを持ってきまして、さいせん箱に入れました。どうか、とこ屋も茶店のわらじ同様、ぞろぞろはんじょういたしますように！　（ポンポンとかしわ手）」

親方、自分の店にもどってみると、

1 1～4には、親方の様子や動作を表す言葉が入ります。合う言葉をあとからえらんで、ア～エの記号で答えましょう。　一つ5〔20点〕

1（　）　2（　）　3（　）　4（　）

ア　客に向かって　　イ　ポンポンとかしわ手を打って
ウ　思わずだきつく　エ　辺りを見回して

2 よく出る● 親方は、おいなりさんにどんなおねがいをしましたか。　一つ5〔20点〕

（　　）と同じようにとこ屋にも、（　　）が（　　）とやってきて、（　　）するようにおねがいした。

3 「ここはおれの店だよなあ……。」という言葉は、どんなふうに音読したらよいですか。一つに○をつけましょう。　〔10点〕

ア（　）うらやましそうな調子で読む。
イ（　）ふしぎそうな調子で読む。
ウ（　）おこっているような調子で読む。

言葉の意味プラス
11行　まるっきり…（あとに打ち消しの言葉がきて）全く。全然。
36行　うでによりをかける…ぜんぶんに自分のうでまえを見せようとはりきる。

客4「親方、どこへ行ってたんだい！」

□「は？（　2　）ここは おれの店だよなあ……。（　3　）失礼ですが、あなた様はどちら様……？」

客4「よせやい。おれは客だよ。」

□「客……？　ああ……、おなつかしい……。（　4　）」

客4「おいおい、だきつくなよ。」

□「ありがてえ！　ごりやくはてきめんだ。この客の頭が仕上がって帰ると、あとから新しい客がぞろぞろっ。帰ると、ぞろぞろっ。ぞろぞろっ。」

客4「何なきながら、ぞろぞろ言ってんだよ。」

□「ついうれしいもんで、ないてしまいました。もっといをはじきますんで。」

客4「おっと、頭はいいんだ。おれはひげだけやってもらいてえんだが。」

□「かしこまりましたっ。」

親方が、うでによりをかけて客の顔をつうっとあたると、なんと、あとから新しいひげが、ぞろぞろ！

〈三遊亭《さんゆうてい》 円窓《えんそう》「落語　ぞろぞろ」による〉

4 「おなつかしい」と言っているのは、なぜですか。一つに○をつけましょう。〔10点〕

ア（　）ひさしぶりに知っている人に会ったから。
イ（　）ひさしぶりに店にもどることができたから。
ウ（　）ひさしぶりに店に客が来たから。

5 チャレンジ 「ごりやくはてきめんだ。」とありますが、このあとどんなごりやくがあると親方は考えていましたか。〔20点〕

（　　　　）

6 「かしこまりましたっ。」という言葉は、どんなふうに音読したらよいですか。一つに○をつけましょう。〔10点〕

ア（　）ていねいな調子で、重々しく。
イ（　）はりきった調子で、元気よく。
ウ（　）おこったような調子で、あらあらしく。

7 よく出る この話のおもしろいところは、どんなところですか。一つ5〔10点〕

［　　　　］がぞろぞろ来るという、とこ屋の親方の期待に反して、客に［　　　　　］がぞろぞろと生えてきてしまったところ。

ものしりメモ おいなりさんは、商売はんじょうなどにごりやくがある神社だよ。赤い鳥居《とりい》と神様のお使いの白いキツネがシンボル。全国には約３万のいなり神社があるといわれているよ。

きほんのワーク　写真から読み取る　作ろう学級新聞

教科書 上98～105ページ
答え 10ページ

勉強した日　月　日

学習の目標
- 写真から読み取ったことの伝え方を学ぼう。
- 新聞の伝えたい内容《よう》に合ったくふうを学ぼう。

おわったらシールをはろう

漢字練習ノート15ページ

新しい漢字

教科書100ページ

漢字	読み	画数	教科書ページ
季	キ	8画	100
節	セツ／ふし	13画	100
果	カ／はたす	8画	102
的	テキ／まと	8画	102
給	キュウ	12画	102
栄	エイ／さかえる	9画	103
養	ヨウ／やしなう	15画	103

◀練習しましょう。　筆順 1 2 3 4 5

1 漢字の読み

読みがなを横に書きましょう。

○新しく学ぶ漢字　●新しい読み方をおぼえる漢字　◆特別な読み方の言葉

① 季節　② 効《こう》果的　③ 給食　④ 栄養士《し》

①「季」は「委」と形がにているので気をつけよう。

2 漢字の書き

漢字を書きましょう。

① □□（きせつ）の花。
② □□（えいよう）士さん。

3 写真から読み取る

話すための写真をえらぶとき、どんなことに注目するとよいですか。（　）に合う言葉を、[　]からえらんで書きましょう。

- 写真をとる人と写っている物との間の（　　）や、とっている（　　）。
- 写っている物が（　　）か、止まっているか。

[角度　動いている　きょり]

4 次の二つの写真は、同じ橋を写したものです。それぞれの印象《しょう》をえらんで、記号で答えましょう。

① （　　）

② （　　）

ア　橋の高さや大きさが強調されて、強い印象を受ける。

イ　周りの景色と橋が調和して、落ち着いた感じがする。

作ろう学級新聞

5 新聞を作る手順について、（　）に1〜4を書きましょう。

（　）記事のわりつけを考える。

（　）知らせたいことを決め、調べる。

（　）記事を読み返して、せいしょする。

（　）記事の下書きをする。

6 新聞の作り方について、正しいほうに○をつけましょう。

① ア（　）どの記事も、なるべく同じ大きさにして配置する。

イ（　）とくに伝えたい記事は、大きくしたり、目だつ位置に配置する。

② ア（　）「いつ・どこで・だれが」など事実を正確《かく》に書く。

イ（　）おもしろくなるように、事実を大げさに書く。

7 次の新聞の図を見て、問題に答えましょう。

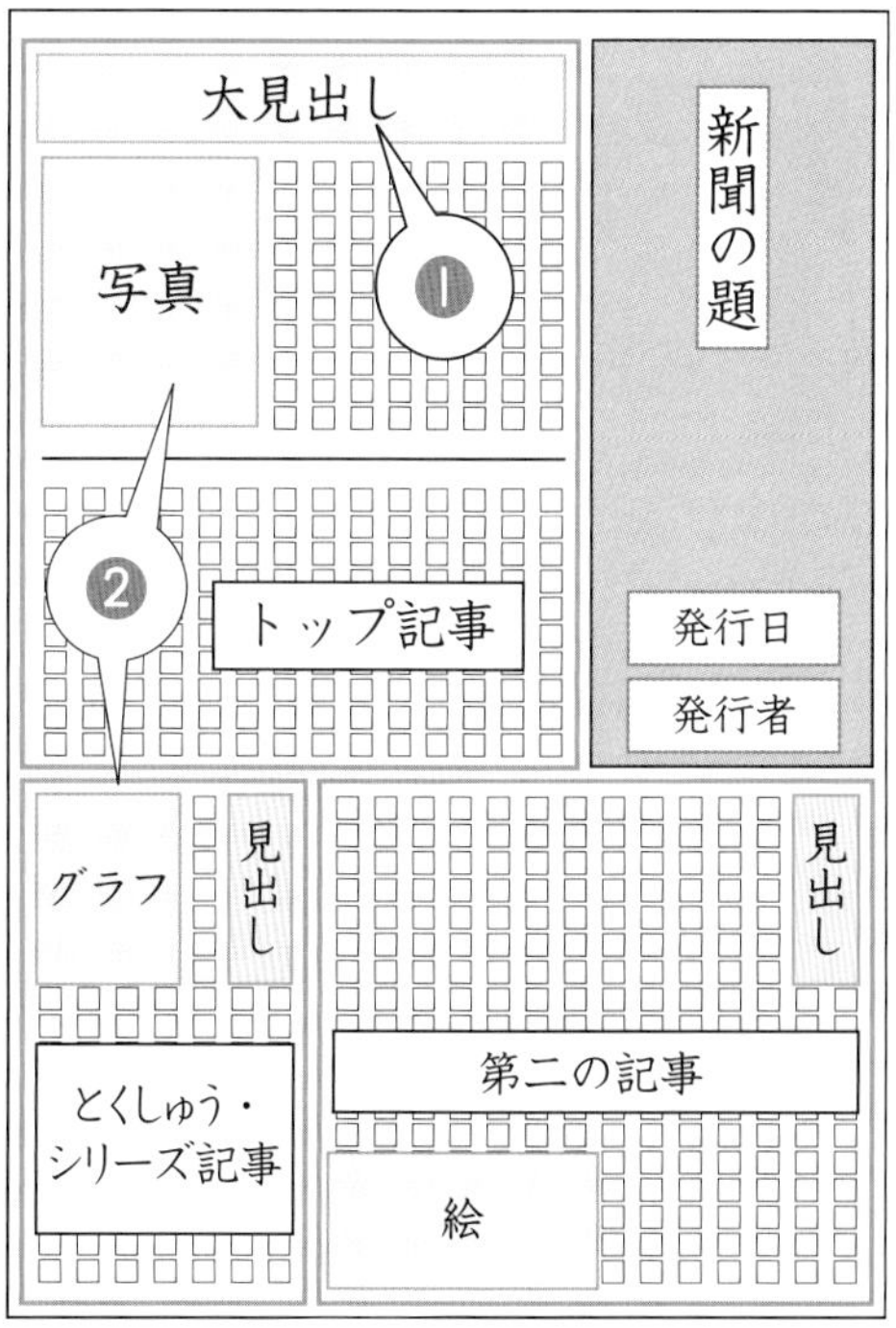

1 右の図のように、新聞を作るときに、記事、写真などの大きさや配置を決めることをなんといいますか。

（　　　　）

2 右の①・②の部分の説明に合う内容《よう》をあとからえらんで、ア〜ウの記号で答えましょう。

①（　　）　②（　　）

ア　他の見出しよりも引き立つように書く。

イ　記事の内容を、よりわかりやすくするために入れる。

ウ　毎回同じわくでかこむと読みやすい。

ものしりメモ　写真や絵にそえる短い説明の言葉を「キャプション」というよ。また、上の新聞の図にはないけれど、見出しのあとにある、記事の要点を書いた数行の文章を「リード」というよ。

きほんのワーク

漢字の広場③　送りがなのつけ方

教科書　㊤106～108ページ

答え　10ページ

勉強した日　月　日

学習の目標

●送りがなが、あとの言葉によってどのように変化するのか調べよう。

●送りがなを正しく書こう。

おわったらシールをはろう

漢字練習ノート16～17ページ

新しい漢字

教科書ページ

筆順　1 2 3 4 5　◀練習しましょう。

教科書ページ	漢字	読み	画数
107	老	ロウ　おいる	6画
107	固	コ　かたまる	8画
107	働	ドウ　はたらく	13画
107	希	キ	7画
107	望	ボウ　のぞむ	11画
107	唱	ショウ　となえる	11画
107	挙	キョ　あげる	10画
107	覚	カク　おぼえる　さめる	12画

○新しく学ぶ漢字
●新しい読み方を覚える漢字
◆特別な読み方の言葉

1　漢字の読み　読みがなを横に書きましょう。

1 ○老いる　2 ○固まる　3 ○希○望

4 ○唱える　5 ○挙げる　6 ●覚める

2　漢字の書き　漢字を書きましょう。

1 店で○［　］《はたら》く。

2 名前を○［　］《おぼ》える。

3　三年生の漢字　漢字を書きましょう。

1 ［　　］《しゃしん》をとる。

2 ［　　］《きょねん》の夏休み。

3 算数の［　　］《しゅくだい》。

4 ［　　］《へんじ》をする。

5 姉の［　　］《ふでばこ》。

6 漢字の［　　］《れんしゅう》。

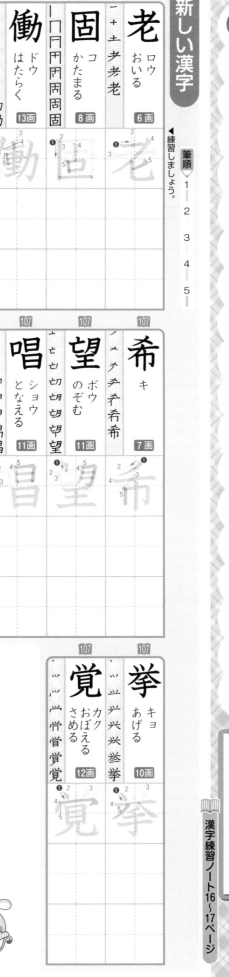

4 次の漢字の送りがなを書きましょう。

1 引く
- 引（　　）ない
- 引（　　）ます
- 引（　　）た

2 読む
- 読（　　）ない
- 読（　　）ます
- 読（　　）だ

3 走る
- 走（　　）ない
- 走（　　）ます
- 走（　　）た

4 泳ぐ
- 泳（　　）ない
- 泳（　　）ます
- 泳（　　）う

5 次の文に合う漢字の送りがなを書きましょう。

1 きけんな場所では遊（　　）ない。
2 おにごっこをして遊（　　）だ。
3 土曜日は公園で遊（　　）ます。
4 今日は友達と遊（　　）だろう。
5 いっしょに公園で遊（　　）う。

6 次の言葉が（　）の言い方になるように、漢字の送りがなを書きましょう。

1 鳴る → （打ち消す言い方）
●ベルが［鳴　　　］。

2 始まる → （ていねいな言い方）
●一時から、大会が［始　　　］。

3 聞こえる → （ていねいで、動作がすでにすんだ言い方）
●ふしぎな話し声が［聞　　　］。

7 次の□の言葉の形を変えて、（　）に送りがなを書きましょう。

1
- 消す　火を消（　　）ました。
- 消える　火が消（　　）ました。

2
- 苦しい　息が苦（　　）なる。
- 苦い　薬が苦（　　）て飲めない。

送りがなのちがいによって漢字を読み分けられるものには、ほかにも「細い・細かい」「直ちに・直す」などがあるよ。

ものしりメモ　送りがながつきそうでつかない言葉に、「場合」「物語」「夕立」「合図」「植木」「立場」などがあるよ。そのまま、熟《じゅく》語として覚えてしまおう。

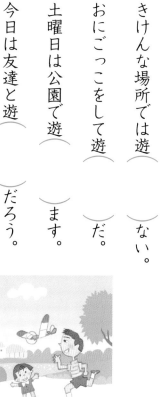

きほんのワーク

一つの花 SDGs

教科書 上 110～123ページ
答え 11ページ
勉強した日 月 日

学習の目標
●場面や人物の様子を想像《そう》しながら読もう。
●登場人物の気持ちをとらえよう。

漢字練習ノート18～19ページ

おわったら シールを はろう

新しい漢字

教科書ページ	漢字	読み	画数
110	戦	セン たたかう	13画
110	争	ソウ あらそう	6画
110	飛	ヒ とぶ	9画
111	焼	やく	12画
114	包	ホウ つつむ	5画
114	帯	タイ おびる おび	10画
114	泣	なく	8画
115	勇	ユウ いさむ	9画
115	軍	グン	9画
116	隊	タイ	12画
117	輪	リン わ	15画

◀練習しましょう。 筆順 1 2 3 4 5

「帯」の上の部分は、たて画が三本だよ。まちがえやすいので、注意しよう！

1 漢字の読み

読みがなを横に書きましょう。

① ○戦○争
② ○飛行機
③ ●飛ぶ
④ ○焼く
⑤ ○泣き顔
⑥ ○勇ましい
⑦ ○軍歌
⑧ 兵○隊
⑨ 一○輪
⑩ ●包む

○新しく学ぶ漢字
●新しい読み方を覚える漢字
◆特別な読み方の言葉

4 言葉の意味

○をつけましょう。

① 111ページ お母さんの口ぐせ。
ア（ ）人の言い方をまねた言葉。
イ（ ）ものの言い方や話し方。
ウ（ ）いつも言ってしまう言葉。

2 漢字の書き

漢字を書きましょう。

① □□《せんそう》が終わる。

② □□《ほうたい》をまく。

③ 子どもの□《な》き顔。

④ □□《いちりん》の花。

3 言葉の知識《しき》

（　）に入る言葉を下からえらんで、・――・で結びましょう。

① 体調が悪く、食事（　）とれなかった。・　　・ア どころではなく

② 体調が悪く、食事（　）とってねた。・　　・イ しか

③ 体調が悪く、食事（　）、すぐにねた。・　　・ウ だけ

内容《よう》をつかもう！

一つの花 教科書を読んで答えましょう。 教科書 110～117ページ

1 「ゆみ子」が、はっきりと覚えた最初の言葉は、どんな言葉でしたか。一つに○をつけましょう。

ア（　）じゃあね、一つだけよ。

イ（　）一つだけちょうだい。

ウ（　）お父さん、いってらっしゃい。

2 お父さんは、なんのために出かけていったのですか。

3 お父さんはゆみ子になんの花をあげましたか。

---

② 112 しらずしらずのうちに覚えた。

ア（　）何度もくり返して。

イ（　）いつのまにか。

ウ（　）あっというまに。

③ 114 それからまもなくのことだ。

ア（　）今よりもだいぶ前。

イ（　）時間がだいぶたったあと。

ウ（　）あまり時間をおかずにすぐ。

④ 115 勇ましい軍歌が聞こえる。

ア（　）いきおいがよく、活発な。

イ（　）落ち着いていて、おだやかな。

ウ（　）悲しげで、さびしそうな。

⑤ 115 いよいよ汽車が入ってくる。

ア（　）次々と。つづけて。

イ（　）とうとう。ついに。

ウ（　）なおいっそう。ますます。

⑥ 118 ミシンの音が、たえず、聞こえる。

ア（　）ときどき。

イ（　）とぎれとぎれに。

ウ（　）ずっとつづいて。

ものしりメモ 「一つの花」でえがかれている「戦争」は、第二次世界大戦といって、80年ほど前のできごとだよ。たくさんの人がぎせいになった、たいへんな戦争だったんだよ。

練習のワーク1

一つの花 SDGs

教科書 上110〜123ページ
答え 11ページ

できるナビ
●お父さんが戦争に行く場面を読み取ろう。
●ゆみ子に対する父母の思いをとらえよう。

勉強した日　月　日

おわったらシールをはろう

次の文章を読んで、問題に答えましょう。

「なんてかわいそうな子でしょうね。一つだけちょうだいと言えば、なんでももらえると思ってるのね。」

ある時、お母さんが言いました。

すると、お父さんが、深いため息をついて言いました。

「この子は一生、みんなちょうだい、山ほどちょうだいと言って、両手を出すことを知らずにすごすかもしれないね。……一つだけのいも、一つだけのにぎり飯、一つだけのかぼちゃのにつけ……。みんな一つだけ。一つだけのよろこびさ。いや、よろこびなんて、一つだってもらえないかもしれないんだね。いったい、大きくなって、どんな子に育つだろう。」

そんな時、お父さんはきまって、ゆみ子をめちゃくちゃに高い高いするのでした。

それからまもなく、あまりじょうぶでないゆみ子のお父さんも、戦争に行かなければならない日がやってきました。

1 「お父さんが、深いため息をついて言いました」とありますが、この時、お父さんはどんな気持ちでしたか。（　）に合う言葉を、□からえらんで書きましょう。

ゆみ子のしょうらいを、（　　　）する気持ち。

楽しみに　心配　なっとく

2 よく出る 「ゆみ子をめちゃくちゃに高い高いする」時、お父さんはどんな気持ちでしたか。一つに○をつけましょう。

ア（　）わがままばかり言っているゆみ子のことなど、もうどうでもいい。

イ（　）せめて高い高いをしてやって、ゆみ子をよろこばせてやりたい。

ウ（　）ゆみ子に何もしてやれないが、戦争中だからしかたがないとあきらめよう。

「高い高い」は、小さい子をあやして遊ばせる動作だね。

言葉の意味プラス
10行 いったい…本当に。なんだかわからないという気持ちを表す言葉。
12行 めちゃくちゃに…程度《てい》のはなはだしい様子。

　お父さんが戦争に行く日、ゆみ子は、お母さんにおぶわれて、遠い汽車の駅まで送っていきました。頭には、お母さんの作ってくれた、わた入れの防空《ぼう》ずきんをかぶっていきました。
　お母さんのかたにかかっているかばんには、包帯・お薬・配給のきっぷ、そして、大事なお米で作ったおにぎりが入っていました。
　ゆみ子は、おにぎりが入っているのをちゃあんと知っていましたので、
「一つだけちょうだい。おじぎり一つだけちょうだい。」
と言って、駅に着くまでにみんな食べてしまいました。お母さんは、戦争に行くお父さんに、ゆみ子の泣き顔を見せたくなかったのでしょうか。

〈今西《いまにし》 祐行《すけゆき》「一つの花」による〉

3 ゆみ子とお母さんが、お父さんを駅まで送っていったのは、なぜですか。

どこへ行くお父さんを見送りに行ったのかな？

この日が、（　　　　）だったから。

4 お父さんを駅まで送っていった時、お母さんのかばんには、どんなものが入っていましたか。四つ書きましょう。

（　　　　）（　　　　）
（　　　　）（　　　　）

5 よく出る！ お母さんが、駅に着くまでにゆみ子におにぎりをみんな食べさせてしまったのは、なぜですか。一つに○をつけましょう。

お母さんの心の中を想像《ぞう》して書かれている部分に注目しよう。

ア（　）お父さんが戦争に行くおいわいに、ゆみ子にすきなだけ食べさせたかったから。

イ（　）ゆみ子が泣いてしまうと、周りの人にめいわくがかかると心配したから。

ウ（　）戦争に行かなければならないお父さんに、ゆみ子の泣き顔を見せたくなかったから。

ものしりメモ　戦争中の日本は食べ物が不《ふ》足し、配給も十分ではなかったんだ。人々は農家に買い出しに行き、服を食べ物と交かんするなどして、やっと生活していたんだよ。

練習のワーク②

一つの花 SDGs

教科書 上110～123ページ
答え 11ページ

できるナビ
●お父さんの行動や会話に注目しよう。
●戦争に行く父の、ゆみ子への思いをとらえよう。

勉強した日　月　日

おわったらシールをはろう

次の文章を読んで、問題に答えましょう。


　ところが、いよいよ汽車が入ってくるという時になって、また、ゆみ子の「一つだけちょうだい。」が始まったのです。

「みんなおやりよ、母さん。おにぎりを……。」

お父さんが言いました。

「ええ、もう食べちゃったんですの……。ゆみちゃんいいわねえ、お父ちゃん、兵隊ちゃんになるんだって、ばんざあいって……。」

お母さんはそう言って、ゆみ子をあやしましたが、ゆみ子はとうとう泣きだしてしまいました。

「一つだけ……。一つだけ……。」

と言って。

　お母さんが、ゆみ子を一生けんめいあやしているうちに、お父さんが、ぷいといなくなってしまいました。

　お父さんは、プラットホームのはしっぽの、ごみすて場のような所に、わすれられたようにさいていたコスモ

1 よく出る 「みんなおやりよ、母さん。おにぎりを……。」とありますが、この時、お父さんはどんな気持ちでしたか。一つに○をつけましょう。

ア（　）ゆみ子のねがいをかなえてやりたい。

イ（　）ゆみ子がうるさいから、静かにさせよう。

ウ（　）ゆみ子のわがままには、こまったものだ。

お父さんは、最後に、ゆみ子のえがおを見たかったんだね。

2 よく出る おにぎりをほしがって泣きだしたゆみ子に、お父さんはどんなことをしてあげましたか。

プラットホームのはしっぽの、

（　　　　　　）のような所に、（　　　　　　）ようにさいていた（　　　　　　）の花を一輪つんで、ゆみ子にあげた。

言葉の意味プラス
9行　あやす…おさない子どものきげんをとる。
14行　ぷいと…急に。ふいに。　22行　ばたつかせる…ばたばたと動かす。

スの花を見つけたのです。あわてて帰ってきたお父さんの手には、一輪のコスモスの花がありました。
「ゆみ。さあ、一つだけあげよう。一つだけのお花、大事にするんだよう……。」
ゆみ子は、お父さんに花をもらうと、キャッキャッと、足をばたつかせてよろこびました。
お父さんは、それを見て、にっこり笑うと、何も言わずに汽車に乗って行ってしまいました。ゆみ子のにぎっている一つの花を見つめながら……。

〈今西《いまにし》 祐行《すけゆき》「一つの花」による〉

3 お父さんは、どうするようにと言って、ゆみ子に花をあげましたか。

□□ だけの花を □□ にするように。

4 よく出る● 「お父さんは、それを見て、にっこり笑うと」とありますが、この時、お父さんはどんな気持ちでしたか。一つに○をつけましょう。

泣いていたゆみ子が花をもらってよろこんだのを見た時の気持ちだよ。

ア（　）たった一つの花くらいで、泣きやんでしまうなんて、おもしろいな。

イ（　）最後にゆみ子に悲しい思いをさせず、よろこばせてやれてよかった。

ウ（　）かわいいゆみ子のためにも、戦争で大きな手がらをたててこよう。

5 書いてみよう! 「ゆみ子のにぎっている一つの花を見つめながら……。」とありますが、お父さんは、どんなねがいをこめて、ゆみ子に花をわたしたのでしょうか。考えて書きましょう。

お父さんは、ゆみ子にどうなってほしいとねがっているかな?

ものしりメモ 戦争中、兵隊にえらばれると、それをこばむことはゆるされなかったんだ。戦争に行きたくないと思っても、行きたくないと口に出して言うこともできなかったんだよ。

きほんのワーク

言葉の広場②
修飾語《しゅうしょくご》

教科書 上124〜125ページ

答え 12ページ

勉強した日　月　日

学習の目標
- 修飾語の働きを理解《かい》しよう。
- 修飾語を使って話したり文章を書いたりできるようになろう。

おわったら シールを はろう

新しい漢字

教科書124ページ　125

旗	キ　はた	14画
牧	ボク	8画

筆順　1　2　3　4　5

◀練習しましょう。

○新しく学ぶ漢字　●新しい読み方を覚える漢字　◆特別な読み方の言葉

1 漢字の読み　読みがなを横に書きましょう。

① 大きな旗　② 旗手　③ 牧場

2 漢字の書き　漢字を書きましょう。

① はた をふる。　② きしゅ をつとめる。　③ ぼくじょう を走る。

3 修飾語《しゅうしょく》について説明した次の文の（　）に合う言葉を、［　］からえらんで書きましょう。

「明るい月が照らす。」の「明るい」は、（①　　）月かという「（②　　）の様子」を表します。「明るく月が照らす。」の「明るく」は、（③　　）照らすかという「（④　　）の様子」を表す修飾語です。

［どんな　何を　どのように　動き　もの］

4 次の――の修飾語が「どんな」を表す言葉のときはア、「どのように」を表す言葉のときはイを書きましょう。

① のんびりと町を散《さん》歩した。（　）
② きれいな声で歌を歌った。（　）
③ 茶色の犬をかっています。（　）
④ ねこが静かに部屋に入ってきた。（　）

漢字練習ノート19ページ

5 次の文の修飾語で、1・2は「どんな」を表す言葉に、3・4は「どのように」を表す言葉に〇をつけましょう。

1 かべに { ア（　）四角く / イ（　）四角い } もようをかく。

2 女の子が { ア（　）かわいい / イ（　）かわいく } 服を着ている。

3 画用紙に { ア（　）細い / イ（　）細く } 線を引く。

4 兄が { ア（　）大きく / イ（　）大きい } 手をふる。

6 次の文の中から、修飾語を二つずつぬき出しましょう。

1 妹が　元気に　手を　挙げる。

（　　　）（　　　）

2 白い　子ねこが　ミルクを　飲む。

（　　　）（　　　）

3 きのう、　わたしは　図書館で　勉強した。

（　　　）（　　　）

7 文の組み立てを図に表しました。れいにならって、（　）に合う言葉を書きましょう。

れい　ぼくは、教科書を注意深く読んだ。

主語　ぼくは ―― 述《じゅつ》語　読んだ。

何を（教科書を）

どのように（注意深く）

1 母は、細長い包みをしっかりと持った。

主語　母は ―― 述語　持った。

どんな（　　　）…何を（　　　）

どのように（　　　）

2 みんなが、小さな妹を温かくむかえた。

主語　みんなが ―― 述語　むかえた。

どんな（　　　）…何を（　　　）

どのように（　　　）

ものしりメモ　一つの文の中から修飾《しゅうしょく》語を見つけるときには、まず、主語と述《じゅつ》語を見つけて、それをのぞいたほかの言葉がどの語をくわしくしているかを考えていくといいよ。

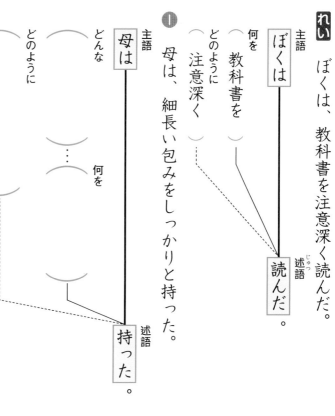

まとめのテスト 一つの花 SDGs 言葉の広場② 修飾語《しゅうしょくご》

教科書 上 110〜125ページ
答え 12ページ
時間 20分
とく点 /100点
おわったらシールをはろう
勉強した日 月 日

1 次の文章を読んで、問題に答えましょう。

お母さんが、ゆみ子を一生けんめいあやしているうちに、お父さんが、ぷいといなくなってしまいました。

お父さんは、プラットホームのはしっぽの、ごみすて場のような所に、わすれられたようにさいていたコスモスの花を見つけたのです。あわてて帰ってきたお父さんの手には、一輪のコスモスの花がありました。

「ゆみ。さあ、一つだけあげよう。一つだけのお花、大事にするんだよう……。」

ゆみ子は、お父さんに花をもらうと、キャッキャッと、足をばたつかせてよろこびました。

お父さんは、それを見て、にっこり笑うと、何も言わずに汽車に乗って行ってしまいました。ゆみ子のにぎっている一つの花を見つめながら……。

それから、十年の年月《としつき》がすぎました。

ゆみ子は、お父さんの顔を覚えていません。自分にお

←

1 よく出る 「お父さんは、それを見て、にっこり笑うと」とありますが、「それ」とはなんのことですか。 一つ5〔10点〕

花を持って、キャッキャッと、足を（　　　）てよろこぶ（　　　）のすがた。

2 「ゆみ子は、お父さんの顔を覚えていません。自分にお父さんがあったことも、あるいは知らないのかもしれません。」とありますが、ここから、どんなことが考えられますか。〔10点〕

書いてみよう!

お父さんは戦争に行ったきり、（　　　）ということ。

3 よく出る 「今、ゆみ子のとんとんぶきの小さな家は、コスモスの花でいっぱいに包まれています」とありますが、どういうことを表していますか。一つに○をつけましょう。〔10点〕

ア（　）ゆみ子の家が、お金持ちになったということ。
イ（　）ゆみ子たちが、平和にくらしているということ。
ウ（　）ゆみ子が、花を育てるのがすきだということ。

←

言葉の意味プラス
17行 あるいは…もしかすると。
28行 やがて…少したつと。

父さんがあったことも、あるいは知らないのかもしれません。

　でも、今、ゆみ子のとんとんぶきの小さな家は、コスモスの花でいっぱいに包まれています。

　そこからミシンの音が、たえず、速くなったりおそくなったり、まるで何かお話をしているかのように聞こえてきます。それはあのお母さんでしょうか。

「母さん、お肉とお魚と、どっちがいいの。」

と、ゆみ子の高い声が、コスモスの中から聞こえてきました。

　すると、ミシンの音がしばらくやみました。

　やがて、ミシンの音がまたいそがしく始まった時、買い物かごをさげたゆみ子が、スキップをしながら、コスモスのトンネルをくぐって出てきました。そして、町の方へ行きました。

　今日は日曜日、ゆみ子が、小さなお母さんになって、お昼を作る日です。

〈今西《いまにし》 祐行《すけゆき》「一つの花」による〉

チャレンジ!

4 次の文章は、最後の場面にえがかれていることを説明したものです。（　）に合う言葉を、［　］からえらんで書きましょう。　一つ6〔30点〕

　大きくなったゆみ子は、（①　）といっしょにくらしている。（②　）が終わって、（③　）にこまることがなくなり、「（④　）。」と言わなくてもよくなったゆみ子は、（⑤　）やさしい子に育っている。

一つだけ	食べ物	
明るく	お母さん	戦争

2 **次の文から、「どんな」「どのように」を表す修飾語《しゅうしょく》を一つずつさがして、書きましょう。**　一つ10〔40点〕

① 畑に、大きなあながぽっかり開いていた。
どんな（　　）　どのように（　　）

② 赤いおにが、とびらをはげしくたたいた。
どんな（　　）　どのように（　　）

ものしりメモ　「コスモス」は、漢字では「秋桜」と書き、秋にピンク・白・赤色などの花をさかせるよ。みんなのせたけより高く育つものも多いよ。

きほんのワーク 作ろう!「ショートショート」
言葉の文化② 「月」のつく言葉

教科書 上 126〜133ページ
答え 13ページ
勉強した日 月 日

学習の目標
●想像を広げ、いろいろなものの名前や設定《せってい》を考えよう。
●月のつく言葉について知ろう。

漢字練習ノート19ページ

おわったら シールを はろう

新しい漢字

教科書 126ページ

◀練習しましょう。 筆順 1 2 3 4 5

教科書ページ	漢字	読み	筆順	画数
126	不	フ ブ	一 ア 不 不	4画
126	議	ギ	言 訁 詳 詳 詳 議 議 議 議	20画
127	博	ハク	十 忄 忄 怗 怗 怗 怗 博	12画
132	欠	ケツ かける	ノ 𠂊 ケ 欠	4画

1 漢字の読み

読みがなを横に書きましょう。

① 不思議
② 博物館
③ 欠ける

○新しく学ぶ漢字
●新しい読み方を覚える漢字
◆特別な読み方の言葉

2 漢字の書き

漢字を書きましょう。

① （ふしぎ）な絵。
② 広い（はくぶつかん）。
③ 月の満ち（か）け。

3 作ろう!「ショートショート」

「ショートショート」の意味と書き方についてまとめました。（　）に合う言葉を、[　]からえらんで書きましょう。

「ショートショート」とは、「（　　）て不思議な物語」のことで、（　　）があり、印象《しょう》的な結末になっています。「ショートショート」を書くときは、まず中心人物や（　　）、「いつ・どこで・どんなことが」どう（　　）するかを考えます。

[登場人物　アイデア　てんかい　短く]

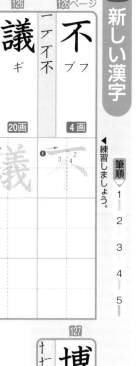

4 不思議な言葉を作ってみましょう。

1 次の十個《こ》の言葉の中から、一つをえらびましょう。

パンダ	うどん
めがね	新聞
屋根	さとう
公園	雲
船	ペンギン

↓

えらんだ言葉（　　　　）

2 えらんだ言葉から思いつくことを、十個書きましょう。

（　　）（　　）（　　）（　　）（　　）

（　　）（　　）（　　）（　　）（　　）

身近なものや興味《きょう》のあるものなど、いちばん想像《ぞう》力を広げられそうな言葉をえらんでみよう。

3 2の言葉と、1でえらんだ言葉以外の言葉を一つずつ組み合わせて、不思議な言葉を一つ作りましょう。

（　　　　）

5 ☆ 言葉の文化② 「月」のつく言葉

次の月を、日にちの早いほうからならべた順番になるように、（　）に2〜6を書きましょう。

（1）
新月（見えない）

（　）
上弦《じょうげん》の月

（　）
十五夜《じゅうごや》の月（満月・望月《もち》）

（　）
十三夜《じゅうさんや》の月

（　）
三日月

（　）
十六夜《いざよい》の月

ものしりメモ
「上弦《じょうげん》の月」は、月を弓に見立てた言い方で、「弦」は弓のつるの部分のことだよ。半月は一か月に二回あって、一回めが「上弦の月」、二回めが「下弦《かげん》の月」とよばれているんだ。

付録《ふろく》　楽しく読もう

まとめのテスト

レモン自転車

教科書　上136〜137ページ

答え　13ページ

時間20分

とく点　　/100点

おわったらシールをはろう

勉強した日　月　日

次の文章を読んで、問題に答えましょう。

「きょだいかぼちゃってあるだろう？　あれと同じで、きょだいなレモンもあるんだよ。それを輪《わ》切りにして、タイヤに使ってみたってわけ。ちょうど二台あるから、今からサイクリングに行ってみようよ。」

そうしてぼくたちは、黄色いタイヤの自転車に乗ってユウキの家を出発した。

レモンのタイヤからは、とてもすがすがしい香《かお》りがただよってきた。ふきぬける風といっしょになって、さわやかな気持ちになる。ぼくたちは町をぬけて川ぞいを走り、やがて公園にやってきた。

「さあ、お昼ご飯《はん》にしよう。」

ユウキは、リュックサックから二人分のお弁《べん》当箱を取り出して言った。

「このタイヤのよいところの一つが、食べられるってことなんだ。ほら、こうやると……。」

ユウキはお弁当箱を自転車のそばに置《お》くと、うでと足

1 よく出る　「黄色いタイヤの自転車」とは、どんな自転車ですか。〔10点〕

タイヤが（　　　　）になっている自転車。

2 サイクリングをしているとき、「ぼく」はどんな気持ちになりましたか。〔10点〕

（　　　　）

3 「ほら、こうやると……。」とありますが、ユウキは、なんのために、どんなことをしようとしていますか。一つ10〔30点〕

なんのために

□□□□に□□□□をかけるため。

どんなこと　書いてみよう！

（　　　　）

言葉の意味プラス
1行　きょだい…とても大きい様子。　7行　すがすがしい…すっきりして気持ちがいい。
31行　いたいめにあう…ひどい体験《けん》をする。　35行　サドル…自転車のすわるところ。

でタイヤをはさみ、ぎゅっとしぼった。するとかじゅうが飛《と》び出して、お弁当のからあげにかかった。

「すごい！」

食事を終えると、ぼくたちはさらにかじゅうをしぼり、すいとうに集めてレモンジュースを作った。すっぱいけれどおいしくて、ユウキときそって夢《む》中になってしぼりつづけた。

しかし、そのせいで、ぼくたちはいたいめにあうことになってしまった。あまりにしぼったものだから、気づいた時にはタイヤがぐにゃぐにゃのすかすかになっていたのだ。

ぼくたちは、ひどくゆれる自転車のサドルにおしりをぶつけながら家に帰った。

〈田丸《たまる》 雅智《まさとも》「レモン自転車」による〉

4 「ユウキときそって夢中になってしぼりつづけた」とありますが、「ぼく」とユウキが、きそって作ったものはなんですか。〔10点〕

（　　　　）

5 「ぼくたちはいたいめにあうことになってしまった」について答えましょう。

(1) 「いたいめ」とは、どのようなことですか。〔10点〕

（　　　　）

(2) 「ぼくたち」が「いたいめ」にあったのは、なぜですか。〔10点〕

レモンのタイヤを（　　　　）から。

チャレンジ！

6 この物語の不思議《ふしぎ》なところは、どんなところですか。一つに○をつけましょう。〔20点〕

ア（　）自転車に乗った「ぼく」とユウキが、さまざまな体験《けん》をするところ。

イ（　）実際《さい》にはそんざいしない、レモンのタイヤの自転車が出てくるところ。

ウ（　）楽しくすごしている場面から、いたいめにあう場面にてんかいするところ。

ものしりメモ　自転車は、生活の中で使われるだけではなく、スポーツとしても楽しまれているよ。オリンピックでも、1896年の第１回アテネ大会から競技《きょうぎ》として行われているんだよ。

まとめのテスト

走れ

教科書 上138〜147ページ
答え 13ページ

時間20分

とく点 /100点

おわったら シールを はろう

勉強した日 月 日

次の文章を読んで、問題に答えましょう。

(あと一列。)

のぶよのしんぞうの音が、だんだん高くなる。

ザクッという音とすなぼこりのあと、のぶよの目の前が急に広くなった。しんこきゅうして、体を前にたおす。頭の中が真っ白になっていく。

「用意!」

耳のおくで、かすかにピストルの音を聞いた。両わきからいちどきに風が起こる。一つおくれて、のぶよも体を前におし出した。

(がんばって走らなきゃ。)

体が重い。

(お母ちゃん、ショックだったろうな。でも、けんじもさみしくて……、わたしだって本当は……。)

体がどんどん重くなる。一生けんめい走ろうとすればするほど、体が後ろへ下がっていく。

(あ、もう走れない。)

1 よく出る 走る順番《じゅん》を待っている時、のぶよはどんな気持ちでしたか。一つに○をつけましょう。〔10点〕

ア( )がっかりしている。

イ( )きんちょうしている。

ウ( )やる気がなくなっている。

2 「体が重い。」とありますが、のぶよの体が重かったのは、なぜですか。正しいものには○、まちがっているものには×をつけましょう。一つ6〔18点〕

ア( )がんばらなくてはと、体がかたくなっているから。

イ( )向かい風が、強くなってきているから。

ウ( )お母ちゃんやけんじのことで、なやんでいるから。

3 「わたしだって本当は……」とありますが、「……」に言葉を入れるとしたら、どんな言葉が入りますか。〔10点〕

( )

4 「二つの声」とは、だれとだれの声ですか。一つ6〔12点〕

( )と( )の声。

言葉の意味 プラス

8行 いちどきに…同時に。いっせいに。 17行 かぶさる…上からおおう。 27行 からみつく…まきつく。 28行 ほどける…結《むす》んだりからんだりしているものが、きれいにはなれる。

その時、ふいにせなかに、二つの声がかぶさった。

「姉ちゃん、行けっ！」

「のぶよ、行け！」

思わず、ぎゅんと足が出た。

体のおくから声がわきあがってくる。

「走れ！　そのまんま、走れ！」

おしりが、すわっと軽くなる。次のしゅんかん、体にからみついていたいろんな思いが、するするとほどけていった。

走った。どこまでも走れる気がした。とうめいな空気の中に、体ごと飛《と》びこんだ。

「はい、君がラストね。」

とつぜん、係の声がした。

体の中は、まだ、どくどく波打って走り続《つづ》けている感じだ。

ラストという言葉が、こんなにほこらしく聞こえたのは、初《はじ》めてだった。


〈村中《むらなか》李衣《りえ》「走れ」による〉

5 よく出る　「どこまでも走れる気がした。」とありますが、とちゅうで「もう走れない」と思っていたのぶよが、このような気持ちになったのは、なぜですか。〔10点〕

おうえんしてもらったおかげで、

（　　　　　　　　　　）

6 「ラストという言葉が、こんなにほこらしく聞こえたのは、初めてだった。」とありますが、ほこらしく聞こえたのはなぜですか。考えて書きましょう。〔20点〕

書いてみよう！

（　　　　　　　　　　）

7 チャレンジ！　のぶよは、どんな女の子ですか。一つに○をつけましょう。〔20点〕

ア（　）自分の気持ちをおさえて家族の気持ちを思いやる、心のやさしい女の子。

イ（　）きらいなことを、少しずつでも好《す》きになろうと努《ど》力する、まじめな女の子。

ウ（　）家族とうまく心を伝《つた》え合うことができない、ひっこみじあんな女の子。

ものしりメモ　おうえんには、人の力を引き出す効果《こうか》があるね。学生服を着たおうえんだんや、かれいにおどるチアリーダー、スポーツのサポーターなどもおうえんする人だね。

きほんのワーク

ごんぎつね

教科書 下 8〜29ページ

答え 14ページ

勉強した日 月 日

学習の目標

●あらすじをおさえ、場面の様子や登場人物の行動を読み取ろう。

●ごんや兵十《ひょうじゅう》の気持ちの変化をとらえよう。

おわったらシールをはろう

漢字練習ノート20ページ

新しい漢字

教科書 9ページ

ページ	漢字	読み	画数	筆順
9	散	サン ちらす	12画	一 艹 艹 昔 昔 背 背 散
9	続	ゾク つづく	13画	糸 糸 糸 紅 紅 紆 結 絓 続
19	松	ショウ まつ	8画	一 十 オ 木 木 杪 松 松
20	側	ソク がわ	11画	イ 仂 仴 伹 伹 俱 俱 側
28	巣	す	11画	丶 ⺍ 𣥂 䒑 当 単 巣

筆順 1 2 3 4 5 ◀練習しましょう。

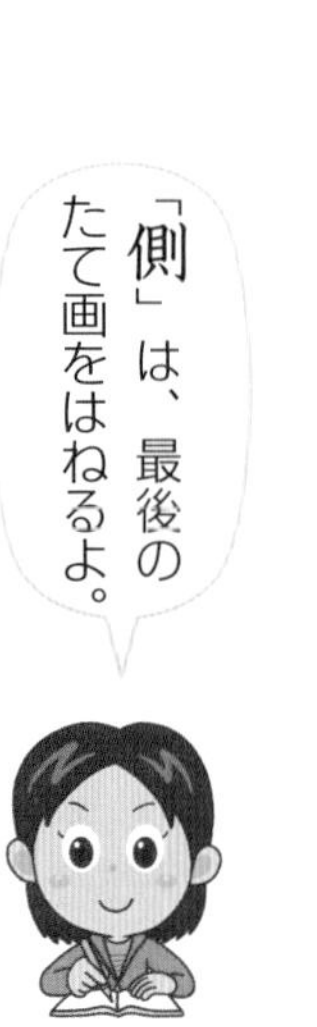

○新しく学ぶ漢字 ●新しい読み方を覚える漢字 ◆特別な読み方の言葉

1 漢字の読み

読みがなを横に書きましょう。

① ほり散らす ② ふり続く ③ 松たけ ④ かた側 ⑤ 巣あな

2 漢字の書き

漢字を書きましょう。

① いもをほり□《ち》らす。

② 雨がふり□《つづ》く。

③ □《まつ》たけを買う。

④ 道のかた□《がわ》。

4 言葉の意味

○をつけましょう。

① 10ページ ぬかるみ道を歩く。

ア（　）明るく見通しのよい道。

イ（　）ぬれてどろどろの道。

ウ（　）木におおわれている道。

② 11 はぎの葉がへばりつく。

ア（　）たくさんかたまっている。

イ（　）音をたててはがれる。

ウ（　）ぴったりとくっつく。

3 言葉の知識《しき》

次の二つの言葉を組み合わせてできる言葉を書きましょう。

1 切る ＋ 開く → （　　　）

2 見る ＋ のがす → （　　　）

3 追う ＋ つく → （　　　）

4 いばる ＋ 散らす → （　　　）

内容《よう》をつかもう！

ごんぎつね あらすじをまとめます。物語の順番になるように、（　）に2～5を書きましょう。

教科書 8～25ページ

（ 1 ）いたずらぎつねのごんは、兵十《ひょうじゅう》のうなぎを取ってきてしまう。

（　）ごんがくりや松たけを持っていっても、兵十は、ごんのつぐないだと気がつかない。

（　）兵十のおっかあの死を知り、ごんは、うなぎを取ったことを後かいする。

（　）兵十は、火縄《なわ》じゅうでごんをうったあとに、初めてごんの気持ちに気がつく。

（　）ごんは、自分と同じようにひとりぼっちになった兵十に、いわしやくりをとどける。

いたずらぎつねのごんの兵十へのつぐないの気持ちは、兵十に伝わったのかな？

---

3 12 手でつかめず、じれったくなる。

ア（　）うまくいかずいらいらする。

イ（　）くすぐったくなってくる。

ウ（　）あきれてうんざりする。

4 15 しおれた顔をしている。

ア（　）おどろいた。

イ（　）しょんぼりした。

ウ（　）あきれはてた。

5 18 つぐないをする。

ア（　）あやまちのうめ合わせ。

イ（　）やられたことへの仕返し。

ウ（　）感謝《しゃ》をこめたお礼。

6 23 それでは、ひきあわないなあ。

ア（　）ちっとも正しくない。

イ（　）苦労《ろう》のかいがない。

ウ（　）とてもはらが立つ。

7 24 こっそり中に入る。

ア（　）わずかの間に。

イ（　）きょりをとって。

ウ（　）人に知られないように。

ものしりメモ 「ごんぎつね」の作者の新美南吉《にいみなんきち》さんは、学校の先生をしながら童話や詩を書いていたんだ。「手ぶくろを買いに」など、きつねが出てくるお話をたくさん書いているよ。

練習のワーク1

ごんぎつね

教科書 下 8〜29ページ
答え 14ページ
勉強した日 月 日

できるナビ
ごんと兵十《ひょうじゅう》が何を考え、どんな行動をしているのかを、読み取ろう。

おわったら シールを はろう

次の文章を読んで、問題に答えましょう。

「兵十《ひょうじゅう》だな。」と、ごんは思いました。兵十は、ぼろぼろの黒い着物をまくし上げて、こしのところまで水にひたりながら、魚をとるはりきりというあみをゆすぶっていました。はちまきをした顔の横っちょうに、円いはぎの葉が一まい、大きなほくろみたいにへばりついていました。

しばらくすると、兵十は、はりきりあみのいちばん後ろの、ふくろのようになったところを、水の中から持ち上げました。その中には、しばの根や、草の葉や、くさった木ぎれなどが、ごちゃごちゃ入っていましたが、でも、ところどころ、白いものがきらきら光っています。それは、太いうなぎのはらや、大きなきすのはらでした。兵十は、びくの中へ、そのうなぎやきすを、ごみといっしょにぶちこみました。そして、また、ふくろの口をしばって、水の中へ入れました。

兵十は、それから、びくを持って川から上がり、びくを土手に置いといて、何をさがしにか、川上の方へかけていきました。

1 よく出る 「『兵十だな。』と、ごんは思いました。」とありますが、兵十は何をしていたのですか。

□□□□□□ を使って、□ をとっていた。

兵十は、川の中で何かをしていたんだよ。

2 「はちまきをした顔の横っちょうに、……へばりついていました。」とありますが、ここから、兵十のどんな様子がわかりますか。一つに○をつけましょう。

ア（ ）一生けんめいな様子。
イ（ ）つかれている様子。
ウ（ ）あきらめている様子。

3 「いたずらがしたくなったのです」とありますが、どうしようと思ったのですか。一つに○をつけましょう。

ア（ ）びくの中の魚を、全部川の中へにがしてしまおうと思った。
イ（ ）びくの中の魚を、うなぎに入れかえてしまおうと思った。

言葉の意味プラス
2行 まくし上げる…まくり上げる。上に上げる。 3行 ゆすぶる…全体がゆれるように、大きく動かす。 10行 ところどころ…あちらこちら。

兵十がいなくなると、ごんは、ぴょいと草の中からとび出して、びくのそばへかけつけました。ちょいと、いたずらがしたくなったのです。ごんは、びくの中の魚をつかみ出しては、はりきりあみのかかっている所より下手の川の中を目がけて、ぽんぽん投げこみました。どの魚も、「とぼん」と音をたてながら、にごった水の中へもぐりこみました。

いちばんしまいに、太いうなぎをつかみにかかりましたが、なにしろ、ぬるぬるとすべりぬけるので、手ではつかめません。ごんは、じれったくなって、頭をびくの中につっこんで、うなぎの頭を口にくわえました。うなぎは、キュッといって、ごんの首へまきつきました。そのとたんに、兵十が、向こうから、

「うわあ、ぬすとぎつねめ。」

とどなりたてました。ごんは、びっくりしてとび上がりました。うなぎをふりすててにげようとしましたが、うなぎは、ごんの首にまきついたままはなれません。ごんは、そのまま、横っとびにとび出して、一生けんめいに、にげていきました。

〈新美《にいみ》南吉《なんきち》「ごんぎつね」による〉

ウ（　）びくの中の魚を、全部自分が食べてしまおうと思った。

4 よく出る 「ぽんぽん投げこみました」とありますが、どんな様子を表していますか。一つに○をつけましょう。

ア（　）魚が重くて、やっとのことで投げている様子。
イ（　）魚が大きな音をたてて投げこまれている様子。
ウ（　）次から次へと、魚を投げこんでいる様子。

5 「うなぎの頭を口にくわえました」とありますが、なぜごんは口でくわえたのですか。

ごんがじれったくなった理由でもあるよ。

うなぎが（　　　　）ので、手ではつかめなかったから。

6 「うわあ、ぬすとぎつねめ。」とありますが、この時の兵十はどんな様子でしたか。一つに○をつけましょう。

ア（　）悲鳴をあげてこわがっている様子。
イ（　）心の中でくやしがっている様子。
ウ（　）大声を出しておこっている様子。

7 「そのまま」とありますが、どんなままですか。

（　　　　）

ものしりメモ 「ごんぎつね」が初めて小学校の教科書にのったのは、1956年のことだよ。みんなのおじいさんやおばあさんも、「ごんぎつね」を習っていたかもしれないね。

練習のワーク②

ごんぎつね

教科書 下8～29ページ
答え 15ページ

できるナビ
●いつもとちがう兵十《ひょうじゅう》の様子と、それを見たあとのごんの気持ちをとらえよう。

勉強した日　月　日

おわったらシールをはろう

次の文章を読んで、問題に答えましょう。

「ああ、そうしきだ。」と、ごんは思いました。「兵十《ひょうじゅう》のうちのだれが死んだんだろう。」

お昼がすぎると、ごんは、村の墓《ぼ》地へ行って、六地蔵《ぞう》さんのかげにかくれていました。いいお天気で、遠く向こうには、お城の屋根がわらが光っています。墓地には、ひがん花が、赤いきれのようにさき続いていました。と、村の方から、カーン、カーンと、かねが鳴ってきました。そうしきの出る合図です。

やがて、白い着物を着たそうれつの者たちがやってくるのが、ちらちら見え始めました。話し声も近くなりました。そうれつは墓地へ入ってきました。人々が通ったあとには、ひがん花がふみ折られていました。

ごんは、のび上がって見ました。兵十が、白いかみしもを着けて、いはいをささげています。いつもは、赤いさつまいもみたいな元気のいい顔が、今日はなんだかしおれていました。

1 よく出る 「ああ、そうしきだ。」とありますが、この時のごんはどんな気持ちでしたか。一つに○をつけましょう。

ア（　）兵十に悪いことをしたと、あやまりたい気持ち。
イ（　）兵十のうちのだれが死んだのか気になる気持ち。
ウ（　）兵十のおっかあが死んだことを悲しむ気持ち。

すぐあとの、ごんの言葉から考えよう。

2 「村の墓地」へ行って、ごんは、どこにかくれていましたか。

（　　）

3 墓地にさいていた花は、なんという花で、何色ですか。

花の名前（　　）　花の色（　　）

4 「カーン、カーンと、かねが鳴ってきました」とありますが、これはなんの合図ですか。

（　　）

言葉の意味プラス
10行 ちらちら…何かが見えたり消えたりする様子。
20行 とこにつく…病気になってねこむ。

「ははん、死んだのは兵十のおっかあだ。」ごんは、そう思いながら、頭をひっこめました。

そのばん、ごんは、あなの中で考えました。

「兵十のおっかあは、とこについていて、うなぎが食べたいと言ったにちがいない。それで、兵十が、はりきりあみを持ち出したんだ。ところが、わしがいたずらをして、うなぎを取ってきてしまった。だから、兵十は、おっかあにうなぎを食べさせることができなかった。そのまま、おっかあは、死んじゃったにちがいない。ああ、うなぎが食べたい、うなぎが食べたいと思いながら、死んだんだろう。ちょっ、あんないたずらをしなけりゃよかった。」

〈新美《にいみ》 南吉《なんきち》「ごんぎつね」による〉

5 よく出る 「今日はなんだかしおれていました」とありますが、これは兵十のどんな様子を表していますか。

書いてみよう！

（　　　　）様子。

6 そうしきの様子を見たごんは、だれのそうしきだと思いましたか。

（　　　　）

7 「あんないたずらをしなけりゃよかった」について答えましょう。

(1) 「あんないたずら」とは、何をしたことですか。

（　　　　）

(2) よく出る この時のごんはどんな気持ちでしたか。一つに○をつけましょう。

ごんは、兵十の様子を見て、後かいしているんだね。

ア（　）兵十は、おっかあのためにうなぎをとっていたのに、悪いことをしてしまったな。

イ（　）兵十に元気がなかったのは、きっとうなぎを食べられなくて、くやしいからだろうな。

ウ（　）いたずらをしなければ、兵十はうなぎを分けてくれたはずなのに、残念だな。

ものしりメモ きつねは、油あげがすきだという言い伝えがあるんだ。だから、油あげをのせたうどんを、「きつねうどん」というんだね。

練習のワーク3

ごんぎつね

教科書 下8～29ページ　答え 15ページ

できるナビ
兵十《ひょうじゅう》にいわしやくりをとどけるごんの行動と、その理由について考えてみよう。

勉強した日　月　日

おわったらシールをはろう

次の文章を読んで、問題に答えましょう。

「おれと同じ、ひとりぼっちの兵十《ひょうじゅう》か。」こちらの物置の後ろから見ていたごんは、そう思いました。

ごんは、物置のそばをはなれて、向こうへ行きかけますと、どこかで、いわしを売る声がします。

「いわしの安売りだあい。生きのいい、いわしだあい。」

ごんは、その、いせいのいい声のする方へ走っていきました。と、弥助《やすけ》のおかみさんが、うら戸口から、

「いわしをおくれ。」

と言いました。いわし売りは、いわしのかごをつんだ車を道ばたに置いて、ぴかぴか光るいわしを両手でつかんで、弥助のうちの中へ持って入りました。ごんは、そのすきまに、かごの中から五、六ぴきのいわしをつかみ出して、もと来た方へかけだしました。そして、兵十のうちのうら口から、うちの中へいわしを投げこんで、あなへ向かってかけもどりました。とちゅうの坂の上でふり返ってみますと、兵十がまだ、井戸の所で麦をといでい

1 よく出る● 「おれと同じ、ひとりぼっちの兵十か。」とありますが、この時のごんはどんな気持ちでしたか。一つに○をつけましょう。

ごんもひとりぼっちだから、兵十の気持ちがよくわかるんだね。

ア（　）気楽にのんびりしていて、うらやましいな。
イ（　）ひとりぼっちになって、さびしいだろうな。
ウ（　）ひとりぼっちのなかまがふえて、うれしいな。

2 「いせいのいい声」とは、だれの声でしたか。

（　　　　）の声。

3 「そのすきま」に、ごんは、どんなことをしましたか。

かごの中から（　　　　）をつかみ出して、それを（　　　　）のうちの中へ（　　　　）、あなへ向かってかけもどった。

4 3のような行動をごんがしたのは、なぜですか。

（　　　　）

言葉の意味プラス
6行　いせい…元気。いきおい。　21行　どっさり…たくさん。
34行　ぶつぶつ…不満などを小声で言う様子。

るのが小さく見えました。

ごんは、うなぎのつぐないに、まず一つ、いいことをしたと思いました。

次の日には、ごんは、山でくりをどっさり拾って、それをかかえて、兵十のうちへ行きました。うら口からのぞいてみますと、兵十は、昼飯を食べかけて、茶わんを持ったまま、ぼんやりと考えこんでいました。変なことには、兵十のほっぺたに、かすりきずがついています。どうしたんだろうと、ごんが思っていますと、兵十がひとり言を言いました。

「いったい、だれが、いわしなんかを、おれのうちへ放りこんでいったんだろう。おかげで、おれは、ぬすびとと思われて、いわし屋のやつに、ひどいめにあわされた。」

と、ぶつぶつ言っています。

ごんは、「これはしまった。」と思いました。「かわいそうに兵十は、いわし屋にぶんなぐられて、あんなきずまでつけられたのか。」

〈新美《にいみ》 南吉《なんきち》「ごんぎつね」による〉

うなぎの □□□□ をするため。

5 「まず一つ」という言葉から想像《ぞう》できる、ごんの気持ちを考えて、合うもの一つに○をつけましょう。

ア（　）これなら、村の人もゆるしてくれるだろう。

イ（　）これできっと、兵十にほめてもらえるぞ。

ウ（　）また、兵十に何かいいことをしてあげよう。

6 「ぼんやりと考えこんでいました」とありますが、兵十は、どんなことを考えていましたか。

だれが、（　　　）を自分のうちに（　　　）のかということ。

7 よく出る 「これはしまった。」とありますが、この時のごんはどんな気持ちでしたか。一つに○をつけましょう。

兵十のひとり言を聞いて、ごんは失敗《ぱい》に気がついたのだね。

ア（　）兵十をよろこばせようと思ったのに、かえってひどいめにあわせてしまって、すまなかったな。

イ（　）いわしを投げこんだのが自分だとわかったら、きっと兵十に仕返しされるだろうな。

ウ（　）食べ物のくりなんかよりも、兵十のきずを治す薬を持ってきたほうがよかったな。

ものしりメモ ごんが持っていった「松たけ」や「くり」は、秋を代表する食べ物。「ひがん花」は秋にさく花だよ。物語に出てくる言葉から、季節が読み取れるんだね。

読書の広場③「読書発表会」をしよう
言葉の広場③ 言葉が表す感じ、言葉から受ける感じ

教科書 下30～37ページ
答え 15ページ

学習の目標
●本をしょうかいするときの方法やくふうの仕方を知ろう。
●言葉が伝える感じのちがいを知ろう。

勉強した日 月 日

おわったらシールをはろう

漢字練習ノート20ページ

新しい漢字

教科書30ページ

◀練習しましょう。 筆順 1 2 3 4 5

教科書ページ	漢字	読み	画数	筆順
31	連	レン、つらなる、つれる	10画	一 𠂆 亘 亘 車 連
31	録	ロク	16画	𠆢 今 金 金 釘 鈩 鈩 録
33	料	リョウ	10画	丷 半 米 米 料
33	陸	リク	11画	阝 阝 阩 阹 陸
33	極	キョク	12画	木 朩 杧 柯 柯 极 極

1 漢字の読み

読みがなを横に書きましょう。

① 関連
② 記録
③ 料理
④ 上陸
⑤ 連れる
⑥ 南極

○新しく学ぶ漢字
●新しい読み方を覚える漢字
◆特別な読み方の言葉

2 漢字の書き

漢字を書きましょう。

① □□《かんれん》のある本。
② □□《きろく》に残す。
③ □□《りょうり》の仕方。
④ 島に□□《じょうりく》する。

3 ☆ 読書の広場③「読書発表会」をしよう

あるテーマを決めて本を何さつかしょうかいする「読書発表会」を行います。発表会までの流れの順に、（　）に2～5を書きましょう。

（1）テーマを決める。
（　）しょうかいする本の順番を決める。
（　）組み立てメモを作る。
（　）発表のタイトルを考える。
（　）テーマを中心に本を集める。
（6）「読書発表会」をする。

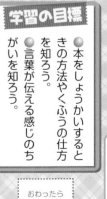

4 次は、読書発表会のための「組み立てメモ」です。□に合う言葉を、□からえらんで、記号で答えましょう。

◆**始め**
・なぜ、このテーマにしたのか。
・なぜ、これらの本をえらんだのか。

◆**中**
・［　1　］
・本の内容《よう》。
　かんたんなあらすじ。
　［　2　］
　写真や絵を見せるところ。
　読み聞かせをするところ。
・前の本と次の本をつなぐ言葉。

◆**終わり**
・［　3　］
・テーマについて考えたこと。
・みんなに伝えたいこと。

〈「『読書発表会』をしよう」による〉

1（　　）　2（　　）　3（　　）

ア　読むことをすすめる言葉。
イ　しょうかいする本のちょしゃと題名。
ウ　心に残った場面や印象《しょう》に残った言葉。

---

5 言葉の広場③　言葉が表す感じ、言葉から受ける感じ

音が大きく聞こえる感じがするほうの言葉に、○をつけましょう。

1 ドアが ｛ア（　）パタン／イ（　）バタン｝ としまる。
2 かべを ｛ア（　）カリカリ／イ（　）ガリガリ｝ とひっかく音がする。
3 風が ｛ア（　）ビュービュー／イ（　）ヒューヒュー｝ ふいている。
4 木のえだが ｛ア（　）ボキッ／イ（　）ポキッ｝ と折れる。

木のえだは、「ボキッ」のほうが、太い感じがするね。

6 次の（　）に合う言葉を、□からえらんで書きましょう。

1 やきたての（　　　　）したやきいも。
2 岩のような（　　　　）したせんべい。
3 歯ざわりのよい（　　　　）したパイ。

ごつごつ　さくさく　ほくほく

ものしりメモ　雨がふる様子を表す言葉も「ぽつぽつ」「しとしと」「ぱらぱら」など、たくさんあるよ。雨つぶの大きさや、落ちてくる間かくのちがいを感じるね。

まとめのテスト

ごんぎつね
言葉の広場③　言葉が表す感じ、言葉から受ける感じ

教科書　下 8～37ページ　答え 16ページ

時間20分　とく点　/100点　おわったらシールをはろう

勉強した日　月　日

1 次の文章を読んで、問題に答えましょう。

その明くる日も、ごんは、くりを持って、兵十《ひょうじゅう》のうちへ出かけました。兵十は、物置で縄《なわ》をなっていました。それで、ごんは、うちのうら口から、こっそり中へ入りました。

　その時、兵十は、ふと顔を上げました。と、きつねがうちの中へ入ったではありませんか。こないだ、うなぎをぬすみやがったあのごんぎつねめが、またいたずらをしに来たな。

「ようし。」

　兵十は、立ち上がって、なやにかけてある火縄じゅうを取って、火薬をつめました。そして、足音をしのばせて近よって、今戸口を出ようとするごんを、ドンと、うちました。ごんは、ばたりとたおれました。

　兵十はかけよってきました。うちの中を見ると、土間にくりがかためて置いてあるのが、目につきました。

「おや。」

3 よく出る●　「ようし。」と言った時、兵十はどんな気持ちでしたか。一つに○をつけましょう。〔5点〕

ア（　）今日こそやっつけてやろう。

イ（　）そろそろ仲《なか》直りをしよう。

ウ（　）くりのお礼をしてあげよう。

4 「足音をしのばせて」近よった兵十は、ごんをどうしましたか。〔10点〕

火縄じゅうで、（　　　　）。

5 「びっくりして」とありますが、兵十がおどろいたのは、何を見て、どんなことに気づいたからですか。一つ5〔15点〕

見たもの（　　　　）にかためて置いてある（　　　　）。

気づいたこと（　　　　）

言葉の意味プラス

11行　しのばせる…気づかれないように行う。　13行　ばたり…急にたおれる様子。

22行　ぐったり…弱って力がぬけてしまった様子。

と、兵十は、びっくりして、ごんに目を落としました。

「ごん、おまえだったのか。いつも、くりをくれたのは。」

ごんは、ぐったりと目をつぶったまま、うなずきました。

兵十は、火縄じゅうをばたりと、取り落としました。青いけむりが、まだ、つつ口から細く出ていました。

〈新美《にいみ》 南吉《なんきち》「ごんぎつね」による〉

1 「明くる日」に、ごんは、何をするために兵十のうちへ出かけたのですか。〔10点〕

（　　　　）

2 ごんを見つけた兵十は、ごんが何をしに来たと思いましたか。〔10点〕

□□□□をしに来たと思った。

6 よく出る 「ぐったりと目をつぶったまま、うなずきました」について答えましょう。

(1) この時のごんは、どんな気持ちでしたか。〔10点〕

ア（　）自分をうった兵十を、にくむ気持ち。

イ（　）やっとわかってくれて、うれしい気持ち。

ウ（　）いたずらが見つかって、くやしい気持ち。

(2) うなずいたごんを見た時の兵十の気持ちを、兵十になったつもりで、考えて書きましょう。〔15点〕 書いてみよう!

（　　　　）

7 チャレンジ 本当のことを知った兵十の気持ちが行動に表れている文を書きましょう。〔15点〕

（　　　　）

2 次の文に合うほうの言葉をえらんで、○をつけましょう。一つ5〔10点〕

① 一さいの子が {ア（　）すたすたと／イ（　）よちよちと} 歩いてきた。

② 氷の上を {ア（　）すいすいと／イ（　）ずるずると} 気持ちよくすべる。

ものしりメモ 「きつね」が入った言葉には、「きつねにつままれる（きつねに化かされる。）」、「きつねの嫁《よめ》入り（空は晴れているのに、雨がふること。）」などがあるよ。

きほんのワーク

みんなが楽しめる新スポーツ　SDGs

教科書　下　38～43ページ
答え　16ページ

学習の目標
●話し合いの進め方を学ぼう。
●役わりに気をつけて意見を出し合えるようになろう。

勉強した日　月　日

おわったらシールをはろう

漢字練習ノート21ページ

新しい漢字

教科書ページ

ページ	漢字	読み	画数
38	仲	なか	6画
39	司	シ	5画
40	願	ガン　ねがう	19画
41	共	キョウ　とも	6画
42	試	シ　こころみる	13画
42	協	キョウ	8画

◀練習しましょう。　筆順　1　2　3　4　5

1　漢字の読み

読みがなを横に書きましょう。

①仲よく　②司会　③お願い
④共通点　⑤試合　⑥協力

○新しく学ぶ漢字
●新しい読み方を覚える漢字
◆特別な読み方の言葉

2　漢字の書き

漢字を書きましょう。

①□《なか》よくなる。
②お□《ねが》いする。
③□□《しあい》に出る。
④□□《きょうりょく》する。

3

「新スポーツ」について話し合うときの進め方の順に、（　）に1～4を書きましょう。

（　）役わりを決め、進行について打ち合わせをする。
（　）話し合いをふり返る。
（　）役わりに気をつけて、クラスで話し合う。
（　）だれと、どんな新スポーツをやりたいかを考える。

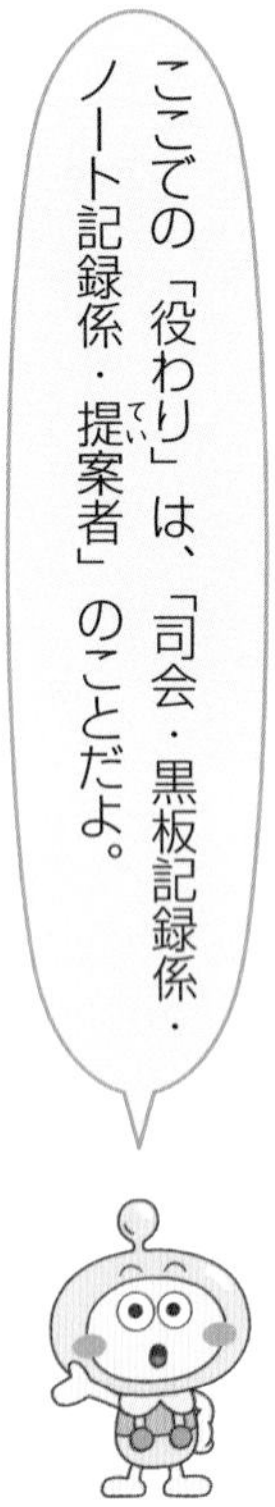

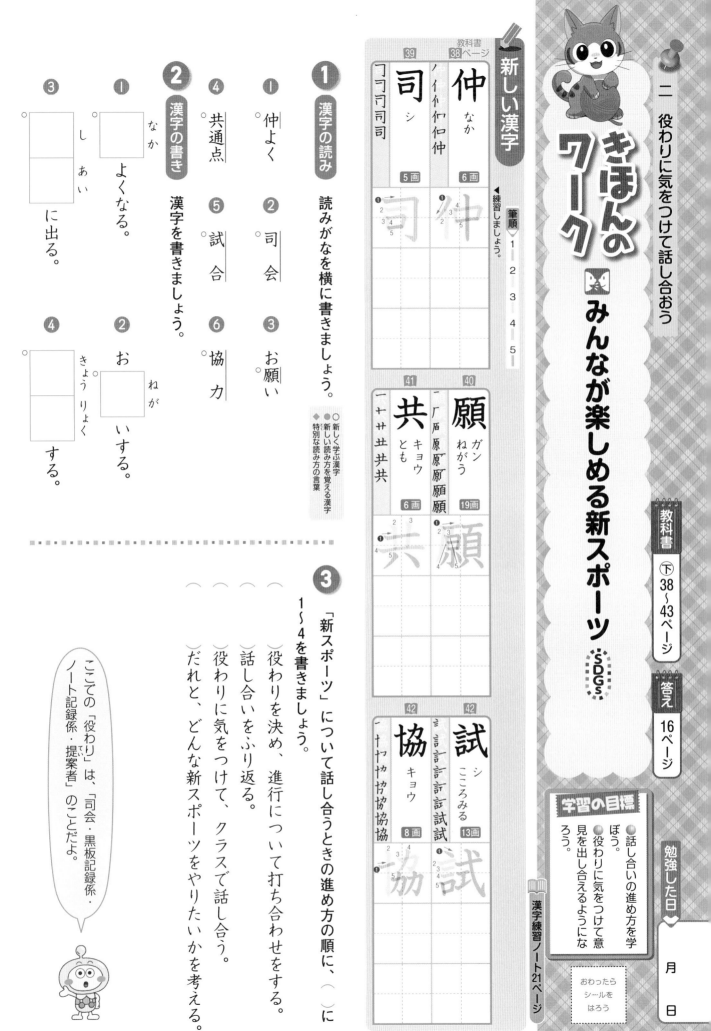

ここでの「役わり」は、「司会・黒板記録係・ノート記録係・提《てい》案者」のことだよ。

4 「新スポーツ」についての話し合いを読んで、問題に答えましょう。

①**司会**　今日は、夏川さんたちが考えた新スポーツがよりよくなるように話し合います。夏川さん、新スポーツの提《てい》案をお願いします。

夏川　わたしたちは、新スポーツに「風船テニス」を提案します。……

司会　提案について、質《しつ》問や意見はありますか。

……（質問や意見、それに対する答え。）

②**司会**　それでは、提案のよいところと課題について考えます。グループで話し合ってください。時間は十分です。

……

司会　時間になりました。意見のある人はいますか。

中西　風船を使うのは、安全だし、いいと思います。ちいきのかたとペアになるというルールはいいと思いますが、何点で勝ちなのかがわかりません。

司会　他にルールのことで意見のある人はいますか。

東野　反則《そく》や注意することも、わかりやすくまとめるといいと思います。

③**司会**　勝つために必要な点数と注意することについて意見が出ました。他にも課題について意見はありますか。

〈「みんなが楽しめる新スポーツ」による〉

---

1 この話し合いで提案者の役わりをしているのは、だれですか。

（　　　　）

2 よく出る● 「司会」①～③での発言は、どのような役わりを果たしていますか。**ア**～**ウ**の記号で答えましょう。

①（　）　②（　）　③（　）

ア　これまでに出た意見をまとめたうえで、他に意見がないかたずねている。

イ　全体に話し合いの目的を伝えている。

ウ　考えたり、意見を交流したりする時間をとっている。

3 「提案のよいところと課題」について、どんな意見が出ましたか。

中西さんと東野さんが意見を言っているよ。

よいところ

●風船を使うのは、（　　　　）で、いい。

●（　　　　）とペアになるというルールがいい。

課題

●何点で（　　　　）がわからない。

●反則や（　　　　）がわかりにくい。

ものしりメモ　さまざまな役わりのうち、「記録係」は黒板やノートに議題や話し合いの内容《よう》をわかりやすくまとめて書く役だよ。かじょう書きや表にするなど、くふうをするといいよ。

きほんのワーク

漢字の広場④ いろいろな意味を表す漢字

教科書 下 44~46ページ

答え 17ページ

勉強した日 月 日

学習の目標
- 漢字がふくんでいるたくさんの意味を知ろう。
- 漢字の意味を調べて、正しく使えるようになろう。

おわったら シールを はろう

新しい漢字

教科書ページ

教科書ページ	漢字	読み	画数
44	選	セン / えらぶ	15画
44	灯	トウ	6画
45	民	ミン	5画
45	副	フク	11画
45	夫	フ / おっと	4画
45	札	サツ / ふだ	5画

◀練習しましょう。 筆順 1 2 3 4 5

漢字練習ノート21~22ページ

1 漢字の読み　読みがなを横に書きましょう。

○新しく学ぶ漢字　●新しい読み方を覚える漢字　◆特別な読み方の言葉

① 選手　② 灯台　③ 選ぶ
④ 川原　⑤ 市民　⑥ 副院長
⑦ つまと夫　⑧ 千円札　⑨ 名札

「副」と「福」は形がにているので、注意しよう！

2 漢字の書き　漢字を書きましょう。

① 水泳の□□《せんしゅ》。
② □□《とうだい》の明かり。
③ 本を□《えら》ぶ。
④ □□《しみん》病院。
⑤ 病院の□□□《ふくいんちょう》。
⑥ □《おっと》の服。
⑦ □□□《せんえんさつ》。
⑧ □□《なふだ》をつける。

3 三年生の漢字　漢字を書きましょう。

① □□《ひっし》で走る。　② ボールを□《お》う。

③ □□□《たいいくかん》。　④ □□《せいれつ》する。

⑤ □□《しょうぶ》する。　⑥ ごみを□《ひろ》う。

4 「重」が次の意味で使われている言葉を、□から選んで書きましょう。

① おもさ　→（　　　）

② 大じかけ　→（　　　）

③ 大切　→（　　　）

④ ひどい　→（　　　）

⑤ かさなる　→（　　　）

体重　重病　重要　重機　二重

5 次の――の漢字はどのような意味ですか。□から選んで、記号で答えましょう。

① 行《ゆ》く手（　）

② 手順（　）

③ 手足（　）

④ 働き手（　）

⑤ 手料理（　）

ア　て　　イ　自分で作った
ウ　やり方・方法　　エ　方向
オ　あることをする人

6 次の漢字が〔　〕の意味で使われているほうに、○をつけましょう。

① 空〔からであること〕　ア（　）上空　イ（　）空白

② 意〔考えや気持ち〕　ア（　）意味　イ（　）意見

③ 首〔中心となるもの〕　ア（　）首都　イ（　）船首

④ 全〔すべて〕　ア（　）全員　イ（　）健《けん》全

ものしりメモ　「〜する人」という意味を表す漢字には、「家」（作家・音楽家）、「手」（運転手・歌手）、「師《し》」（医師・教師）、「士《し》」（弁護《べんご》士・代議士）、「員」（銀行員・会社員）などがあるよ。

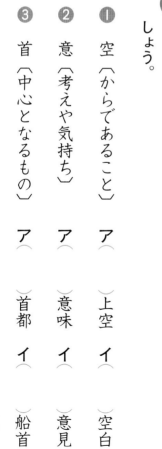

きほんのワーク

ウミガメの命をつなぐ SDGs

教科書 ㊦48～59ページ
答え 17ページ

学習の目標
●大事な言葉や文に気をつけて読めるようになろう。
●文章の要約について学ぼう。

勉強した日 月 日

おわったらシールをはろう

漢字練習ノート23ページ

新しい漢字

教科書48ページ

筆順 1 2 3 4 5 ◀練習しましょう。

漢字	読み	画数	ページ	筆順
材	ザイ	7画	48	一 十 才 木 村 材 材
無	ブ ム ない	12画	50	ノ 𠂉 仁 午 毎 無 無 無
管	カン くだ	14画	51	⺮ ⺮ 竺 竺 竺 笁 筲 管
功	コウ	5画	51	一 T 工 巧 功
漁	ギョ リョウ	14画	55	氵 氵 氵 氵 氵 汸 涌 漁
億	オク	15画	58	亻 亻 亻 偣 偣 億 億 億

○新しく学ぶ漢字
●新しい読み方を覚える漢字
◆特別な読み方の言葉

1 漢字の読み

読みがなを横に書きましょう。

① 材料
② 無理
③ 管理
④ 成功
⑤ 漁港
⑥ 一億人

2 漢字の書き

漢字を書きましょう。

① □□《ざいりょう》に使う。
② とうてい□□《むり》だ。
③ 実験が□□《せいこう》する。
④ 魚を□□《ぎょこう》に運ぶ。

4 言葉の意味

○をつけましょう。

① 48 海岸に分布《ぶ》している。
ア（　）まとまっていること。
イ（　）二つに分かれていること。
ウ（　）あちこちに分かれてあること。

② 49 ウミガメをほごする。
ア（　）つかまえること。
イ（　）助けて守ること。
ウ（　）子を産ませること。

3 言葉の知識《しき》

次の文の――の修飾語《しゅうしょく》は、どの言葉をくわしく説明していますか。説明されている言葉を書きましょう。

① 明日までに泳げるようになるなど、とうてい不可能《かのう》だ。

② 一年前から使い始めた日記帳が、ようやく半分ほどうまった。

①（　　　）

②（　　　）

内容《よう》をつかもう！

☆ ウミガメの命をつなぐ　教科書48～55ページ

教科書を読んで答えましょう。

1 名古屋港《なごやこう》水族館では、どのような研究を進めてきましたか。合うほうに○をつけましょう。

① ｛ア（　）自然　イ（　）人工｝のすなはまでウミガメにたまごを産ませてかえす研究。

② ウミガメの子ガメを、｛ア（　）海に放流する　イ（　）水族館で育てる｝研究。

2 名古屋港水族館が二〇一二年から行っている研究は、なんですか。

（　　　　）にもどってきたウミガメに送信機をつけて、その後の生活の様子をさぐる研究。

3 名古屋港水族館の研究は、水族館の役わりのうちどちらにあたりますか。○をつけましょう。

ア（　）さまざまな生き物のすがたやくらしぶりを見せる役わり。

イ（　）生き物の生活の様子を明らかにし、ほごに役立てる役わり。

③ 50 ウミガメを放流する。
ア（　）稚《ち》魚などを海などに放すこと。
イ（　）魚をあみでつかまえること。
ウ（　）海に水を流すこと。

④ 51 順調に子ガメがかえる。
ア（　）思いどおりに調子よく。
イ（　）一つずつ順番を守って。
ウ（　）決まりにしたがって。

⑤ 53 しばらくそこにとどまる。
ア（　）ずっと。
イ（　）少しの時間。
ウ（　）いつも同じ時間。

⑥ 54 ぎもんをとき明かす。
ア（　）わかるようにする。
イ（　）たくさん話し合う。
ウ（　）考えを変えさせる。

⑦ 55 生き物のくらしぶりを見せる。
ア（　）すみかの様子。
イ（　）成長の様子。
ウ（　）生活の様子。

ものしりメモ　ウミガメには、アカウミガメ、アオウミガメ、タイマイ、ケンプヒメウミガメ、ヒメウミガメ、ヒラタウミガメ、オサガメがいるよ。その中で、オサガメがいちばん大きいんだよ。

練習のワーク①

ウミガメの命をつなぐ　SDGs

教科書 下48〜59ページ
答え 17ページ

できるナビ
説明されている事実を正しく読み取り、水族館の取り組みをとらえよう。

勉強した日　月　日

おわったらシールをはろう

次の文章を読んで、問題に答えましょう。

名古屋《なごや》港《こう》水族館は、一九九二（平成《へいせい》四）年に開館した当時から、ウミガメの研究を進めてきました。水族館がある愛知《あいち》県内には、ウミガメがたまごを産みにくる海岸がたくさんあるからです。名古屋港水族館は、ウミガメのほごのために、①どんな研究に取り組んできたのでしょうか。そこには、解《かい》決すべき②どんな課題があったのでしょうか。

まず水族館が取り組んだのは、水族館の中に人工のすなはまをつくり、ウミガメにたまごを産ませてかえすことでした。また、これとほぼ同じころ、一九九三（平成五）年からは、近くの海岸で採《さい》取したたまごからかえした子ガメを、海に放流する研究にも取り組みました。ウミガメの行動を明らかにするためです。

ウミガメのさんらん研究がどうなったか、見ていきましょう。

この研究のむずかしさは、ウミガメが明るさや音にと

1 「名古屋港水族館」がウミガメの研究を進めてきたのは、なぜですか。

（　　　　）

2 ①「どんな研究」②「どんな課題」について答えましょう。

(1) ①「どんな研究」とありますが、名古屋港水族館ではどんな研究に取り組んできましたか。二つ答えましょう。

❶ 水族館の中の人工のすなはまで、ウミガメに（　　　　）研究。

❷ 近くの海岸で採取したたまごからかえした子ガメを（　　　　）研究。

(2) ②「どんな課題」とありますが、❶の研究の課題とは、どのようなものですか。

❶の研究で、こまっていることや解《かい》決したいことは何かな？

（　　　　）で、少しでも気になると、たまごを産まないこと。

言葉の意味プラス
11行 採《さい》取…必要なものを選んでとること。　18行 ひじょう灯…ひじょう時に出口へゆうどうする明かり。夜間でもつけておくよう、定められている。　21行 とうてい…とても。どうしても。

てもびんかんで、少しでも気になると、たまごを産まないところにあります。水族館の中は、夜でもひじょう灯がついていたり、飼《し》育員が見回りに歩いたりします。ですから、当時は、ウミガメが水族館の中でたまごを産むことなど、とうてい無理だと考えられていました。

そこで、少しでもウミガメがたまごを産みやすいように、人工のすなはまに周りの明かりが入らないようにし、たまごを産む時期には見回りも注意して行うようにしました。また、えさの種類や栄養、水温、すなの種類などをくふうしたり、ウミガメの血液《えき》を調べて体調を管理したりするなどの研究も重ねました。

こうした努力が実り、一九九五（平成七）年、ようやくウミガメが、館内の人工のすなはまでたまごを産みました。さらに、そのたまごから子ガメをかえすことにも成功しました。これは、世界で初めてのことでした。これら子ガメをかえす取り組みはその後も続けられ、ほぼ毎年、順調に子ガメがかえるようになりました。

〈松田《まつだ》 乾《つよし》「ウミガメの命をつなぐ」による〉

3 「こうした努力」について答えましょう。

(1) 水族館の努力についてまとめましょう。

●人工のすなはまに、（❶　　）が入らないようにした。

●たまごを産む時期には、（❷　　）を注意して行うようにした。

●えさの（❸　　）や（❹　　）、（❺　　）、（❻　　）の種類などをくふうした。

●ウミガメの血液を調べて（❼　　）を管理した。

(2) **よく出る**● 「こうした努力」によって、どんなことに成功しましたか。二つに○をつけましょう。

ア（　）愛知県内の海岸に、ウミガメがさんらんできる人工すなはまを作ることに成功した。

イ（　）名古屋港水族館の人工のすなはまで、世界で初めてウミガメのさんらんに成功した。

ウ（　）名古屋港水族館で、世界で初めてたまごから子ガメをかえすことに成功した。

エ（　）名古屋港水族館で、人工のすなはまで子ガメを親ガメになるまで育てることに成功した。

ものしりメモ ぜつめつのおそれがある動物を指定しているのは、自然保護《ほご》に取り組んでいるＩＵＣＮ《アイユーシーエヌ》（国際《さい》自然保護連合）という団《だん》体で、「レッドリスト」とよばれるリストを作っているよ。

練習のワーク②

ウミガメの命をつなぐ　SDGs

教科書 ㊦48〜59ページ
答え 18ページ

できるナビ
●水族館の取り組みの一つ、「タグ」を使った調査《さ》がどのようなものかをとらえよう。

勉強した日　月　日

おわったらシールをはろう

次の文章を読んで、問題に答えましょう。

もう一つの研究、子ガメを海に放流する研究はどうなったでしょうか。

研究を始めた一九九三年、子ガメを放流する時、目印になる「タグ」をつけていました。成長したウミガメは、日本の海岸に、たまごを産みにもどってきます。タグをつけていれば、もどってきたウミガメが、いつどこで放流されたのかがわかります。

調査《さ》がつみ重なるにつれ、日本で放流したウミガメが、アメリカの西海岸で見つかることもありました。そのため、北太《きたたい》平洋《へいよう》に出たウミガメは、東に流れる海流に乗って

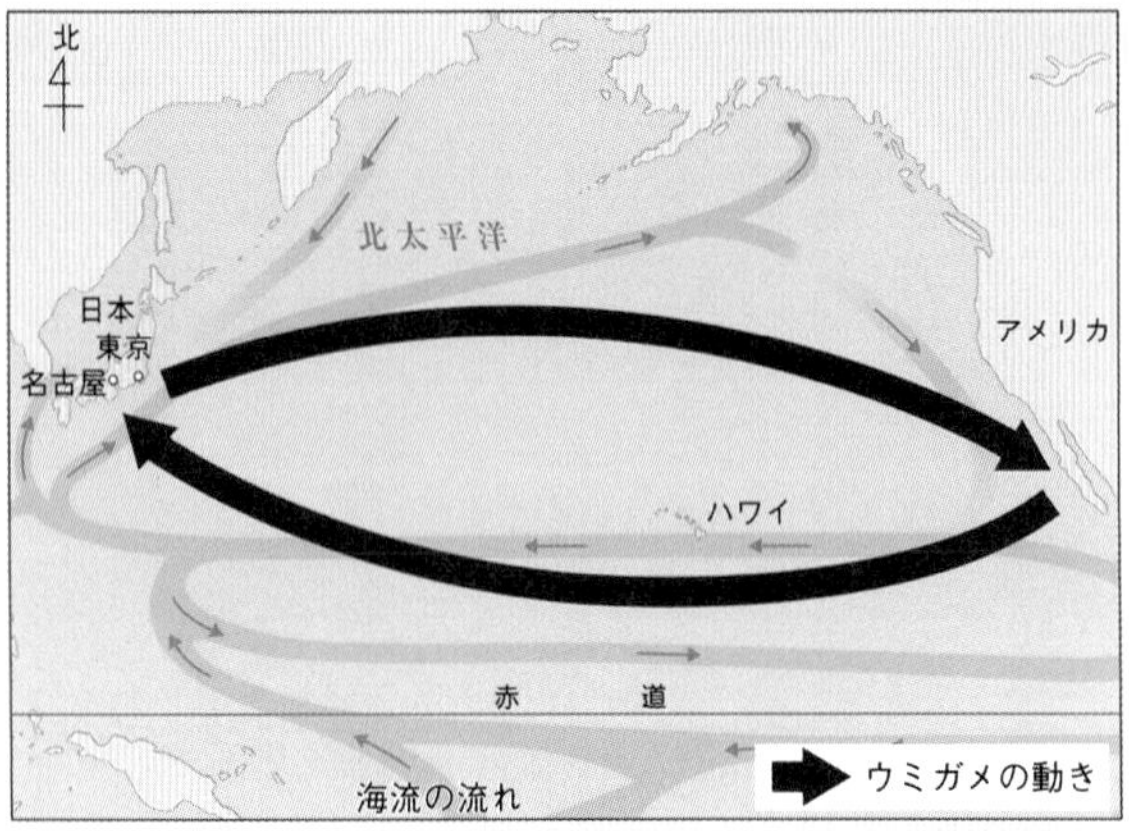

図２　タグを使った実験から考えられた、ウミガメの行動。

1 成長したウミガメが日本の海岸にもどってくるのは、なんのためですか。

（　　　　）

日本の海岸で、何をするのかな？

2 「タグ」を使った実験について答えましょう。

(1) この実験の結果から、日本で放流されたウミガメはどんな行動をしていると考えられましたか。

●日本で放流される。

←

●（　　　）に流れる海流に乗って、（　　　）しながら、（　　　）まで行く。

←

●（　　　）に流れる海流に乗って、日本にもどってくる。

(2) よく出る● この実験から、わからなかったことは、なんですか。一つに○をつけましょう。

言葉の意味プラス　32行　のぼる…かなり多い数になる。

成長しながらアメリカまで行ったあと、西に流れる海流に乗って、日本にもどってくると考えられました（図2）。

しかし、タグをつける方法では、放流した場所とつかまえた場所しかわかりません。とちゅうの行動は、想像《ぞう》するほかありません。

この問題を解《かい》決するために、二〇〇三（平成《へいせい》十五）年から、アメリカ海洋大気局と協力して、ウミガメのせなかに送信機をつけて放流する調査を始めました。送信機は、ウミガメが海面にうかんだり、上陸したりしたときに、人工衛《えい》星に向けて電波を出す仕組みになっています。電波が出た位置を記録することで、ウミガメが、いつ、どこを泳いでいるかを調べることができるのです。

二〇〇三年から二〇〇七（平成十九）年までの毎年、名古屋港《なごやこう》水族館は、生まれたウミガメの中から数十ぴきを選び、送信機をつけて放流し、記録をとりました。五年の間に送信機をつけたウミガメの数は、二百ぴきにのぼりました。

〈松田《まつだ》 乾《つよし》「ウミガメの命をつなぐ」による〉

ア（　）ウミガメを放流した場所。

イ（　）ウミガメをつかまえた場所。

ウ（　）放流してからつかまえるまでのウミガメの行動。

3 「ウミガメのせなかに送信機をつけて放流する調査」について答えましょう。

(1) 送信機は、どのような仕組みになっていますか。

ウミガメが（❶　　）、（❷　　）したときに、（❸　　）に向けて電波を出す仕組み。

(2) **よく出る** この調査では、何を調べることができるのですか。

「〜調べることができるのです。」に注目しよう。

（　　　　）ということ。

4 文章の内容に合っているものはどれですか。一つに○をつけましょう。

ア（　）日本で放流されたウミガメは、どれも海流に乗って日本にもどってくると調査で明らかになった。

イ（　）ウミガメが海に放流されてからの行動を調べるために、ウミガメのせなかに送信機をつけた。

ウ（　）タグをつけることで、もどってきた場所だけでなく、放流されたウミガメの行動が全てわかった。

ものしりメモ 毛皮、ほね、きば、角、こうらなどをとることで野生動物がぜつめつするのをふせぐため、取り引きを制限《せいげん》する条《じょう》約が結ばれている（ワシントン条約）。植物もあてはまるよ。

きほんのワーク

言葉の広場④　二つのことがらをつなぐ言葉

教科書 ㊦60～61ページ
答え 18ページ

勉強した日　月　日

学習の目標
●二つのことがらをつなぐ言葉のはたらきを知ろう。
●二つのことがらをつなぐ言葉を正しく使おう。

おわったらシールをはろう

漢字練習ノート23ページ

新しい漢字

教科書 61ページ

◀練習しましょう。　筆順 1 2 3 4 5

漢字	読み	画数	筆順
例	レイ　たとえる	8画	ノ 亻 亻 仮 伢 伢 伢 例
昨	サク	9画	丨 冂 日 日' 日' 昨 昨 昨 昨
街	ガイ　まち	12画	彳 彳 彳 彳 彳 彳 往 往 往 往 街 街
徒	ト	10画	彳 彳 彳 彳 社 社 往 往 往 徒

「街」は、人通りの多い栄えた場所を表すよ。「町」との使い分けに注意しよう。

1 漢字の読み

読みがなを横に書きましょう。

○新しく学ぶ漢字
●新しい読み方を覚える漢字
◆特別な読み方の言葉

① 例　② 昨夜　③ 街灯　④ 徒歩

2 漢字の書き

漢字を書きましょう。

① （　　）《れい》をあげる。
② （　　）《さくや》のできごと。
③ （　　）《がいとう》がつく。
④ （　　）《とほ》で行く。

3

次の文の（　）に合う言葉を、［　］から選んで書きましょう。

① 雨がふった。（　　）、運動会は中止だ。
② 雨がふった。（　　）、運動会は行われた。
③ 海へ行こうか。（　　）、山に行こうか。
④ 入場無料です。（　　）、ただということです。

［しかし　だから　つまり　それとも］

4 次の文に合う二つのことがらをつなぐ言葉を選んで、○をつけましょう。

1. かぜをひいた{ア（　）ので　イ（　）のに}、出かけた。
2. 転んだ{ア（　）が　イ（　）し}、すぐに立ち上がった。
3. 冬になる{ア（　）けれど　イ（　）と}、雪がふる。
4. 今日は遠足だ。{ア（　）そのため　イ（　）けれども}、ゆうべは早くねた。
5. 学校まで走った。{ア（　）でも　イ（　）それで}、ちこくした。
6. 毎日練習した。{ア（　）しかし　イ（　）だから}、試合に勝った。

言葉の意味のちがいに注目して、合うほうを選ぼう！

5 次の――の、二つのことがらをつなぐ言葉に気をつけて、[　]から文の続きを選んで、記号で答えましょう。

1. 話題のえいがはおもしろいし、（　　）。
2. みんなで力を合わせれば、（　　）。
3. 母の大切な皿をわったから、（　　）。
4. みんなの前でおどってみたいけれど、（　　）。
5. 魚の絵をかこうか。それとも、（　　）。
6. 宿題が終わった。さて、（　　）。
7. 姉は歌がうまい。そのうえ、（　　）。
8. 家族で山登りをした。そして、（　　）。

ア　どこに行こうか
イ　自信がない
ウ　山の上でおべんとうを食べた
エ　鳥の絵をかこうか
オ　はくりょくもある
カ　ゆうしょうもゆめではない
キ　スポーツも得意《とく》だ
ク　おこられた

ものしりメモ　「遊ばないで勉強をした。だから、テストは満点だった。」のように、前のことがらを受けてあとのことがらが当然だとするつなぐ言葉には、「そこで」「それで」などもあるよ。

まとめのテスト

ウミガメの命をつなぐ SDGs
言葉の広場④　二つのことがらをつなぐ言葉

教科書 下48〜61ページ　答え 19ページ

時間20分

とく点　/100点

おわったらシールをはろう

勉強した日　月　日

1 次の文章を読んで、問題に答えましょう。

しかし、タグをつける方法では、放流した場所とつかまえた場所しかわかりません。とちゅうの行動は、想像《ぞう》するほかありません。

この問題を解《かい》決するために、二〇〇三（平成《へいせい》十五）年から、アメリカ海洋大気局と協力して、ウミガメのせなかに送信機をつけて放流する調査《さ》を始めました。送信機は、ウミガメが海面にうかんだり、上陸したりしたときに、人工衛《えい》星に向けて電波を出す仕組みになっています。電波が出た位置を記録することで、ウミガメが、いつ、どこを泳いでいるかを調べることができるのです。

二〇〇三年から二〇〇七（平成十九）年までの毎年、名古屋港《なごやこう》水族館は、生まれたウミガメの中から数十ぴきを選び、送信機をつけて放流し、記録をとりました。五年の間に送信機をつけたウミガメの数は、二百ぴきにのぼりました。

ウミガメの行動を調べてみると、ほとんどのウミガメ

1 「この問題」とは、どんな問題ですか。　一つ5〔20点〕

ウミガメに（❶　　）をつける方法では、（❷　　）場所と（❸　　）場所しかわからず、（❹　　）がわからないという問題。

2 「送信機」の記録から、放流したウミガメのどんな行動がわかりましたか。　一つ5〔20点〕

●放流されたウミガメは、（　　）に乗って、（　　）の北西まで行き、そこで成長する。

↓

●成長したウミガメは（　　）で泳いで（　　）にもどってくる。

3 よく出る●「ハワイの北西の海」は、ウミガメにとってどんなところですか。　〔20点〕

言葉の意味プラス
19行　とどまる…そこを動かないでいる。
26行　たもつ…あるじょうたいが長く続く。

が海流に乗ってハワイの北西まで行き、しばらくそこにとどまって成長することがわかってきました。アメリカの近くまで行ったウミガメも、そこにもどってきます。ハワイの北西の海は、ウミガメの成長にちょうどよい水温がたもたれていて、えさもゆたかなのでしょう。そして、成長すると海流には乗らず、自分の力で泳いで日本にもどってくるのです（図３）。

　こうした二つの研究によって、ウミガメのさんらんや成長の様子が少しずつ明らかになってきました。

　しかし、日本にもどってきたウミガメが、その後、どこで成長して何さいくらいでたまごを産むのかは、まだなぞです。

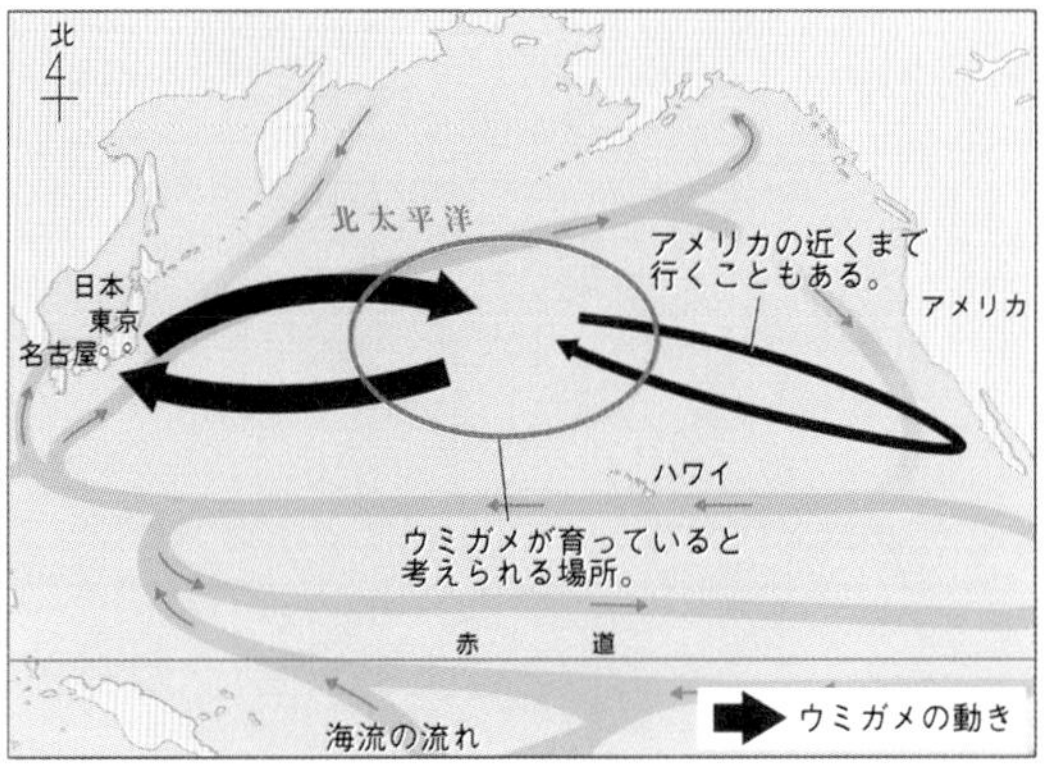

図３　名古屋港水族館による送信機を使った実験からわかってきた、ウミガメの行動。

〈松田《まつだ》乾《つよし》「ウミガメの命をつなぐ」による〉

4 タグや送信機をつけて調べても、まだわかっていないことは、どんなことですか。〔20点〕

（　　　　　　　　　　）

チャレンジ!

5 文章の内容《よう》に合っているものはどれですか。一つに○をつけましょう。〔10点〕

ア（　）日本からアメリカの近くまで行ったウミガメは、海流に乗って日本に帰ってくる。

イ（　）日本で放流されたウミガメはハワイの北西の海で成長し、やがて日本にもどってくる。

ウ（　）ウミガメに送信機をつけることで、ウミガメのさんらんの様子が明らかになった。

2 次の文に合う二つのことがらをつなぐ言葉を選んで、○をつけましょう。一つ5〔10点〕

❶ とても練習した｛ア（　）のに　イ（　）ので｝、負けてしまった。

❷ 今日は大雨だ。｛ア（　）でも　イ（　）だから｝、出かけよう。

ものしりメモ　日本には、「絶滅《ぜつめつ》のおそれのある野生動植物の種の保存《ほぞん》に関する法律《りつ》」があって、指定された野草を採《さい》集したり動物をとったり、生息地を開発したりすることを禁《きん》じているんだよ。

きほんのワーク
クラスの「不思議ずかん」を作ろう SDGs

教科書 ㊦62～67ページ
答え 19ページ
勉強した日 月 日

学習の目標
●取材の仕方や、わかりやすく伝えるくふうについて知ろう。
●読む人のことを考えた言葉を使おう。

おわったらシールをはろう

漢字練習ノート23ページ

新しい漢字
教科書65ページ

特 トク 10画
筆順 1 2 3 4 5
◀練習しましょう。

○新しく学ぶ漢字
●新しい読み方を覚える漢字
◆特別な読み方の言葉

1 漢字の読み 読みがなを横に書きましょう。

❶ 特に。

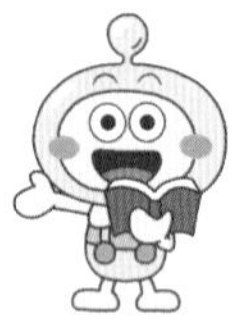

2 漢字の書き 漢字を書きましょう。

❶ [　]《とく》に気をつける。

3 「不思議ずかん」とはどのようなものですか。

学校生活の中で、日ごろから[　　　]に感じているものを集めて、わかりやすく説明したずかん。

4 「不思議ずかん」を作るときの進め方の順に、（　）に2～5を書きましょう。

（1）ずかんにのせるものを決める。
（　）グループで発表し合う。
（　）組み立て表を作り、グループで話し合う。
（　）題材について取材する。
（　）ずかんの原稿《こう》を書いて、読み返す。

5 じょうほうを集めるときに使う次のメディアのとくちょうを[　]から選んで、記号で答えましょう。

❶ 本や新聞（　）
❷ テレビ番組（　）
❸ インターネット（　）

ア 最新のじょうほうをえやすいが、しんらいできない場合がある。
イ しんらいできるじょうほうが多いが、じょうほうが古い場合がある。
ウ えいぞうや音声があるのでわかりやすいが、知りたいじょうほうをたどりにくい。

6 ちょさくけんについて、合うほうに○をつけましょう。

● 文章や写真、絵などの作品の作者がもつ
{ ア( )けんり／イ( )せきにん } である。

● 文章や資《し》料を { ア( )変こう／イ( )引用 } したり、参考にしたりするときには、自分の考えや意見と区別して書く。

7 次の文章を読んで、問題に答えましょう。

ぼくたちの学校にきょうりゅう発見！

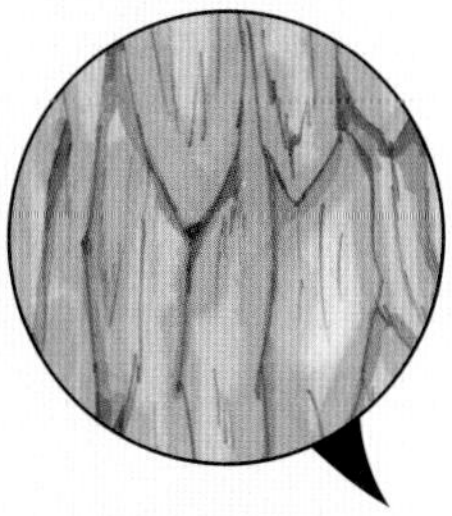

この写真、なんだかわかりますか。実は、ある木の、みきの写真です。この木は、＊写真①のようなすがたをしています。どこにあるかは、手前に写っているわたりろうかがヒントです。

木の名前は、クスノキです。クスノキ科のじょうりょくじゅ（一年中、緑の葉をつけている木）で、木の全体から、よい香りがします。成長すると、みきの周囲《い》が十メートル以上の大木になります。このクスノキも、いちばん上のえだは校舎《しゃ》の四階のベランダをこえて、まだまだぐんぐんのびています。

〈「クラスの『不思議ずかん』を作ろう」による〉

＊写真①＝教科書65ページにある、学校のクスノキを遠くからとった写真。

---

1 クスノキについての次の説明は、［　］のどちらの取材によるものですか。記号で答えましょう。

見ただけでわかることは、どれかな？

① クスノキ科のじょうりょくじゅ（一年中、緑の葉をつけている木）で、……。（　）

② 成長すると、みきの周囲が十メートル以上の大木になります。（　）

③ このクスノキも、いちばん上のえだは校舎の四階のベランダをこえて、まだまだぐんぐんのびています。（　）

［ア クスノキを実際《さい》によく見た。
イ インターネットなどで調べた。］

2 むずかしい言葉に説明をつけ加えているところがあります。その部分を書きましょう。

（　　　　）

3 よく出る この文章についての説明として、合うものには○、合わないものには×を書きましょう。

ア（　）読みたくなるように題名をくふうしている。

イ（　）書き出しを問いかけから始めている。

ウ（　）クスノキの大きさをたとえを使って表している。

ものしりメモ　1828年に刊《かん》行された『本草図譜《ほんぞうずふ》』という書物が、日本で最初の本格《かく》的な植物ずかんだよ。約2000種類の植物がのっているんだって。

きほんのワーク

言葉の文化③ 故《こ》事成語

教科書 下68～73ページ

答え 20ページ

学習の目標
- 故事成語の意味と使い方を知ろう。
- 故事成語のもとになった物語から、意味を理解《かい》しよう。

勉強した日 月 日

おわったらシールをはろう

新しい漢字

教科書70ページ

利 リ 7画
筆順：一 二 千 千 禾 利 利

70

労 ロウ 7画
筆順：丶 丶 丷 ⺍ 𭕄 学 労

73

器 キ 15画
筆順：丶 口 吅 罒 哭 哭 器 器

◀練習しましょう。 筆順 1 2 3 4 5

漢字練習ノート23ページ

○新しく学ぶ漢字
●新しい読み方を覚える漢字
◆特別な読み方の言葉

1 漢字の読み 読みがなを横に書きましょう。

①漁夫《ぎょふ》の利
②苦労
③大《たい》器晩成《ばんせい》

①「利」は、「利益《えき》」や「利害」などのように用いるよ。

2 漢字の書き 漢字を書きましょう。

①漁夫の［　］（り）
②［　　］（くろう）する。
③大［　］（き）晩成

3 次の成り立ちに合う故《こ》事成語をあとから選んで、○をつけましょう。

何もしないでうさぎが手に入ったぞ。

早くうさぎが来ないかな。

ア（　）守株《しゅしゅ》　イ（　）推敲《すいこう》　ウ（　）助長《じょちょう》

4 次の故事成語の意味を下から選んで、•——•で結びましょう。

1 背水《はいすい》の陣《じん》 •　　• ア よけいなつけたし。無用のもの。

2 漁夫《ぎょふ》の利 •　　• イ にげられない場所に身を置いて、全力をつくすこと。

3 蛇足《だそく》 •　　• ウ 人と人が争っている間に、関係のない他の人が苦労せずにとくをすること。

4 矛盾《むじゅん》 •　　• エ 少しのちがいはあっても、大きくはちがわないこと。

5 五十歩百歩 •　　• オ つじつまが合わないこと。

5 次の□に合う故事成語を□から選んで、記号で答えましょう。

1 せっかくの詩に題名をつけわすれるとは、□というものだ。（　）

2 いつもからかわれてばかりいた弟は、□になって、級友が親切に教えてくれるのをすなおに受け入れられなかったらしい。（　）

3 姉のチームは地区大会を順調に勝ち進み、□で全国大会へ進出した。（　）

4 友人の失敗《ぱい》談を聞いて、□としようと思った。（　）

ア 疑心暗鬼《ぎしんあんき》（うたがいの気持ちが強く、何もかもをあやしんでしまうこと。）

イ 破竹《はちく》の勢《いきお》い（竹をわる時のように、いきおいよく物事が進むこと。）

ウ 他山《たざん》の石《いし》（他人のあやまった言動でも、それを参考にして良いように用いれば、自分を高める助けとなる。）

エ 画竜点睛《がりょうてんせい》を欠く（ほとんど完成しているのに、大事な点がぬけていること。）

ものしりメモ 「五十歩百歩」「助長《じょちょう》」は、中国《ちゅうごく》の孟子《もうし》という人の言葉を集めた『孟子』という本に出てくる言葉だよ。このように、中国の古典からとられた言葉がたくさんあるんだ。

きほんのワーク

いろいろな詩
おおきな木

教科書 下74〜77ページ
答え 20ページ

勉強した日　月　日

学習の目標
●様子を思いうかべながら、詩を読もう。
●たとえのおもしろさを読み取ろう。

おわったらシールをはろう

✿ 詩を読んで、問題に答えましょう。

あ　いろいろな詩

まど・みちお

ニンジン
おふろあがり

ケムシ
さんぱつは　きらい

ミミズ
シャツは　ちきゅうです
ようふくは　うちゅうです
——どちらも
一まいきりですが

1 あの「ニンジン」の詩は、ニンジンのどんな点に注目して書かれたものですか。一つに○をつけましょう。

おふろあがりには、顔や体が温まって、どんなふうになるかな？

ア（　）形　イ（　）色　ウ（　）大きさ

2 あの「ケムシ」の詩では、「さんぱつは　きらい」というたとえで、ケムシのどんな様子を表していますか。一つに○をつけましょう。

ア（　）いつでも葉っぱのかげにかくれている様子。
イ（　）全身がボサボサの毛でおおわれている様子。
ウ（　）人々からきらわれている様子。

3 あの「ミミズ」の詩を読んで、（　）に合う言葉を書きましょう。

ミミズは土の中にいるので、人間がシャツやようふくを着るように、（　　　）や（　　　）を着ているようにも感じられる。

4 よく出る● いの詩について説明した次の文に合う言葉を書きましょう。

い

おおきな木

島田《しまだ》　陽子《ようこ》

おーい
おおきな木
おおきなって
おおきなえだ　ひろげて
おおきなかげ　つくってくれて
おおきなとりや　ちいさなとりや　ようけのむしも
おおきなひとや　ちいさなひとや　いぬねこたちも
おおきに　おおきに　いうて
おおきに　おきにいりの
おおきな木　天まで
おおきなれ
おーい

●この詩は、全ての行が「□」の音で始まっていて、ほとんどの行が「□□□」という三字で始まっている。

●文字のならべ方にもくふうがあり、詩全体が、（　　）の形に見えるように書かれている。

5 **い**の詩では、同じ言葉をくり返すことで、どのような感じが生まれていますか。一つに○をつけましょう。

ア（　）調子がよくて、リズム感にあふれた楽しい感じ。

イ（　）同じことを何度も伝えて、とてもうるさい感じ。

ウ（　）古めかしい調子になって、重々しい感じ。

6 「おおきなかげ」は、何がひろがってできるのですか。

（　　　　）

7 「おおきに　おおきに　いうて」とありますが、だれがこのように言っているのですか。詩の中から全て書きぬきましょう。

（　　　　）

ものしりメモ
「ニンジン」などの詩を書いたまど・みちおさんは、子どものために楽しい歌詞《し》も書いているよ。「ぞうさん」や「やぎさんゆうびん」はみんなも歌ったことがあるよね。

きほんのワーク

漢字の広場⑤

熟語《じゅく》のでき方

教科書 下78～80ページ

答え 21ページ

勉強した日　月　日

学習の目標

●熟語の上の漢字と下の漢字のいろいろなつながり方を覚えよう。
●漢字の意味を手がかりに、熟語の意味を考えよう。

おわったらシールをはろう

漢字練習ノート24～25ページ

新しい漢字

筆順 1 2 3 4 5 ◀練習しましょう。

教科書78ページ　**祝**　シュク　いわう　9画　（筆順）ラ ネ ネ ネ 礼 祀 祀 祝 祝

78　**清**　セイ　きよい　11画　（筆順）氵 氵 汁 汁 浐 清 清 清 清 清 清

79　**低**　テイ　ひくい　7画　（筆順）ノ イ 亻 仁 任 低 低

1 漢字の読み　読みがなを横に書きましょう。

① ○お祝い　② ○清らか　③ ○高低

○新しく学ぶ漢字
●新しい読み方を覚える漢字
◆特別な読み方の言葉

2 漢字の書き　漢字を書きましょう。

① お□《いわ》いの日。

② □《きよ》らかな流れ。

③ □□《こうてい》差《さ》がある。

「清」と「晴」は、音読みがどちらも「セイ」で、形もにているから、気をつけよう。

3 三年生の漢字　漢字を書きましょう。

① □□《にもつ》を運ぶ。

② かばんを□《も》つ。

③ □□□《くやくしょ》へ行く。

④ ゆうびん□《きょく》。

⑤ □□《だいず》の料理。

⑥ □□《ようふく》を着る。

⑦ 水を□《そそ》ぐ。

⑧ □《きゃく》が来る。

4 例にならって、次の意味を表す熟《じゅく》語を□に、読み方を（　）に書きましょう。

例 新しい車　新車（しんしゃ）

1 親しい友　□（　　）

2 流れる星　□（　　）

3 深い海　□（　　）

4 多い数　□（　　）

5 曲がった線　□（　　）

5 例にならって、次の言葉の意味を書きましょう。

例 祝日（お祝いの日）

1 牛肉（　　）

2 国旗（　　）

3 日光（　　）

4 花束（　　）

6 下の□から漢字を選んで、1～3はにた意味の漢字を組み合わせた二字の熟語を、4～6は反対の意味の漢字を組み合わせた二字の熟語を作りましょう。

1 □□　2 □□　3 □□　4 □□　5 □□　6 □□

1～3：望　願　学　路　習　道

4～6：負　強　勝　弱　暗　明

7 次の熟語は、どのような漢字を組み合わせてできたものですか。□から選んで、記号で答えましょう。

1 小鳥（　）　2 高低（　）

3 水量（　）　4 幸福（　）

ア　上の漢字が下の漢字を修飾《しゅうしょく》する熟語

イ　にた意味の漢字を組み合わせた熟語

ウ　反対の意味の漢字を組み合わせた熟語

ものしりメモ

熟《じゅく》語の意味は、漢字一字一字の意味から考えることができるよ。例えば、「雨天」。この熟語は、上の漢字「雨」が、下の漢字「天」を修飾《しゅうしょく》して、「雨の天気」という意味になるよ。

きほんのワーク

くらしを便利にするために SDGs
手話であいさつをしよう SDGs

教科書 下82～93ページ
答え 21ページ

学習の目標
●「便利」とはどういうことかを考えながら、文章を読もう。
●手話を使って表現《げん》してみよう。

勉強した日　月　日

おわったらシールをはろう

漢字練習ノート25ページ

新しい漢字

筆順 1 2 3 4 5
◀練習しましょう。

教科書ページ	漢字	読み	画数
82	便	ベン　ビン　たより	9画
82	付	フ　つける　つく	5画
83	改	カイ　あらためる	7画
90	差	サ　さす	10画
90	票	ヒョウ	11画
90	郡	グン	10画

1 漢字の読み　読みがなを横に書きましょう。

① ○便利
② ○付ける
③ ○改める
④ ●改良
⑤ ●付いた
⑥ 大○差
⑦ 投○票
⑧ ○郡部

○新しく学ぶ漢字
●新しい読み方を覚える漢字
◆特別な読み方の言葉

2 漢字の書き　漢字を書きましょう。

① ○□□《べんり》なもの。
② ○□□《とうひょう》する。

5 言葉の意味　○をつけましょう。

① 82ページ とまどいながらチャイムをおす。
ア（　）うれしそうにはしゃぎながら。
イ（　）悲しそうにうつむきながら。
ウ（　）どうしていいかまよいながら。

② 82 にこやかな出むかえを受ける。
ア（　）泣くほど感動的な。
イ（　）心からうれしそうな。
ウ（　）れいぎ正しくていねいな。

3 漢字の知識《しき》

「不」と組み合わせて熟語《じゅく》を作ることができる漢字全てに○をつけましょう。

ア（　）決　イ（　）幸　ウ（　）調　エ（　）礼　オ（　）動

4 手話

次の手話が表すあいさつを□から選んで、記号で答えましょう。

① 指をそろえた手を、顔のあたりからななめ前に動かし、少しおじぎをする。（　）

② 左手のこうを上に向け、右手で左手のこうをたたいて上に上げる。（　）

ア ありがとう　イ こんにちは　ウ よろしくお願いします

内容《よう》をつかもう！

くらしを便利にするために 教科書を読んで答えましょう。

1 耳の不自由な女性《せい》の家のチャイムは、どのような仕組みになっていましたか。 教科書82〜83ページ

げんかんのチャイムをおすと、家の中のライトが［　　］仕組み。

2 道具とせつびのちがいを下のようにまとめました。（　）に合う言葉を□から選んで、記号で答えましょう。 教科書84〜87ページ

道具	せつび
●さまざまな立場の人に合わせて何種類も作られている。 ●（　）が最も使いやすい物を選べる。	●（　）の人が使う。 ●いろいろな立場の人に合った物を別々に用意できない。

ア たくさん　イ 一人一人

---

③ 84 同じ目的を果たす。
ア（　）やりとげる。
イ（　）かかげる。
ウ（　）やめてしまう。

④ 85 きき手に合わせたはさみ。
ア（　）右手。
イ（　）よく使うほうの手。
ウ（　）左手。

⑤ 86 せつびを改良する。
ア（　）昔のものにもどす。
イ（　）古いものをすてる。
ウ（　）前よりもよくする。

⑥ 87 心を配ってつくられている。
ア（　）気をつけて。
イ（　）信じて。
ウ（　）よく考えず。

⑦ 87 ふだんなにげなく使っている。
ア（　）あれこれと考えて。
イ（　）はっきりわからずに。
ウ（　）特に深い考えもなく。

ものしりメモ　どんな人にも便利で、使いやすいようにくふうしたデザインを、「ユニバーサルデザイン」というんだよ。

練習のワーク

くらしを便利にするために　SDGs

教科書　下　82～93ページ
答え　21ページ

できるナビ
●具体的な例をつかみながら説明文を読み、筆者の考えを読み取ろう。

勉強した日　月　日

おわったらシールをはろう

次の文章を読んで、問題に答えましょう。

「便利」とは「都合がよく、役に立つこと」です。でも、それは、だれにとって都合がよく、だれの役に立つことなのでしょうか。

　わたしたちの家の中を見わたしてみましょう。ぶんぼう具のような小さな物から、家具のような大きな物まで、わたしたちの身のまわりには、たくさんの道具があることに気づかされます。これらの道具はどれも、わたしたちのくらしを便利でかいてきにするために、生み出されてきた物です。しかし、光で知らせるチャイムの話のように、使う人の立場によっては、道具の仕組みを変えなければ役に立たない場合もあります。

　このように、ある人にとっては便利だと思われている物でも、立場を変えてみると、その仕組みのままでは不便であることがわかります。

　少し前の時代まで、道具は、ある程度《てい》多くの人にとって便利に使えれば、それでよいと考えられてきました。

←

2　「わたしたちの身のまわりには、たくさんの道具がある」とありますが、それらの道具は、なんのために生み出された物ですか。

（　　　　　　　　）

3　「光で知らせるチャイム」の例から、どのようなことがわかりますか。

「光で知らせるチャイム」は、目の不自由な人には便利ではないよ。

ある人にとっては（　　　）だと思われている物でも、（　　　）を変えてみると、その仕組みのままでは（　　　）である場合があること。

4　よく出る　道具に対する考え方は、「少し前の時代まで」と「今」とで、どのように変わりましたか。

少し前の時代まで

（　　　）の人にとって便利に使えれば、それでよいと考えられてきた。

←

言葉の意味プラス　8行　かいてき…気持ちがいいじょうたい。

今では、そのような考え方が変わってきています。同じ目的を果たす道具が、さまざまな立場の人に合わせて何種類も作られるようになり、一人一人が、その中から最も使いやすい物を選べるようになってきたのです。きき手に合わせたはさみなどが、その例です。

〈太田《おおた》　正己《まさみ》「くらしを便利にするために」による〉

1 「『便利』とは『都合がよく、役に立つこと』です。」とありますが、筆者は「便利」ということについて、どのようなぎもんを感じていますか。一つに○をつけましょう。

ア（　）本当に便利なものは、実はあまり多くないのではないだろうか。

イ（　）都合がよくても、役に立たなければ「便利」とはいえないのではないだろうか。

ウ（　）「便利」とは、いったいだれにとって都合がよく、役に立つことなのだろうか。

今

同じ目的を果たす道具が、（　　　）の人に合わせて何種類も作られ、一人一人が、その中から（　　　）ようになってきた。

「少し前の時代まで、……」「今では、……」というだんらくの始まりに注目すると、わかるよ。

5 「今」の道具に対する考え方を取り入れた道具について、答えましょう。

(1) よく出る● 「今」の道具に対する考え方を取り入れた道具の例として、何が挙げられていますか。

（　　　　　）

(2) (1)の道具について、今ではどのような種類のものが作られていると考えられますか。

●右手で使うもの。
●□手で使うもの。

ものしりメモ　目が不自由な人が使う「点字」は、さわることで文字が読めるよ。1825年に6つの点を組み合わせた点字がフランスで考案され、それをもとに五十音を表す日本式の点字が作られたんだ。

まとめのテスト
くらしを便利にするために　SDGs

教科書　下82～93ページ　答え　22ページ

時間20分　とく点　/100点　おわったらシールをはろう

勉強した日　月　日

次の文章を読んで、問題に答えましょう。

一人一人が使う道具とちがい、たくさんの人が使うせつびについては、そのような解決《かい》方法をとれないこともあります。

歩道橋について考えてみましょう。歩道橋は、交通量の多い道路を安全に横断《だん》することができるので、大変便利であるといえます。しかし、体の不自由な人やお年寄《よ》りにとっては、かいだんを上り下りしなくてはならないので利用できないこともあります。

こうしたせつびは、小さな道具のように、いろいろな立場の人に合った物を別々に用意するというわけにはいきません。したがって、そのせつびを、どのような立場の人が、どのようなときに利用するのかをよく考えなければなりません。そして、不便を強く感じる人が少なくなるようにつくったり、改良したりしていくことが必要です。

最近では、エレベーターが付いた歩道橋も見られるよ

1 よく出る　歩道橋は、どのようなものの例として挙げられていますか。合うもの二つに○をつけましょう。　一つ10〔20点〕

ア（　）一人一人が自分だけで使う道具。

イ（　）たくさんの人が使うせつび。

ウ（　）一人一人に合うものを別々に用意できないもの。

エ（　）使う人ごとに仕組みを変えられるもの。

2 歩道橋を使えないことがあるのはどのような人ですか。また、なぜ使えないのですか。　一つ10〔20点〕

使えないことがある人（　）

使えない理由（　）

3 よく出る　歩道橋を、「不便を強く感じる人が少なくなるようにつくったり、改良したりしていく」には、どのようなことを考える必要がありますか。一つに○をつけましょう。〔10点〕

言葉の意味プラス

18行　ゆるやかな…かたむきの程《てい》度が少ない。　19行　スロープ…坂。しゃ面。

34行　ふだん…いつも。つね日ごろ。

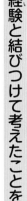

うになってきています。また、かいだんの横にゆるやかなスロープを設置《せっ》していることもあたりまえのようになっています。このような歩道橋がつくられることによって、車いすやベビーカーを使う人、自転車に乗る人、重い荷物を持った人など、さまざまな立場の人が、安全で便利に道路を利用することができるようになるのです。

わたしたちの社会では、たくさんの人が、それぞれちがった立場で、いっしょにくらしています。

ですから、人々の役に立つ道具やせつびは、だれにとっても、どのようなときにも便利であるようになっているか、不便さを感じている人はいないか、心を配ってつくられています。ふだんなにげなく使っているいろいろな道具やせつびが、だれにとって便利で、だれにとってそうではないのかを、また、どのようなときに便利で、どのようなときにそうではないのかを、よく考えていくことが必要です。

〈太田《おおた》　正己《まさみ》「くらしを便利にするために」による〉

ア（　）歩道橋をつくる場所の車の流れがどのようになっているかということ。

イ（　）その歩道橋を最も多く利用するのは、どんな立場の人たちかということ。

ウ（　）どのような立場の人が、どのようなときにその歩道橋を利用するのかということ。

4 「エレベーターが付いた歩道橋」や、「ゆるやかなスロープ」がつくられることによって、どのような人がどのように道路を利用できるようになるのですか。　一つ10〔20点〕

車いすやベビーカーを使う人、自転車に乗る人や、重い荷物を持った人など、（　　　　）の人が、（　　　　）に道路を利用できるようになる。

チャレンジ！ **5** たくさんのちがう立場の人がいっしょにくらすわたしたちの社会では、道具やせつびについてどのようなことを考えていく必要があると筆者は言っていますか。二つ書きましょう。　一つ15〔30点〕

（　　　　）

（　　　　）

ものしりメモ　道のだんさをなくしたり、目の不自由な人にも区別がつくようにシャンプーなどの入れ物に印をつけたりして、生活の障《しょう》害となるものを取りのぞくことを「バリアフリー」というよ。

きほんのワーク

「便利」をさがそう　SDGs
言葉の広場⑤　点(、)を打つところ

教科書 ㊦94～103ページ
答え 22ページ
勉強した日　月　日

学習の目標
● グラフなどの資《し》料を使った発表の仕方を学ぼう。
● 伝わるように発表するくふうを知ろう。

漢字練習ノート26ページ

おわったらシールをはろう

新しい漢字

教科書102ページ

102	健	ケン	11画
102	康	コウ	11画
102	浅	あさい	9画
103	氏	シ	4画
103	候	コウ	10画

◀練習しましょう。　筆順 1 2 3 4 5

○新しく学ぶ漢字
●新しい読み方を覚える漢字
◆特別な読み方の言葉

1 漢字の読み
読みがなを横に書きましょう。

① 健康
② 浅い
③ 秋山氏
④ 天候

「氏」は名字や名前などに付くよ。

2 漢字の書き
漢字を書きましょう。

① □□《けんこう》をたもつ。
② □《あさ》い川。
③ 秋山□《し》と会う。
④ □□《てんこう》がよくなる。

3 「便利」をさがそう
引用の仕方について説明した次の文の（　）に合う言葉を[　]から選んで、書きましょう。

● 引用する部分を（　　）にぬき出す。
● 自分の（　　）との関係が、はっきりとわかる部分を選ぶ。
● 何から引用したのかわかるように、必ず（　　）をしめす。

[出典　正確《かく》　考え]

4　次の発表を読んで、問題に答えましょう。

東野　これから発表を始めます。
ぼくたちは、路面電車のどんなところに、だれもが使いやすくなるくふうがあるのか調べました（＊写真**ア**を見せる）。なぜなら、ぼくのおじいさんから、路面電車が使いやすくて便利という話を聞いたからです。これから路面電車の便利さについて、図や写真を使って説明します。

中西　はじめに、このぼうグラフを見てください（＊グラフ**イ**をさす）。このグラフは、『数字でみる鉄道２０２０』という本から引用したものです。グラフのたてじくは、路面電車を利用した人の数です。横じくは、路面電車のある主な都市の名前です。どんな都市で路面電車が使われているかをしめしています。では、路面電車の利用者がいちばん多いのはどこの都市だと思いますか。（グラフ**イ**のシールをめくる）実は、東京《とうきょう》と広島《ひろしま》なんです。

夏川　そこで、広島の鉄道会社のかたに、路面電車のどんなところに、だれもが使いやすくなるくふうがあるのかきいてきました。

〈「『便利』をさがそう」による〉

＊写真**ア**＝教科書97ページにある、路面電車の写真。
＊グラフ**イ**＝教科書97ページにある、乗客数のグラフ。

1 よく出る　中西さんは、発表するときにどのようなくふうをしていますか。

（　　　　）を指ししめしたり、（　　　　）で答えをかくしたりして、聞き手の興味《きょう》をひいている。

2 東野さんたちの発表の仕方について説明しているものはどれですか。一つに○をつけましょう。

ア（　）発表する人と資料《し》を見せる人を別の人にして、分たんしている。
イ（　）発表する内容《よう》について、三人それぞれの理由をのべている。
ウ（　）発表するにあたって、一人ずつ交代で発表するようにしている。

5　☆言葉の広場⑤　点（、）を打つところ

次の文が読みやすくなるように、点（、）を一つだけ打ち、文を書き直しましょう。

❶ 雨がふったので運動会は中止だ。

（　　　　）

❷ さあわたしにはよくわかりません。

（　　　　）

ものしりメモ　資料《し》を使った発表の方法に、ポスターを使って発表するポスターセッションがあるよ。ほかにも、スクリーンに写真や図や文字をうつすやり方などもあるよ。

きほんのワーク 自分の成長をふり返って 言葉の文化④ 雪

教科書 下104～111ページ
答え 23ページ
勉強した日　月　日

学習の目標
●伝えたいことをはっきりさせて書く方法を身につけよう。
●「雪」に関わる言葉を知ろう。

おわったらシールをはろう

新しい漢字

教科書105ページ
敗　ハイ　やぶれる　11画
107
好　コウ　このむ　すく　6画
107
標　ヒョウ　15画
110
積　セキ　つもる　16画

筆順 1 2 3 4 5
◀練習しましょう。

漢字練習ノート26～27ページ

1 漢字の読み

読みがなを横に書きましょう。

① 失敗　② 好き　③ 目標　④ 積もる

○新しく学ぶ漢字
●新しい読み方を覚える漢字
◆特別な読み方の言葉

③「標」は、「木」のつかない「票」との使い分けに気をつけよう。

2 漢字の書き

漢字を書きましょう。

① □□《しっぱい》する。
② □《す》きになる。
③ □□《もくひょう》を達成する。
④ □《つ》もった雪。

3 自分の成長をふり返って

自分の成長をふり返って文章を書くときは、どのように書けばよいですか。（　）に合う言葉を、[　]から選んで書きましょう。

① （　　　）が何かをはっきりさせる。
② 自分がいちばん伝えたいことは何かを考えて、だんらくを作ったり、文章の（　　　）を考えたりする。

[組み立て　伝えたいこと]

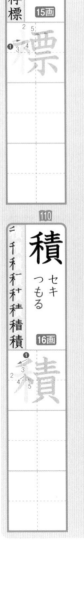

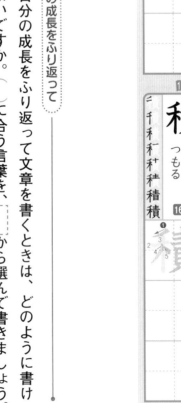

4 羽田爽良《はねだそら》さんの「あきらめない気持ち」の一部を読んで、問題に答えましょう。

もう練習してもできないと思ってあきらめようとした時、父が言った。

「もっと足を頭の方にふり上げると、回れるようになるんじゃないか。」

父のアドバイスを聞いて、もう一度チャレンジしてみた。すると、

「できた！」

思わずさけんでしまった。まだ、かんぺきでもきれいでもないけれど、後転ができたのだ。

「やった。できた！」

うれしくて、ふとんの上でジャンプした。父も母も、

「すごいね。がんばったね。」

とほめてくれた。すごくうれしかった。何度か続けてやってみたら、だんだん上手になってきて、ますますうれしくなった。

〈「自分の成長をふり返って」による〉

1 この文章は、何について書いていますか。

あきらめようとしていた（　　　　）ができたよろこび。

2 よく出る この文章について合うもの一つに○をつけましょう。

ア（　）文と文をつなぐ言葉をたくさん入れることで、読みやすい文章になっている。

イ（　）会話文を入れたり、自分の行動を書いたりすることで、その時の気持ちがよく伝わってくる。

ウ（　）一つ一つの動作をくわしく書くことで、どのような運動をしたのかが具体的でわかりやすい。

「できた！」「やった。できた！」など、会話文だからこそ伝わってくるものがあるね。

5 ☆ 言葉の文化④ 雪

次の俳句《はいく》を読んで、問題に答えましょう。

うまそうな雪がふうわりふうわりと　小林《こばやし》一茶《いっさ》

1 「ふうわりふうわり」という表現《げん》から、雪のどんな様子が伝わってきますか。合うほうに○をつけましょう。

雪の ｛ア（　）重くてがっしりとした／イ（　）軽くてやわらかそうな｝ 様子。

ものしりメモ 例えば、しずんだ気持ちを表す言葉にも「せつない」「さびしい」「わびしい」「つらい」などいろいろあるよね。文章を書くときは、こういう言葉を使い分けることも大切だよ。

きほんのワーク

漢字の広場⑥ 同じ読み方の漢字の使い分け

教科書 下112～114ページ
答え 23ページ
勉強した日 月 日

学習の目標
●文の意味や漢字の意味をもとに、同じ読み方の漢字を使い分けられるようになろう。

おわったらシールをはろう

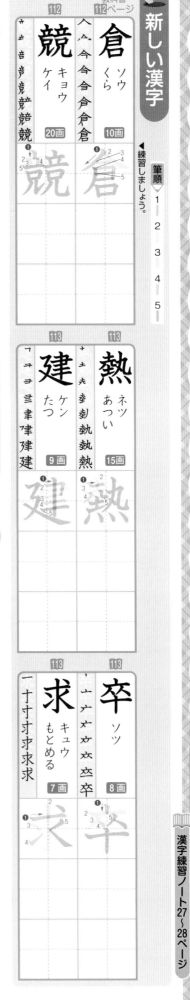

漢字練習ノート27～28ページ

新しい漢字

教科書112ページ

漢字	読み	画数	筆順
倉	ソウ くら	10画	112
競	キョウ ケイ	20画	112
熱	ネツ あつい	15画	113
建	ケン たつ	9画	113
卒	ソツ	8画	113
求	キュウ もとめる	7画	113

◀練習しましょう。 筆順 1 2 3 4 5

1 漢字の読み　読みがなを横に書きましょう。

① ◆手伝う
② ○倉庫
③ ○競争
④ ●熱い
⑤ ○建つ
⑥ ○卒業式
⑦ 追○求

○新しく学ぶ漢字
●新しい読み方を覚える漢字
◆特別な読み方の言葉

2 漢字の書き　漢字を書きましょう。

① □□《そうこ》に入れる。
② 他社との□□《きょうそう》。
③ □□《ねっとう》を注ぐ。
④ 新しいビルが□《た》つ。

3 三年生の漢字　漢字を書きましょう。

① □□《はんたい》の意見。
② □□《ゆうめい》な人。
③ □《あつ》い夏。
④ □□《どうわ》を読む。
⑤ □□《むかしばなし》を聞く。
⑥ お□《れい》をのべる。
⑦ 虫の□□《けんきゅう》。
⑧ □□《かんそう》を書く。

4 文に合う漢字を使っているほうに、○をつけましょう。

① 家族で富士山《ふじさん》に ア（　）上る。／イ（　）登る。

② カメレオンの体の色が ア（　）代わる。／イ（　）変わる。

③ 雨がふってきたので、かさを ア（　）差す。／イ（　）指す。

④ 暗くなる前に家に ア（　）返る。／イ（　）帰る。

5 同じ訓の漢字を書きましょう。

① 体重を□《はか》る。／時間を□《はか》る。

② 犬が□《な》く。／赤ちゃんが□《な》く。

③ 駅に□《つ》く。／よごれが□《つ》く。

④ ふたを□《あ》ける。／夜が□《あ》ける。

6 同じ音の漢字を書きましょう。

① 有効《こう》□□《きかん》は一年です。／交通□□《きかん》を使う。

② □□《いがい》にむずかしい問題。／学校□□《いがい》の場所。

③ 人の心の動きに□□《かんしん》がある。／よい行いに□□《かんしん》する。

④ 学問を□□《ついきゅう》する。／理想を□□《ついきゅう》する。

ものしりメモ 同じ音読みをする漢字には形のよくにたものが多いんだよ。例えば「清・晴」（セイ）や「作・昨」（サク）、「時・持」（ジ）など、まちがえやすいから注意してね。

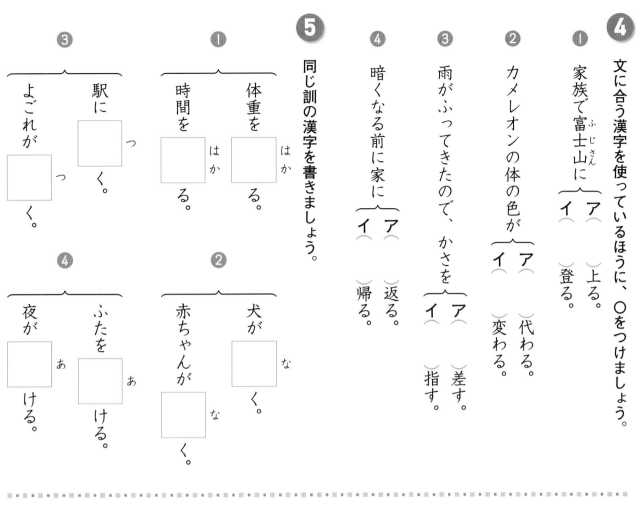

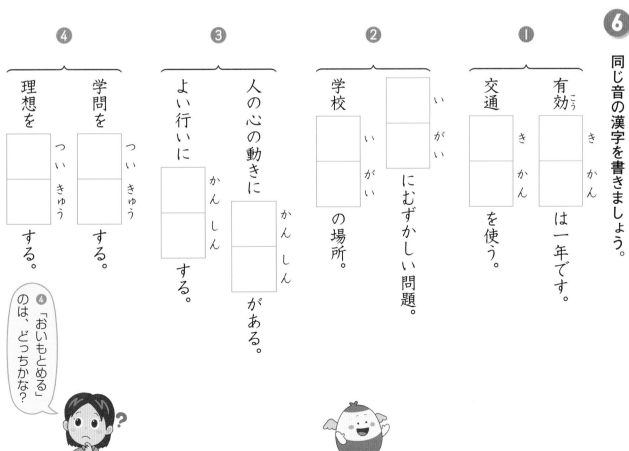

きほんのワーク
人形げき 木竜《もくりゅう》うるし
SDGs

教科書 ㊦116〜141ページ

答え 24ページ

勉強した日 月 日

学習の目標
- 場面ごとのできごとを読み取ろう。
- 登場人物のせいかくや考えのうつり変わりを読み取ろう。

おわったら シールを はろう

漢字練習ノート28ページ

新しい漢字
教科書120ページ

漢字	読み	画数	筆順
底	テイ そこ	8画	底底广户庐庐底底
鏡 (140)	キョウ かがみ	19画	鏡鏡鏡鏡鏡鏡鏡鏡

◀練習しましょう。 筆順 1 2 3 4 5

○新しく学ぶ漢字
●新しい読み方を覚える漢字
◆特別な読み方の言葉

1 漢字の読み
読みがなを横に書きましょう。

① 池の底。
② ◆昨日
③ 鏡。

「昨」と「日」を一字ずつ読むのではなく、「昨日」で、まとまった読み方をするんだよ！

2 漢字の書き
漢字を書きましょう。

① 海の□《そこ》にもぐる。
② □《かがみ》の前に立つ。

3 三年生の漢字
漢字を書きましょう。

① □□《しごと》を始める。
② □□《じょうとう》のうるし。
③ □□《しんぱい》はない。
④ □《わる》いことをする。

5 言葉の意味
○をつけましょう。

① 116ページ 深いふちをのぞきこむ。
ア（ ）川などの流れが速いところ。
イ（ ）水が深くたまっているところ。
ウ（ ）水がにごってきたないところ。

② 118 なまけたらしょうちせんぞ。
ア（ ）ゆるすこと。
イ（ ）もうかること。
ウ（ ）代金をはらうこと。

③ 119 今日は一日まるもうけだ。
ア（ ）全部もうけになること。
イ（ ）相手をうまくだますこと。
ウ（ ）そんにも得《とく》にもならないこと。

4 言葉の知識《しき》

次の言葉の頭につけることができる言葉を、[ ]から選んで書きましょう。

① (　　)きげん　② (　　)安心

③ (　　)よろこび　④ (　　)正面

[ひと　大　上　真]

内容《よう》をつかもう！

★木竜《もくりゅう》うるし　あらすじをまとめます。物語の順番になるように、(　)に2〜7を書きましょう。

教科書《とうろく》 116〜137ページ

(　1　)権八《ごんぱち》は、藤六《とうろく》をばかにして、自分の仕事をおしつける。

(　　)権八は、藤六の言うとおり、うるしを村人と分けることに決める。

(　　)権八は、藤六にうるしの山分けをしようと言うが、藤六はことわる。

(　　)藤六がふちの底で上うるしを見つける。

(　　)権八は、木竜が生きているように見えておどろく。

(　　)権八は、上うるしをひとりじめしようと、ふちの底に、自分で作った木竜をしずめる。

(　　)権八が藤六に、木竜を番人にしたことを話す。

最後に、権八は藤六の人からのよさをみとめて、藤六の考えを受け入れたんだね。

---

4 [122] 家に帰ってひと思案だ。

ア(　　)いろいろ調べてみること。

イ(　　)だれかに相談すること。

ウ(　　)ちょっと考えること。

5 [123] にげ出すことうけ合いだ。

ア(　　)まちがいないこと。

イ(　　)たくさんあること。

ウ(　　)教えてくれること。

6 [124] 武《む》者ぶるいが出る。

ア(　　)こわくてふるえること。

イ(　　)寒くてふるえること。

ウ(　　)こうふんしてふるえること。

7 [126] 竜《りゅう》ににらまれて、こしをぬかす。

ア(　　)おどろいて立てなくなる。

イ(　　)うれしくて、とびはねる。

ウ(　　)ばれないようにこそこそする。

8 [132] 妹は、たいへん気だてがよい。

ア(　　)外見。

イ(　　)品かく。

ウ(　　)せいかく。

ものしりメモ　木下順二《きのしたじゅんじ》さんは、げきのきゃくほんを書くげき作家で、「夕鶴《ゆうづる》」という作品が有名だよ。昔話の「つるのおん返し」をもとにして書かれた作品なんだ。

練習のワーク１

人形げき 木竜《もくりゅう》うるし

SDGs

教科書 ㊦116〜141ページ

答え 24ページ

できるナビ
●きこりの権八《ごんぱち》と藤六《とうろく》のやりとりに注目して、二人のせいかくのちがいを読み取ろう。

勉強した日 月 日

おわったらシールをはろう

※ 次のきゃくほんを読んで、問題に答えましょう。

権八《ごんぱち》 （やがて）こら 藤六《とうろく》。

藤六 あいよ。（ズイコズイコ。）

権八 おめえののこぎりをかせ。おらのはちっとも切れん。

藤六 あいよ。（すぐ取りかえてやる。）

二人、しばらく切っている。

権八 （また手をやめて）やい 藤六。

藤六 あいよ。（ズイコズイコ。）

権八 おらの切ったえだも、みんなおめえがしょって山を下りるだぞ。

藤六 なんでや？

権八 おめえののこぎりで切ったえだだ。みんなおめえが運ぶのがあたりまえでないか。

藤六 ああ、そうか。うん、よし。（ズイコズイコ。）

二人、しばらく切っている。

藤六 （切りながら）このののこぎりは切れんのう。おら

⬅

1 権八は、藤六にいろいろなことを言いつけていますが、それぞれどんな理由をつけていますか。次の□に合う言葉を書きましょう。

権八のせりふを前から順に整理してみよう。

① 「おめえののこぎりをかせ。」
↓
理由 権八ののこぎりはちっとも□□□□から。

② 「おらの切ったえだも、みんな おめえがしょって山を下りるだぞ。」
↓
理由 藤六ののこぎりで切ったものは、藤六が□□のがあたりまえだから。

③ 「おらの分も切ってくれ。」
↓
理由 藤六が、□□□ののこぎりを持っているから。

⬅

言葉の意味プラス
22行 なまける…やるべきことをしないでいる。 25行 しまった…失敗したときに出る言葉。

がこんばん目立てをしてやろう。

権八　（手をやめて）やい、藤六、おめえ、こんな切れるのこぎり持っとるなら、おらの分も切ってくれ。

藤六　そうだなあ。おめえののこぎりゃ、こら　だめだ。□

権八　きっと切るだぞ。なまけたらしょうちせんぞ。（ボチャン。）

藤六　あっ。

権八　やあしまった。

二人、木をおりてふちをのぞきこむ。

藤六　深くて見えんわ。

権八　はよう入って取ってこんか。

藤六　うん、けど、こらあ、昔からだれも入ったことのないふちだ。おら、おそろしいわ。

権八　おそろしいなんて言うとるときか。おめえののこぎりでないか。

藤六　うん……おめえ、いっしょに入ってくれんか。

権八　ばか言え。自分のものは自分でさがすがあたりまえだ。さあ、はよう入らんか。

藤六　うん、ま、そらそうだけど……。

〈木下《きのした》 順二《じゅんじ》「人形げき　木竜《もくりゅう》うるし」による〉

2　□に合う言葉はどれですか。一つに○をつけましょう。

ここまでの藤六は、どんなふうに権八に答えていたかな？

ア（　）でも、おら、いやだ。

イ（　）おめえは、なまけもんだなあ。

ウ（　）よし、そんならよこせ。

3　「ボチャン。」とありますが、なんの音ですか。

権八が藤六に「自分のものは自分でさがすがあたりまえだ」と言っているね。

だれ（　　　）の　何（　　　）が　どうした（　　　）音。

4　よく出る　権八と藤六は、どんな人物ですか。合うものを下から選んで、•―•で結びましょう。

権八　•

藤六　•

• ア　他人をうたがわず、そん得《とく》を考えないで、人のために働く、やさしい人物。

• イ　自分にはきびしく、他人にはやさしくして、せきにんある行動をする人物。

• ウ　めんどうなことは他人におしつけて、自分は、楽していい思いをしようとする人物。

ものしりメモ　日本や中国《ちゅうごく》の竜《りゅう》は、ヘビのように体が長いけれど、西洋の竜は、きょうりゅうのような形で、せなかにつばさがついているものが多いよ。同じ竜でもずいぶんちがうんだね。

練習のワーク2

人形げき　木竜《もくりゅう》うるし　SDGs

教科書　下116～141ページ
答え　24ページ

できるナビ
権八《ごんぱち》と藤六《とうろく》が、それぞれ何におどろいているのかを読み取ろう。

勉強した日　月　日

おわったらシールをはろう

❖ 次のきゃくほんを読んで、問題に答えましょう。

（権八《ごんぱち》は、ふちの底のうるしをひとりじめしようとして、ふちに木の竜《りゅう》をしずめ、藤六《とうろく》をおどろかせようとしています。）

藤六　スポンと藤六が水の中からとび上がる。
だ、だいじゃだあ。だいじゃがおったあ。ふちの底にだいじゃがねとったあ。（とんで　にげていってしまう。）

権八　あっはっは。あっはっはっは。おうい　藤六よ、だいじゃではない、竜だぞよ。だいじゃよりもおそろしい竜だぞよう。あっはっは。どうれ、それでは　おら様が仕事にかかるか。……はて、ぶるぶるふるえてきたぞ。あんまりの大金もうけだで武《む》者ぶるいが出たか。ええい、権八、しっかりやれ。（ドブン。ブクブクブクブク。）

1 「あっはっは。あっはっはっは。」とありますが、権八は、なぜ笑っているのですか。

藤六が、（　　　）を（　　　）だと思いこんでにげてしまったから。

2 「仕事にかかる」とありますが、ここでの「仕事」とは、どんなことですか。

このあと、権八はふちにとびこんでいるね。

ア（　）木のえだを切ること。
イ（　）藤六に本当のことを話すこと。
ウ（　）ふちの底のうるしを取ること。

3 「ぶるぶるふるえてきた」のは、なぜですか。一つに○をつけましょう。

ア（　）木の竜が生きている気がして、こわくなったから。
イ（　）うるしをひとりじめするので、わくわくしてきたから。
ウ（　）日がしずんで、辺りが寒くなってきたから。

「武者ぶるい」は、どんなときにするのかな？

言葉の意味プラス
2行　だいじゃ…大きなヘビ。

しばらくそのまま。

ピーチクピーチク。

藤六がおそるおそるもどってくる。

藤六　（こわごわふちをのぞきこんで）はて権八はどうしたかいな。おらあんまりこわさににげ出したが、権八一人残しといては気のどくだ。何も知らんでもぐったんではあるまいかな。おうい、権八よう。

スポンと権八がとび上がる。

藤六　わっ。（びっくりして大木のかげに転げこむ。）

権八　［1］た、た、大変だ。りゅ、竜が生きとったあ。大きな口を開けておらをにらんだあ。こ、こらどうしたこっちゃ。わあい。

藤六　［2］権八よ。ご、権八よ。

権八　［3］やっ、藤六。た、大変だ。

藤六　おったろが？

権八　おったあ。不思議だあ。

藤六　ど、どうする。む、村中に知らせるか？

権八　不思議だあ。あの竜が、おらをにらんでわあんと口を……。

藤六　わあい。（こしをぬかす。）

権八　わあい。（こしをぬかす。）

〈木下《きのした》 順二《じゅんじ》「人形げき　木竜《もくりゅう》うるし」による〉

4　「藤六がおそるおそるもどってくる。」とありますが、藤六は、なぜもどってきたのですか。

書いてみよう！

（　　　　　　　　　　）と思ったから。

5　次の文は、文章中の［1］～［3］のどこに入りますか。1～3の番号で答えましょう。

（大木からそうっと顔を出す。）　（　　）

6　よく出る！　権八と藤六は、こしをぬかしてしまいましたが、二人はどうしておどろいたのですか。下から選んで、・——・で結びましょう。

権八　・　　　・**ア**　竜のせいで、うるしがすっかりなくなってしまったから。

藤六　・　　　・**イ**　思いがけないところに、竜がとつぜんあらわれたから。

　　　　　　　・**ウ**　木で作ったはずの竜が、生きていたから。

権八が、藤六にないしょで、木の竜をふちにしずめたという点に注目しよう。

ものしりメモ　うるしは、とてもかぶれやすいんだ。ちょっとさわっただけでもかゆくて大変。だから、昔の人は悪を近づけないようにという意味で、うるしを魔《ま》よけに使ったんだって。

まとめのテスト

人形げき 木竜《もくりゅう》うるし

SDGs

教科書 下 116〜141ページ

答え 25ページ

時間 20分

とく点 /100点

おわったら シールを はろう

勉強した日 月 日

次のきゃくほんを読んで、問題に答えましょう。

権八《ごんぱち》　わあっ、ほれ、動いた。

藤六《とうろく》　なんの、あら 水のかげんでゆらゆら見えるだ。ほれ。（竜《りゅう》の所へ来て頭をたたいてみせる。）ほれ、まちがいなしの木の竜だ。

権八　（遠くから） そうか？ ……わっ、おらをにらんだ。

藤六　水のかげんだちゅうに。（目をなでる。）

権八　だいじょうぶか？ おい。

藤六　だいじょうぶだ。さわってみい。（権八の手を引っぱってさわらせる。）

権八　な、なるほど。うん、うんうん。こらやっぱり木の竜だ。木竜だ。

藤六　だろが？ けど、さっきは おらも おったま

藤六　なんでや？

権八　（考えて） よし、村のもんを連れてこう。

藤六　そうか。よろこぶぞう、みんな。

権八　うん、一人残らず連れてこう。

〈木下《きのした》 順二《じゅんじ》「人形げき 木竜《もくりゅう》うるし」による〉

1 よく出る 「まちがいなしの木の竜」なのに、なぜ動いたように見えたのですか。 一つ5〔10点〕

□□□□□□ で □□□□ 見えるから。

2 権八はなぜ「遠くから」見ているのですか。〔10点〕

ア（　）竜が生きているかもしれないと思っているから。

イ（　）藤六が速すぎて、追いつけなかったから。

ウ（　）遠くから見たほうが、本物を見分けやすいから。

3 チャレンジ □にはどんな言葉が入りますか。〔10点〕

□□□□□□

言葉の意味プラス

2行 かげん…じょうたい。具合。 16行 おったまげた…とてもおどろいた。

18行 よっぽど…もっとずっと。 33行 おまんま…ごはん。

権八　げたぞ。おらのほうがよっぽど［　　　　］だ。ふうん、やっぱり木竜かあ。（全身をなで回す。――はなれてみて）なあるほど、水がゆれるとゆらゆらっと見えるわ。ああ安心した。……さっきはほんまに生きとると思うたが……やっぱり悪いことをしとると、気のせいでいろんなふうに見えるもんだ。

藤六　安心したろが？　さあ行こう。

権八　けど、安心してみると、やっぱりうるしが気にかかるわ。藤六よ、こら　どうするだ？

藤六　そうだなあ。村中みんなで取りに来るか。

権八　どうだ藤六、おらと二人で山分けせんか。

藤六　おら、こんなたくさん、こまるわ。それより、村のもん、連れてこう。

権八　……

藤六　おら、ばあ様と二人ぎりだで、今のままのきこりだけでけっこうおまんま食えるだでな。

権八　……

藤六　けど、おらどうでもええ。おめえがほしけりゃ、一人で取るさ。なら、おら帰るでよ。

権八　（考えていたが）藤六よ。

藤六　ん？

権八　おめえは気だてのええやつだなあ。

---

4 「こら　どうするだ？」とありますが、この時、うるしをどうしようと考えましたか。権八と藤六は、こ　一つ10〔20点〕

権八（　　　　）

藤六（　　　　）

5 よく出る 「おら、こんなたくさん、こまるわ。」から、藤六のどんなせいかくがわかりますか。〔15点〕

ア（　）決だん力がない。

イ（　）よくがない。

ウ（　）思いやりがない。

6 よく出る 「……」とありますが、この時の権八の様子に合わないもの一つに、○をつけましょう。〔15点〕

ア（　）藤六の案をすんなり受け入れられずにいる。

イ（　）藤六の考えにとまどい、考えこんでいる。

ウ（　）藤六の気だてのよさに、はらを立てている。

7 権八が、「よし、村のもんを連れてこう。」と考えを変えたのは、なぜですか。考えて書きましょう。〔20点〕

書いてみよう！

（　　　　）

ものしりメモ　人形げきに使う人形はあやつり人形といって、糸であやつるマリオネット、手を入れてあやつるパペット、ぼうのついた人形などがあるよ。日本の伝統《とう》芸能《のう》の文楽《ぶんらく》も人形げきの一つだね。

まとめのテスト 「百人一首《ひゃくにんいっしゅ》」を読もう

教科書 ㊦144～145ページ
答え 26ページ
勉強した日　月　日
時間15分
とく点　/100点
おわったらシールをはろう

1 「『百人一首《ひゃくにんいっしゅ》』を読もう」を読んで、問題に答えましょう。

1 「百人一首」について、まとめましょう。 一つ10〔20点〕

「百人一首」は（　　）人の歌人《かじん》の歌を（　　）首ずつ選《えら》んでまとめたもので、ふつう、今から八百年ほど前に藤原《ふじわらのさだいえ》 定家によって選ばれた「小倉《おぐら》百人一首」をさす。

チャレンジ！

2 次の（　）に合う言葉を、［　］から選んで書きましょう。 一つ10〔30点〕

①（　　）

秋風に
たなびく雲の
たえまより
もれいずる月の
かげのさやけさ

②（　　）

もれいずる
つきのかげ
のさやけさ

③（　　）の句《く》

［読み札《ふだ》　取り札　上《かみ》　下《しも》］

2 次の歌を読んで、問題に答えましょう。

あ　源《みなもとのつねのぶ》　経信

夕されば
門田《かどた》の稲葉《いなば》
おとずれて
あしのまろやに
秋風ぞふく

夕されば…夕方になると。
門田…家の前の田んぼ。
おとずれて…音をたてて。
あしのまろや…そまつな家。

い　平《たいらのかねもり》　兼盛

しのぶれど
色にいでにけり
わがこいは
ものや思うと
人の問うまで

しのぶれど…思いをかくしているけれど。
色…顔色。
ものや思う…「何かもの思いしているのですか」と。
～まで…～ほど。

1 歌の「下の句」を書き出しましょう。 一つ10〔20点〕

あ（　　）
い（　　）

2 何をよんだ歌ですか。ア～ウの記号で答えましょう。 一つ15〔30点〕

あ（　　）　い（　　）

ア　人をこいしく思う気持ちをよんだ歌。
イ　旅立つ前の気持ちをよんだ歌。
ウ　季節《きせつ》の景色《けしき》をよんだ歌。

6年

実力アップ
漢字練習ノート

特別ふろく

教科書の順に練習できる！

教育出版版
完全準拠

年　　組　　名前

「漢字練習ノート」はとりはずして使用できます。

もくじ

漢字練習ノート…………教育出版版 国語6年

この本の使い方

- 教科書に出てくる漢字を、単元ごとに練習しましょう。
- ６年生で学習する漢字191字を、全て出題しています。
- 全ての漢字を、正しく書けるようになれば、合格です。

あの坂をのぼれば
言葉の文化①　春はあけぼの

/20問

第1回

★ □に漢字を書きましょう。〔　〕には、漢字とひらがなを書きましょう。（☆は、新しい漢字の別の読み方です。）

あの坂をのぼれば

① □□《せすじ》にあせをかく。

② 〔　　〕《おさない》ころに聞いた話。

③ うちの□《うら》の山。

④ 気力を〔　　〕《ふるい》起こす。

⑤ □□《じしゃく》が北をさす。

⑥☆ 物語の□□《はいけい》。

⑦☆ 兄と□《せい》比べをする。

⑧☆ うでの□□《きんにく》。

⑨☆ かぶとむしの□□《ようちゅう》。

⑩☆ 接戦に□□《こうふん》する。

言葉の文化①

⑪ 雨が〔　　〕《ふる》。

⑫ 秋は夕〔　　〕《ぐれ》がいい。

⑬ 火鉢《ばち》に□《はい》が多くなる。

⑭ 霜《しも》が〔　　〕《おりる》。

⑮ 昼になると〔　　〕《あたたかい》。

⑯ □《わたし》の枕草子《まくらのそうし》。

⑰☆ □□□《こうすいりょう》を調べる。

⑱☆ □□《かんだん》の差がある。

⑲☆ □□《してつ》を利用する。

⑳☆ □《わたくし》の考え。

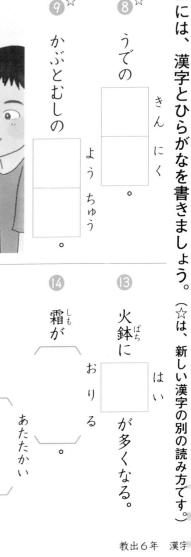

言葉の広場①　主語と述語の対応をかくにんしよう
漢字の広場①　三字以上の熟語の構成　(1)

第2回　/20問

☆ □に漢字を書きましょう。〔　〕には、漢字とひらがなを書きましょう。（☆は、新しい漢字の別のよみ方です。）

言葉の広場①

1 □□《しょうらい》の夢。

漢字の広場①　(1)

2 □□《じゅくご》の構成。

3 一字の語が〔　　〕《ならぶ》。

4 □□□《しょもんだい》を考える。

5 □□□《ききんぞく》の流通。

6 □□□《ぼうじしゃく》を使う。

7 ピアノの□□□《えんそうかい》。

8 □□□《でんしゃちん》をもらう。

9 若《わか》い□《そう》に人気がある。

10 □□□□《じこしゅちょう》。

11 □□□□《いっしんいったい》。

12 資料を□□《じゅくどく》する。

13 □□《きちょう》な経験。

14 □□《てつぼう》の練習をする。

15 みんなで□□《がっそう》する。

16 □□《やちん》をはらう。

17 大昔の□□《ちそう》。

18 スポーツ選手の□□《いんたい》。

19☆ □□□《なみきみち》を歩く。

20☆ 一歩〔　　〕《しりぞく》。

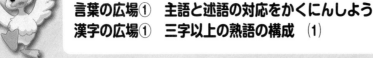

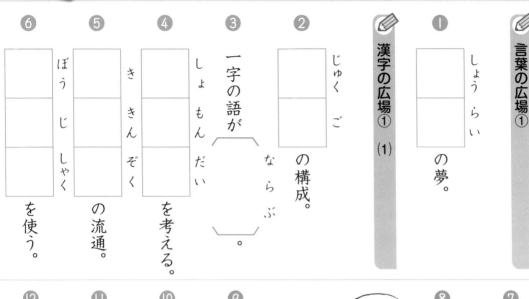

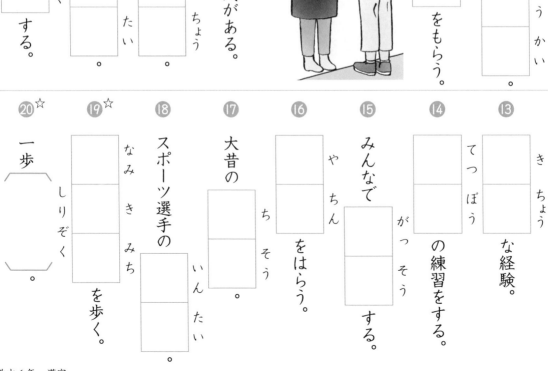

漢字の広場①　三字以上の熟語の構成　(2)

/19問

第3回

☆ □に漢字を書きましょう。〔　〕には、漢字とひらがなを書きましょう。（☆は、新しい漢字の別の読み方です。）

1 □□□《ゆうびんぶつ》が届《とど》く。

2 □□□□《せかいいさん》。

3 下水□□《しょり》場。

4 □□《じょうき》機関車に乗る。

5 □□《たいさく》をとる。

6 □□□《だいこんらん》を招く。

7 □□□《だいきぼ》な工事。

8 □□□《にゅうじょうけん》をわたす。

9 手紙を□□《ゆうそう》する。

10 □□《いひん》を整理する。

11 古い本を□□《しょぶん》する。

12 水が□□《じょうはつ》する。

13 国の□□《せいさく》。

14 □□《せんらん》の世の中。

15 □□《らんぼう》な言葉づかい。

16 □□□《かいすうけん》を買う。

17☆ 列が〔　　〕《みだれる》。

18☆ □□《もけい》を作る。

19☆ 水玉□□《もよう》の服。

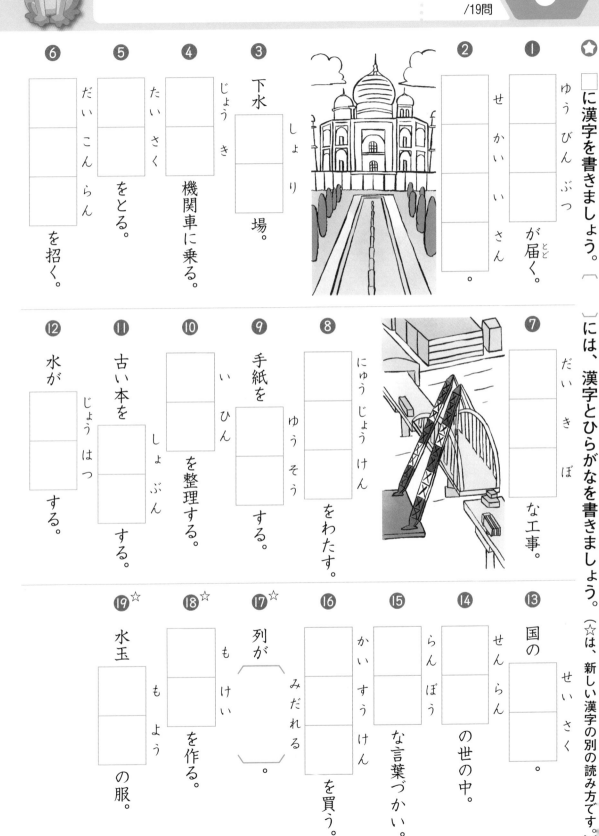

漢字の広場①　五年生で学んだ漢字①

/20問　第4回

☆ □に漢字を書きましょう。〔　〕には、漢字とひらがなを書きましょう。

① 始まりを〔　　〕《つげる》。

② □□《じむ》の職員。

③ 仕事を〔　　〕《まかす》。

④ □□《ようけん》を伝える。

⑤ □《がく》に入れられた絵画。

⑥ 新商品は□□《こうひょう》だ。

⑦ 作品を□□《ぜっさん》する。

⑧ 席を□□《いどう》する。

⑨ □□《どうぞう》が建つ。

⑩ □□□《ろうがんきょう》をかける。

⑪ 職員が□□《ふざい》だ。

⑫ □□□《さっぷうけい》な部屋。

⑬ 電車が□□《つうか》する。

⑭ □□《せいふく》を着る。

⑮ □□《ひじょう》ベルが鳴る。

⑯ □《ぬの》をかぶせる。

⑰ □□《ぼうさい》訓練をする。

⑱ 何を食べるか〔　　〕《まよう》。

⑲ やわらかい□□《そざい》。

⑳ □□《ちしき》が豊富だ。

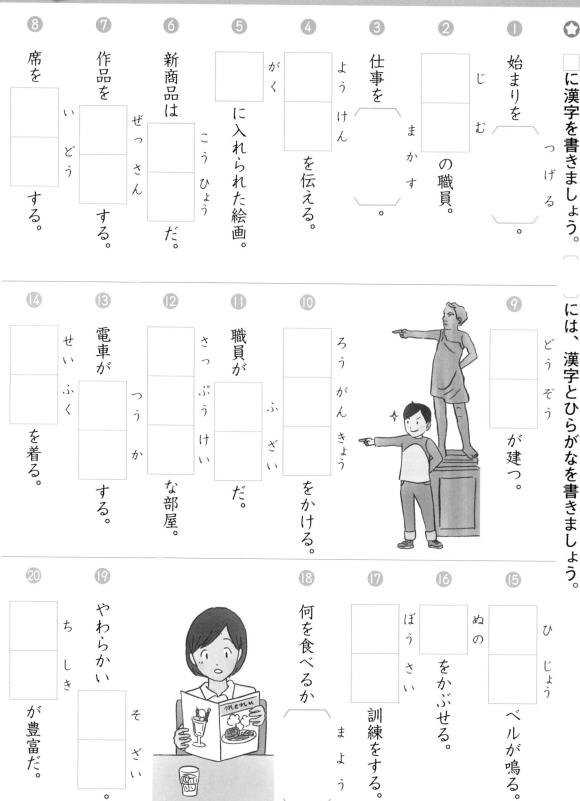

アイスは暑いほどおいしい？ ——グラフの読み取り
雪は新しいエネルギー ——未来へつなぐエネルギー社会 (1)

/20問　第5回

☆ □に漢字を書きましょう。〔　〕には、漢字とひらがなを書きましょう。（☆は、新しい漢字の別の読みかたです。）

アイスは暑いほどおいしい？ ——グラフの読み取り

① □□□《たてほうこう》の目もり。

②☆ 本州を□□《じゅうだん》する。

雪は新しいエネルギー ——未来へつなぐエネルギー社会 (1)

③ □□《いじょう》気象が起こる。

④ 水没《ぼっ》の□□《きき》がせまる。

⑤ やっかいな□□《そんざい》。

⑥ 道路の□□《じょせつ》。

⑦ □□□《れいぞうこ》に入れる。

⑧ 野菜を□□《ほぞん》する。

⑨ でんぷん質が□《とう》に変わる。

⑩ 雪国の多くの□□《ちいき》。

⑪ 名前で〔　　〕《よぶ》。

⑫ □□《しゅのう》会議が開かれる。

⑬ エネルギーの約□□《さんわり》。

⑭ □□《きけん》をさける。

⑮ 米を□□《ちょぞう》する。

⑯☆ □《こと》なる意見を言う。

⑰☆ 〔　　〕《あぶない》場所。

⑱☆ ごみを取り〔　　〕《のぞく》。

⑲☆ 名前を□□《れんこ》する。

⑳☆ 皿が〔　　〕《われる》。

雪は新しいエネルギー ――未来へつなぐエネルギー社会 (2)

/22問　第6回

☆ □に漢字を書きましょう。〔　〕には、漢字とひらがなを書きましょう。（☆は、新しい漢字の別の読み方です。）

1. 大量の雪を〔　〕《すてる》。
2. 別の分野に□□《かくだい》する。
3. 安全□□《せんげん》を出す。
4. □□《きょうど》料理を作る。
5. □□《ほじょ》業務を行う。
6. □□□□《てんのうへいか》。
7. □□□□《こうごうへいか》。
8. □□《とうしゅ》会談が行われる。

9. □□《たんじゅん》明快な解説。
10. □□□□《さんけんぶんりつ》。
11. □□《こうこう》息子《むすこ》。
12. 〔　〕《きびしい》状況《きょう》。
13. □《きず》の手当てをする。
14. 新商品を□□《せんでん》する。

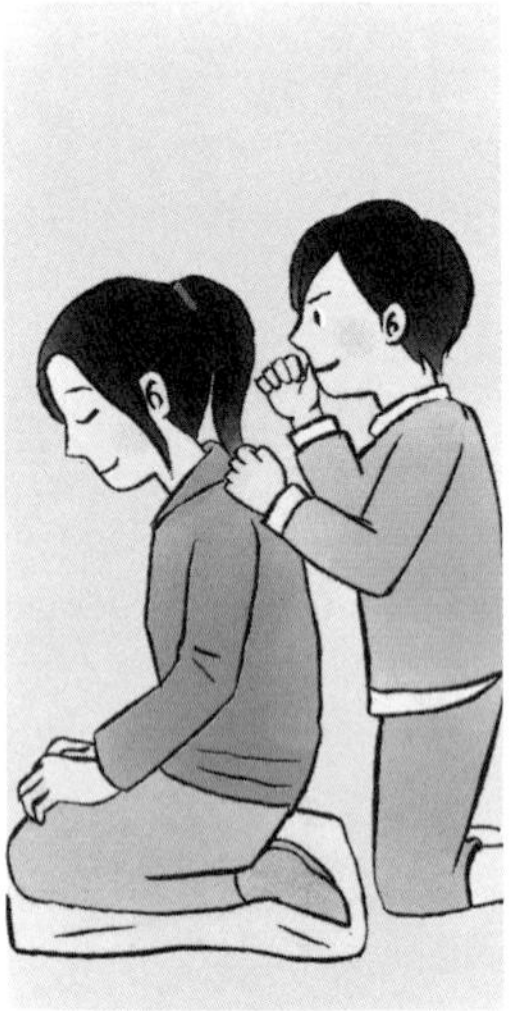

15. □□《きょうり》に帰る。
16. □□□《りっこうほ》する。
17. □□《せいとう》を支持する。
18. □□《けんり》を主張する。
19. ☆ □□□□《ししゃごにゅう》。
20. ☆ 栄養を〔　〕《おぎなう》。
21. ☆ 時間を□□《げんしゅ》する。
22. ☆ 事故で□□《ふしょう》する。

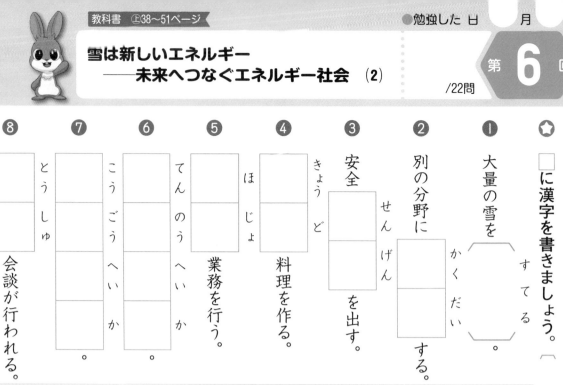

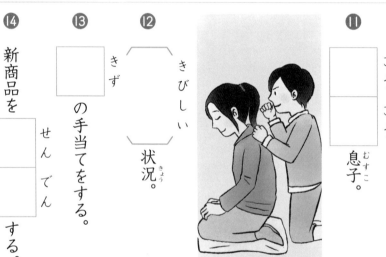

パネルディスカッション ——地域の防災
言葉の文化②　雨

/19問

第7回

□に漢字を書きましょう。〔　〕には、漢字とひらがなを書きましょう。（☆は、新しい漢字の別の読み方です。）

パネルディスカッション ——地域の防災

① 一つの□□《ろんだい》。

② 三人以上で□□《とうろん》する。

③ 避《ひ》□《なん》訓練を充《じゅう》実させる。

④ □□《かんけつ》に答える。

⑤ □□《けつろん》を述べる。

⑥ 会議で□□《けんとう》する。

⑦ □□《さいなん》にあう。

⑧ □□《なんかい》な文章。

⑨ □□《かんたん》な言葉。

⑩☆ 〔　〕《むずかしい》問題。

言葉の文化②

⑪ □□《はいく》をよむ。

⑫ 雨〔　〕《だれ》石をうがつ

⑬ 「梅雨《つゆ》」の□□《ごげん》。

⑭ □□《はいじん》、松尾芭蕉《まつおばしょう》。

⑮ つり糸を〔　〕《たらす》。

⑯ □□《しげん》を大切にする。

⑰ □□《でんげん》を切る。

⑱☆ 線が□□《すいちょく》に交わる。

⑲☆ 元気の□《みなもと》。

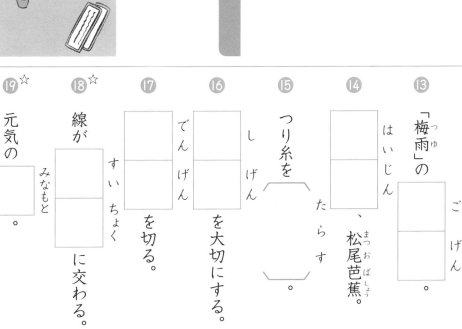

漢字の広場②　複数の意味をもつ漢字

第8回

/22問

☆ □に漢字を書きましょう。〔　〕には、漢字とひらがなを書きましょう。（☆は、新しい漢字の別の読み方です。）

① 大きな象の□《すがた》。

② □□□《はりしごと》をする。

③ □□《うんしん》の練習。

④ □□□《しんようじゅ》の林。

⑤ 荷物を〔　〕《あずける》。

⑥ □□□《けいさつしょ》の建物。

⑦ 会社に□□《きんむ》する。

⑧ □□《われわれ》の暮らし。

⑨ 機械を□□《そうさ》する。

⑩ 紙の束を□□《さいだん》する。

⑪ □□《りんじ》列車に乗る。

⑫ □□《はりがね》を曲げる。

⑬ 庭に□□《じゅもく》を植える。

⑭ □□《けいこく》を無視《し》する。

⑮ □□《しょめい》を集める。

⑯ 電車で□□《つうきん》する。

⑰ 飛行機を□□《そうじゅう》する。

⑱ □□□《さいばんしょ》で働く。

⑲☆ □□《しせい》を正す。

⑳☆ 銀行に□□《よきん》する。

㉑☆ 空港に〔　〕《つとめる》。

㉒☆ 法に従《したが》って〔　〕《さばく》。

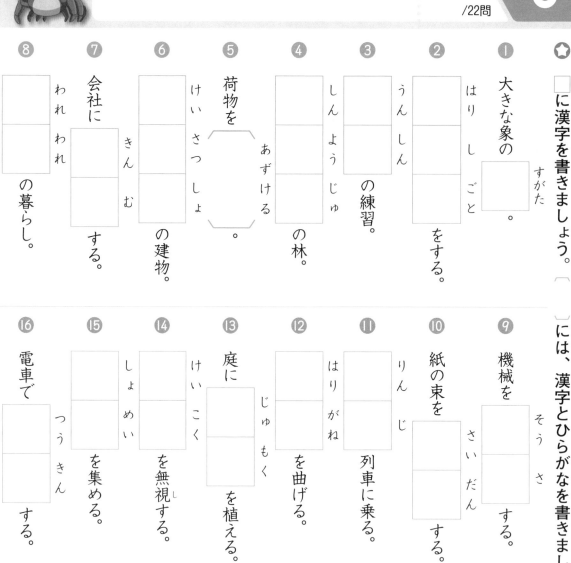

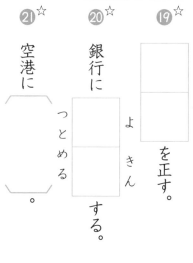

漢字の広場②　五年生で学んだ漢字②

第9回

/22問

☆ □に漢字を書きましょう。〔　〕には、漢字とひらがなを書きましょう。

① 書類を□□《ていしゅつ》する。

② 車の□□□《せっけいず》。

③ 六年生の身長の□□《へいきん》。

④ 背の高さを〔　〕《くらべる》。

⑤ □□《こうりつ》のよい方法。

⑥ 身体□□《そくてい》を行う。

⑦ 潔白を□□《しょうめい》する。

⑧ 館内の□□《りゃくず》。

⑨ □□《しりょう》をまとめる。

⑩ おかずが〔　〕《あまる》。

⑪ 本を□□《はそん》する。

⑫ 機械の□□《こうぞう》を知る。

⑬ 外国と□□《ぼうえき》をする。

⑭ □□《りえき》を追求する。

⑮ 新しい□□《せいひん》を売る。

⑯ 水質を□□《けんさ》する。

⑰ □□《きそく》を守る。

⑱ プラスチックの□□《ようき》。

⑲ ストーブの□□《ねんりょう》。

⑳ □□《じったい》を調べる。

㉑ 人口が□□《げんしょう》する。

㉒ 絵の具を〔　〕《まぜる》。

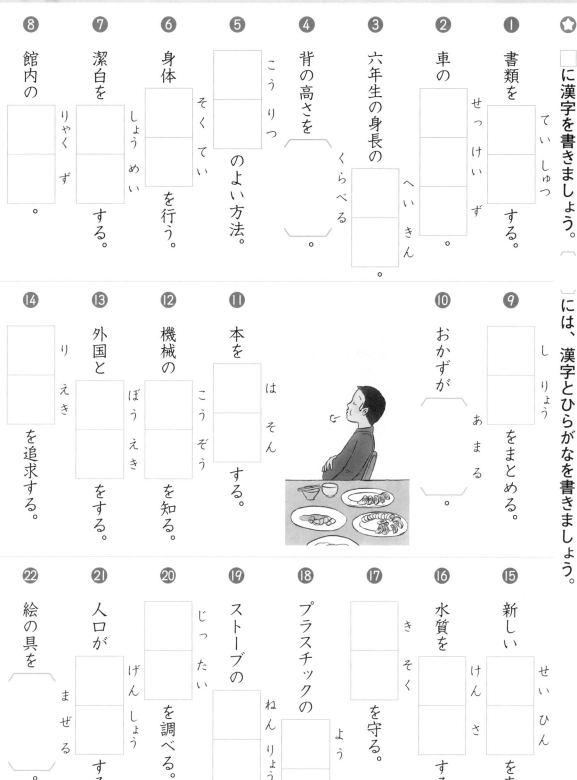

川とノリオ (1)

第10回

/20問

☆ □に漢字を書きましょう。〔　〕には、漢字とひらがなを書きましょう。

① 〔　〕《わかい》やなぎの芽。

② よごれ物を〔　〕《あらう》。

③ 黒目に〔　〕《うつる》。

④ □□□《かたいっぽう》のげた。

⑤ 周囲を取り〔　〕《まく》。

⑥ 川辺の□《すな》。

⑦ □□《あなぐら》に入る。

⑧ 母を〔　〕《さがす》。

⑨ 幾《いく》□《ばん》も燃え続ける。

⑩ やぎに〔　〕《ほし》草をやる。

⑪ 目玉に青い空を〔　〕《うつす》。

⑫ □□《わかば》の緑。

⑬ ズボンに□《あな》が空く。

⑭ □□《まいばん》歯をみがく。

（☆は、新しい漢字の別の読みかたです。）

⑮☆ □□《せんがん》をする。

⑯☆ □□《えいが》を見る。

⑰☆ □□《かんまつ》の付録。

⑱☆ 古い物語の□□《えまき》。

⑲☆ 磁石で□□《さてつ》を集める。

⑳☆ 城下町を□□《たんけん》する。

川とノリオ (2)
読書の広場①　地域の施《し》設を活用しよう

/18問　第11回

☆ □に漢字を書きましょう。〔　〕には、漢字とひらがなを書きましょう。（☆は、新しい漢字の別の読み方です。）

川とノリオ (2)

1 □□《こくう》のころの畑。

2 夏《げ》□《し》の日になる。

3 □《おん》に着る。

4 □《した》を巻く。

5 的を〔　〕《いる》。

6 □《ざ》がしらける。

7 □《よく》に目がくらむ。

8 □□《こくもつ》を輸入する。

9 □□《しきゅう》呼び出される。

10 父の高校時代の□□《おんし》。

11 ぼくはねこ□《じた》だ。

12 列車の□□《ざせき》。

13 □□《しょくよく》がある。

14☆ 目的地に〔　〕《いたる》道のり。

15☆ 光が水面に□□《はんしゃ》する。

読書の広場①

16 手紙を〔　〕《とどける》。

17 施《し》設を〔　〕《たずねる》。

18☆ 外国を□□《ほうもん》する。

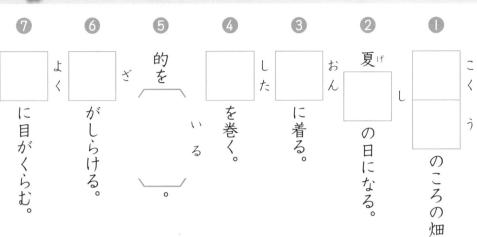

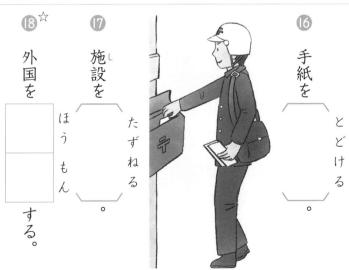

聞かせて！「とっておき」の話
言葉の文化③「知恵《え》の言葉」を集めよう／あなたは作家
言葉の広場③ なぜ、わかり合えなかったのかな？

/14問

第12回

☆ □に漢字を書きましょう。〔　〕には、漢字とひらがなを書きましょう。（☆は、新しい漢字の別の読み方です。）

聞かせて！「とっておき」の話

1 □□《さんぱん》に分かれる。

言葉の文化③

2 〔　　〕《いたみ》をやわらげる。

3 〔　　〕《いたい》の飛んで行け。

4☆ □□《ずつう》がする。

あなたは作家

5 いろいろな□□《ふくそう》。

6 読者の□□《してん》を加える。

7 □□□《うちゅうせん》が飛ぶ。

8 容器□□《ほうそう》を減らす。

9 発電のための□□《そうち》。

言葉の広場③

10 □□《しりょく》検査をする。

11 □《ちゅう》返りをする。

12 □□《ごかい》が生まれる。

13 □□《ごじ》を正す。

14☆ 計算を〔　　〕《あやまる》。

漢字の広場③　熟語の使い分け 五年生で学んだ漢字③

/20問

第13回

☆ □に漢字をかきましょう。〔　〕には、漢字とひらがなをかきましょう。（☆は、新しい漢字の別の読み方です。）

漢字の広場③

1 資料を□□《かいしゅう》する。

2 本の□□《さっすう》を調べる。

3 気持ちを□□《すいそく》する。

4 目的のための□□《しゅだん》。

5 □□《すいり》小説を読む。

6 □□《かいだん》を上る。

7☆ たなに本を〔　　〕《おさめる》。

漢字の広場③　五年生で学んだ漢字③

8 本が□□《しゅっぱん》される。

9 買い物の□□□《りょうしゅうしょ》。

10 ガーゼを□□《しょうどく》する。

11 部屋を□□《せいけつ》にする。

12 〔　　〕《まずしい》主人公。

13 試合に勝って〔　　〕《よろこぶ》。

14 □□《げんいん》と結果。

15 □□□《しょうたいじょう》を送る。

16 先生の□□《こうぎ》を聞く。

17 店は□□□《えいぎょうちゅう》だ。

18 □□《しゅっぴ》がかさむ。

19 不〔　　〕《なれ》な仕事。

20 兄と〔　　〕《にた》服装。

きつねの窓 (1)

第14回 /20問

☆ □に漢字を書きましょう。〔　〕には、漢字とひらがなを書きましょう。（☆は、新しい漢字の別の読み方です。）

1 □《まど》ガラスに映る。

2 〔　　〕《そめ》物の店。

3 店の□□《かんばん》。

4 □《むね》のおくからこみ上げる。

5 □□《りっぱ》なテーブル。

6 素《す》□《てき》な色。

7 青に〔　　〕《そまる》。

8 □《はら》が立つ。

9 すっかり□□《かんげき》する。

10 お金が□□《いっせん》もない。

11 役場の□□《まどぐち》。

12 □□□《かんごし》を目指す。

13 □□□《はしゅつじょ》の警官。

14 □□□□《ゆだんたいてき》。

15 □□《きゅうげき》な変化。

16 □□《せんとう》へ入浴に行く。

17☆ □□《しゃそう》から見える景色。

18☆ □□《どきょう》がある。

19☆ □□《まんぷく》になる。

20☆ 〔　　〕《はげしい》風がふく。

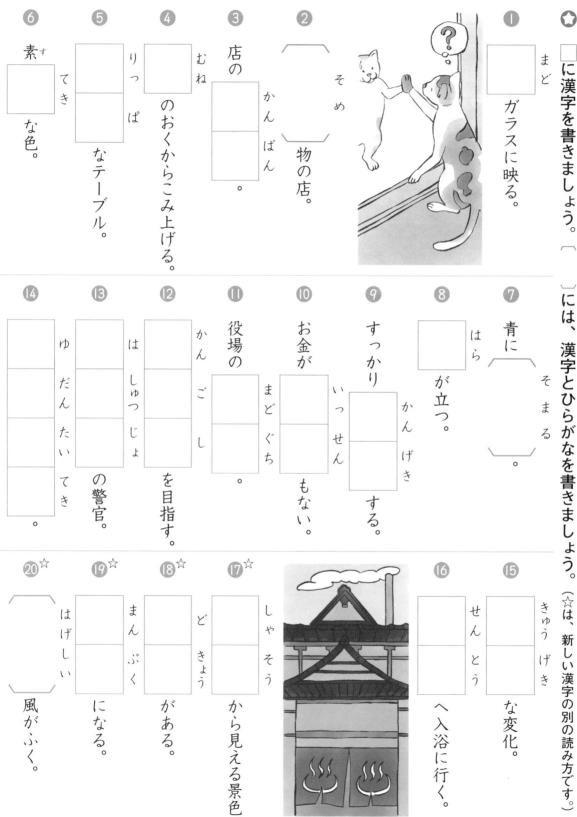

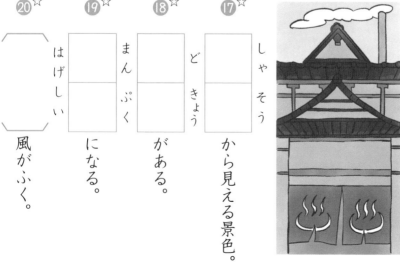

きつねの窓 (2)

第15回　/20問

☆ □に漢字を書きましょう。〔　〕には、漢字とひらがなを書きましょう。（☆は、新しい漢字の別の読み方です。）

1 〔　〕《こまる》ことがある。

2 食べるのを〔　〕《わすれる》。

3 美しい□□□《きぬおりもの》。

4 □□《こめだわら》を持ち上げる。

5 □□《かぶぬし》の権利。

6 □《ほね》休めをする。

7 □□《ようさん》がさかんだ。

8 地下鉄の□□《えんせん》。

9 先生のお□《たく》にうかがう。

10 〔　〕《わすれ》ものを届ける。

11 □□《きぬいと》でししゅうする。

12 □《たわら》の形のおにぎり。

13 □□□□《かぶしきがいしゃ》。

14 太平洋《たいへいよう》の□□《えんがん》。

15 □□《じゅうたく》が立ち並ぶ。

16☆ 完成は□□《こんなん》だ。

17☆ 力士が□□《どひょう》に上がる。

18☆ 転んで□□《こっせつ》する。

19☆ □《かいこ》のまゆ。

20☆ 川〔　〕《ぞい》を歩く。

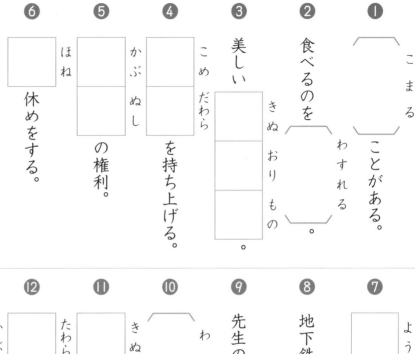

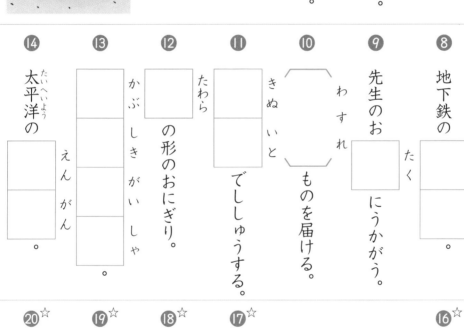

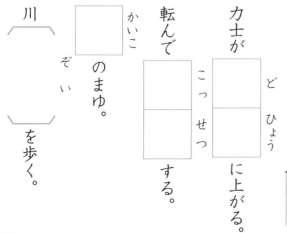

十二歳《さい》の主張
漢字の広場④　音《おん》を表す部分　(1)

/18問

第16回

☆ □に漢字を書きましょう。〔　〕には、漢字とひらがなを書きましょう。（☆は、新しい漢字の別の読み方です。）

十二歳《さい》の主張

① ［ぎもん］に感じる。

② ［かいぜん］したいこと。

③ ［せんもんか］の意見。

④ ［ないかくふ］の調査。

⑤ ［しつぎ］応答を行う。

⑥ ［ぜんりょう］な市民。

⑦ 自分［せんよう］のゲーム機。

⑧ 大臣として［にゅうかく］する。

⑨☆ 情報を〔うたがう〕。

⑩☆ 〔よい〕行いをする。

漢字の広場④　(1)

⑪ 井戸の中の［しみず］。

⑫ ［しゅくしょう］コピーをとる。

⑬ ［ちょうじょう］を目指す。

⑭ 授業時間を［たんしゅく］する。

⑮ 三角形の［ちょうてん］。

⑯☆ 服が〔ちぢむ〕。

⑰☆ 雪を〔いただく〕富士《ふじ》山。

⑱☆ 山の［いただき］から見下ろす。

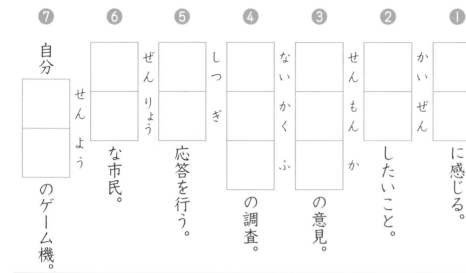

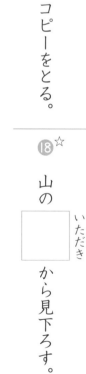

漢字の広場④　音《おん》を表す部分　(2)

第17回　/22問

☆ □に漢字を書きましょう。〔　〕には、漢字とひらがなを書きましょう。（☆は、新しい漢字の別の読み方です。）

① □□□《ぶんかちょう》に勤める。

② □□《にまい》の画用紙。

③ 山のおくに□《いずみ》がわく。

④ 映画の□□《ひひょう》を読む。

⑤ 合唱曲の□□《かし》。

⑥ □□《ざっし》を読む。

⑦ □□□《そうかんごう》を探す。

⑧ □□《ちゅうせい》をちかう。

⑨ 旅行を□□《えんき》する。

⑩ 日本の□□《けいざい》。

⑪ □□《けんちょう》所在地。

⑫ 政策を□□《ひはん》する。

⑬ 応えん歌を□□《さくし》する。

⑭ 学級□□《にっし》をつける。

⑮ □□《そうさく》意欲がわく。

⑯ □□《ちゅうこく》を聞き入れる。

⑰ □□《せいじつ》に対応する。

⑱ □□《えんちょう》コードを使う。

⑲☆ □□《おんせん》に入る。

⑳☆ 新しい文化を〔　〕《つくり》出す。

㉑☆ 出発を一日〔　〕《のばす》。

㉒☆ 用事を〔　〕《すます》。

漢字の広場④　五年生で学んだ漢字④

/22問

第18回

☆ □に漢字を書きましょう。（　）には、漢字とひらがなを書きましょう。

1 満開の□《さくら》。

2 □□《かんしゃ》の言葉。

3 （　）《あつい》友情。

4 □□《えいきゅう》に変わらない。

5 （　）《よせ》書きをおくる。

6 強い□□《いし》がある。

7 □□《せいかく》に書き写す。

8 □□《りゅうがく》を希望する。

9 □□《しょぞく》するクラブ。

10 楽しい□《ゆめ》を見る。

11 うさぎを□□《しいく》する。

12 日本の□□《れきし》。

13 小学校の□□□《きゅうこうしゃ》。

14 □□《しつもん》に答える。

15 合宿の□□《にってい》。

16 □□□□《さいてんきじゅん》。

17 □□《だんたい》で旅行する。

18 □□□《そうりょくせん》となる。

19 □□《ぎゃくてん》して勝つ。

20 □□《せいせき》が上がる。

21 遠足の□□《じゅんび》。

22 友達にかさを（　）《かす》。

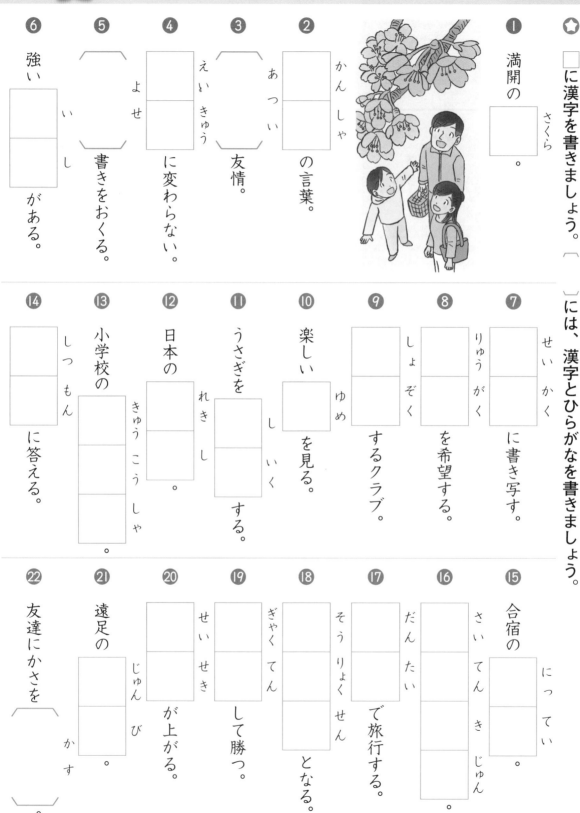

あなたはどう感じる？ ぼくの世界、君の世界 (1)

第19回　/18問

☆ □に漢字を書きましょう。〔　〕には、漢字とひらがなを書きましょう。（☆は、新しい漢字の別の読み方です。）

あなたはどう感じる？

1 □□《こうよう》がきれいだ。

2 □□《こうちゃ》を飲む。

3☆ □□《くちべに》をぬる。

ぼくの世界、君の世界 (1)

4 □□□《まじめ》な議論。

5 みんなで〔　　〕《もり》上がる。

6 □□《ひみつ》をもつ。

7 思いが□□《はってん》する。

8 意見を□□《ひてい》する。

9 他国に□□《ぼうめい》する。

10 さまざまな□□《しゅうきょう》。

11 かごに果物を〔　　〕《もる》。

12 宇宙の□□《しんぴ》。

13 家が□□《みっしゅう》している。

14 □□《せいみつ》な機械。

15 イラストを□□《てんじ》する。

16 議案を□□《ひけつ》する。

17 □□《さんぴ》を問う。

18 □□《しぼう》事故を防ぐ。

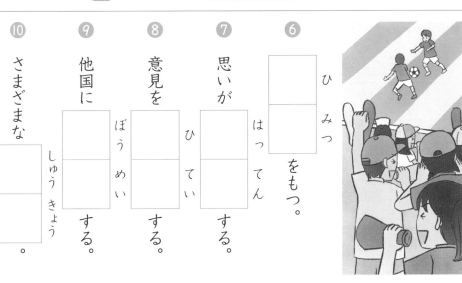

ぼくの世界、君の世界 (2)
「うれしさ」って何？ ——哲《てつ》学対話をしよう

第20回 /20問

☆ □に漢字をかきましょう。

ぼくの世界、君の世界 (2)

① バスの□□《けいとう》。

② □□《じんぎ》を重んじる。

③ □□《せいか》リレーの様子。

④ 同じ□□《しゃくど》の地図。

⑤ □□《はいぞう》の働き。

⑥ □□《ほうりつ》を学ぶ。

⑦ □□《みんしゅう》の声を聞く。

⑧ □□《いちょう》がじょうぶだ。

⑨ □□□《ぎんがけい》の星たち。

⑩ キリスト教の□□《せいしょ》。

⑪ 地図の□□《しゅくしゃく》。

⑫ □□□《はいかつりょう》の計測。

⑬ □□《しんぞう》から血液を送る。

⑭ □□《ぞうき》を移植する。

⑮ □□《きりつ》を守る。

⑯ □□《かんしゅう》が喜ぶ。

⑰ □□□《しゅうぎいん》の解散。

⑱ □□《いぐすり》を飲む。

⑲ □□《だいちょう》の検査をする。

「うれしさ」って何？ ——哲《てつ》学対話をしよう

⑳ □□□《たんじょうび》を祝う。

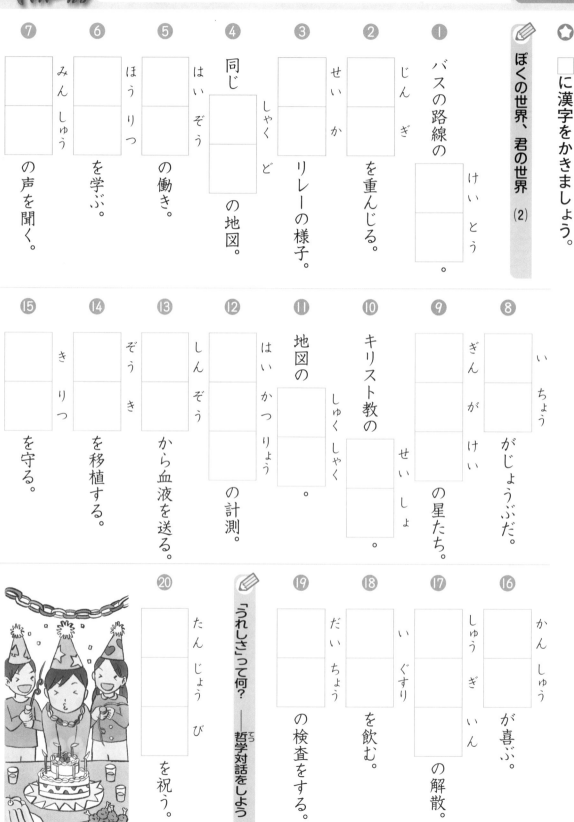

言葉の広場④　その場にふさわしい言い方
「迷う」
六年間の思い出をつづろう　――卒業文集

第21回　/19問

☆ □に漢字を書きましょう。〔　〕には、漢字とひらがなを書きましょう。（☆は、新しい漢字の別の読み方です。）

言葉の広場④

❶ 相手に□□《けいい》を表す。

❷ □□《たんにん》の先生。

❸ 発表会を□□《へいかい》する。

❹ 話を□□《しょうち》する。

❺ お手を□□《はいしゃく》します。

❻ □□□《そんけいご》を使う。

❼ 相手を〔　　〕《うやまう》気持ち。

❽ 案内係を□□《たんとう》する。

❾☆ ドアを〔　　〕《しめる》。

❿☆ 門を〔　　〕《とじる》。

⓫☆ 手を合わせて〔　　〕《おがむ》。

⓬☆ 〔　　〕《とうとい》命。

⓭☆ ルールを〔　　〕《たっとぶ》。

「迷う」

⓮ □□《しんこく》に迷う。

⓯ 思いの□《ほか》よくない。

⓰☆ 野菜を〔　　〕《きざむ》。

六年間の思い出をつづろう　――卒業文集

⓱ □□《ゆうしょう》して喜ぶ。

⓲ 胸いっぱいに〔　　〕《すう》。

⓳☆ ゆっくり□□《こきゅう》する。

漢字の広場⑤ 同じ訓をもつ漢字 (1)

第22回 /20問

☆ □に漢字を書きましょう。〔 〕には、漢字とひらがなを書きましょう。（☆は、新しい漢字の別の読み方です。）

1 兄が□□《しゅうしょく》する。

2 商品の□□《かち》。

3 □□□《けんぽうがく》の講義。

4 会費を〔　　〕《おさめる》。

5 野球□□《れんめい》に加入する。

6 経営を□□《かいかく》する。

7 楽団の□□□《しきしゃ》。

8 □《たまご》を調理する。

9 □□《すんぽう》を測る。

10 社長に□□《しゅうにん》する。

11 表の□□《すうち》を読み取る。

12 日本国□□《けんぽう》。

13 外国と□□《どうめい》を結ぶ。

14 フランス□□《かくめい》。

15 実力を□□《はっき》する。

16 □□《なまたまご》をご飯にかける。

17 ゴール□□《すんぜん》で転ぶ。

18☆ 商品の□□《ねだん》。

19☆ 部屋の□□《しゅうのう》スペース。

20☆ □□《のうぜい》の義務。

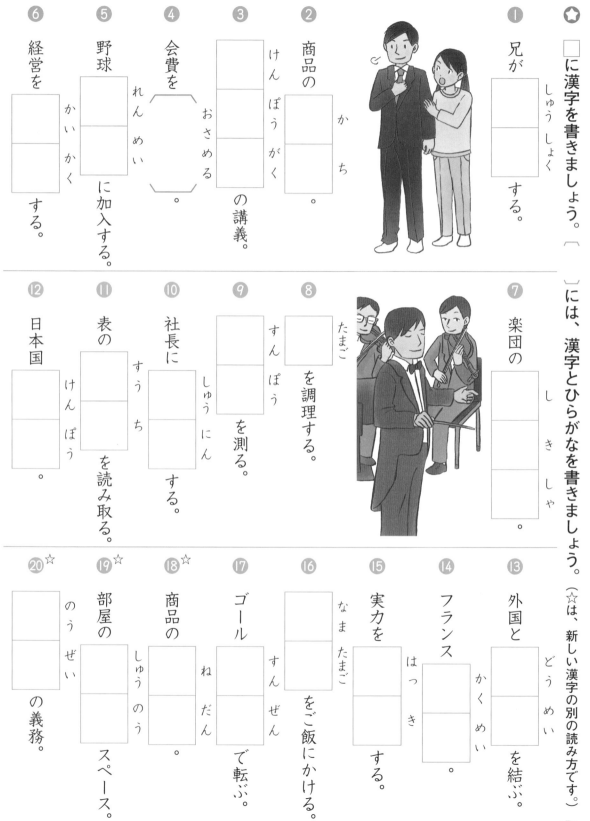

漢字の広場⑤　同じ訓をもつ漢字　(2)
五年生で学んだ漢字⑤　(1)

第23回

/19問

□に漢字を書きましょう。〔　〕には、漢字とひらがなを書きましょう。（☆は、新しい漢字の別の読み方です。）

漢字の広場⑤　(2)

1 □□《こうざい》で包丁を作る。

2 墓前に花を〔　〕《そなえる》。

3 □□《こうてつ》の意志。

4 お〔　〕《そなえ》のおかし。

5☆ お□《とも》を連れる。

6☆ 電力を□□《きょうきゅう》する。

漢字の広場⑤　五年生で学んだ漢字⑤　(1)

7 □□《ぼうふう》がふきあれる。

8 成功に〔　〕《みちびく》。

9 駅まで□□《おうふく》する。

10 〔　〕《けわしい》表情。

11 医者の□□《しじ》を守る。

12 土地の□□□《きょうかいせん》。

13 省庁の□□《そしき》。

14 木の□《えだ》を切る。

15 軍隊を□《とう》率《そっ》する。

16 桜の□《みき》。

17 □□《ちょすい》池から水を引く。

18 □□《ふうき》が乱れる。

19 □□《かこう》でつりをする。

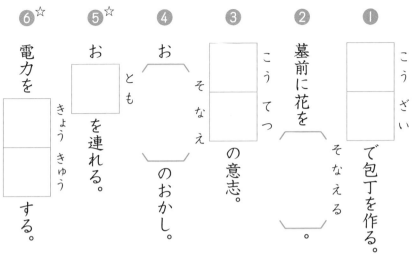

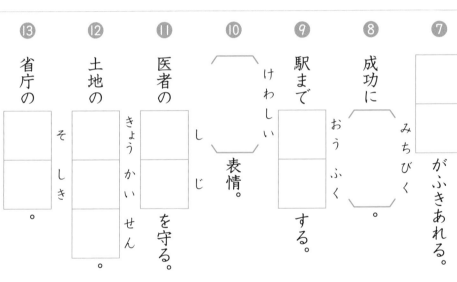

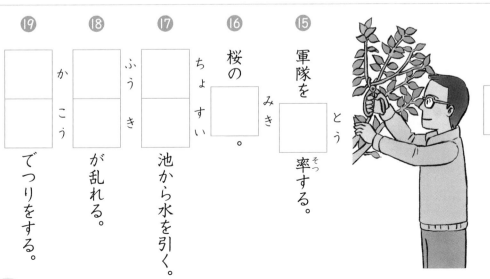

漢字の広場⑤　五年生で学んだ漢字⑤　(2)

第24回　/20問

☆ □に漢字を書きましょう。〔　〕には、漢字とひらがなを書きましょう。

❶ 歴史に□□《きょうみ》がある。

❷ □□《きょか》を得る。

❸ 自然を□□《ほご》する。

❹ □□《かいてき》な温度。

❺ 畑を〔　〕《たがやす》。

❻ 化学□□《ひりょう》を使う。

❼ □□□《たいしょうぶつ》を見る。

❽ □□《けいけん》を積む。

❾ 昔の人の□□《じゅうきょ》。

❿ □□《べんとう》を食べる。

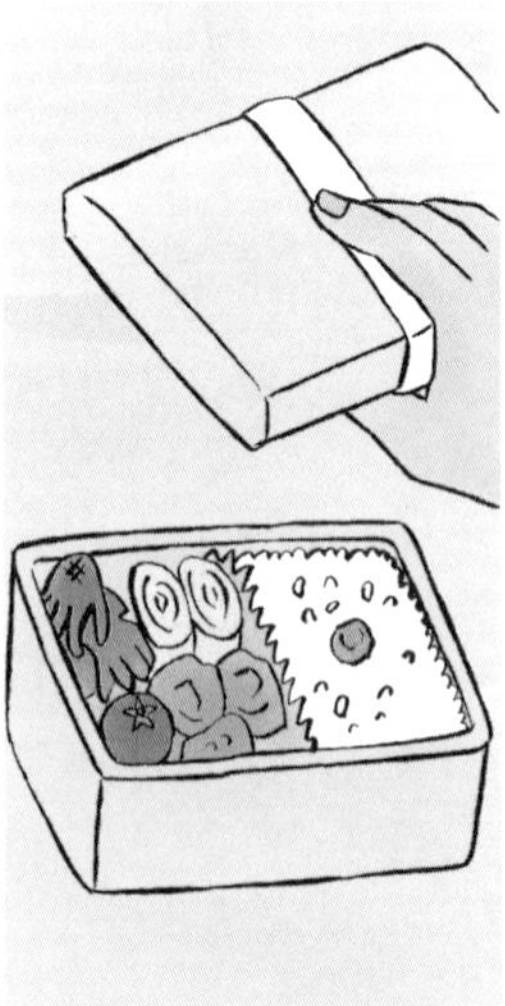

⓫ お茶を□□《ふんまつ》にする。

⓬ 外国風の□□□《けんちくぶつ》。

⓭ 場面を□□《さいげん》する。

⓮ □□《おおぜい》の観客。

⓯ 立ち入り□□《きんし》。

⓰ □□《しき》を高める。

⓱ 現場の□□□《せきにんしゃ》。

⓲ □□《ほうこく》を受ける。

⓳ 緑が〔　〕《ゆたか》な公園。

⓴ たんぽぽの□□《わたげ》。

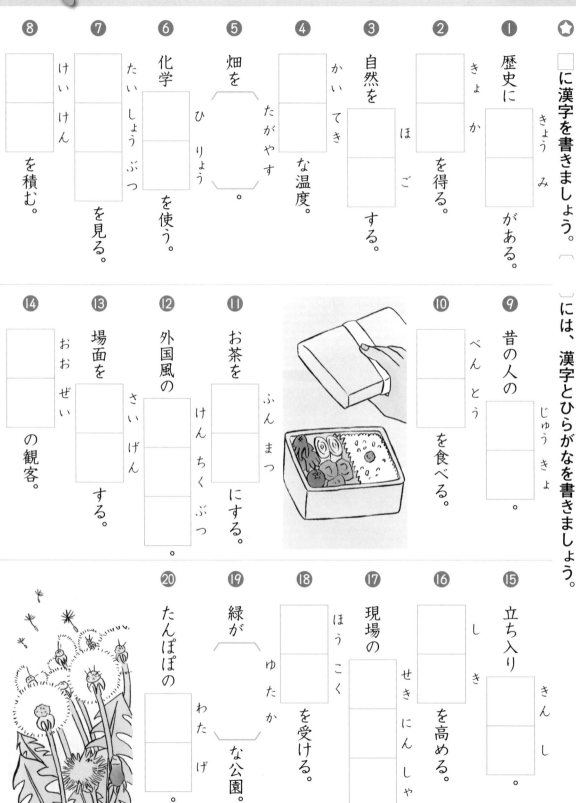

津田梅子《つだうめこ》 ——未来をきりひらく「人」への思い 言葉の広場⑤　日本語の文字

第25回　/20問

□に漢字を書きましょう。〔　〕には、漢字とひらがなを書きましょう。（☆は、新しい漢字の別の読み方です。）

津田梅子《つだうめこ》——未来をきりひらく「人」への思い

1. 江戸《えど》□□《ばくふ》に仕える。
2. □□《つうやく》を務める。
3. 西洋式の□《つくえ》。
4. □□《よくねん》イギリスに行く。
5. 研究の成果を〔　　〕《みとめる》。
6. 学問の□□《ちょうりゅう》。
7. 自由を□□《ほしょう》する。
8. 英文を□□《わやく》する。
9. 台風の□□《よくあさ》。
10. 海が□□《かんちょう》になる時刻。
11. 機械が□□《こしょう》する。
12. ☆外国映画の□□《じまく》。
13. ☆オリンピックの□□《かいまく》。
14. ☆ちこくした□《わけ》を話す。
15. ☆□《しお》の満ち引き。

言葉の広場⑤

16. すぐれた□《たから》。
17. □□《ちょめい》な曲。
18. □□《たからばこ》に入れる。
19. 論文の□□《ちょしゃ》。
20. ☆□□《ほうせき》が光りかがやく。

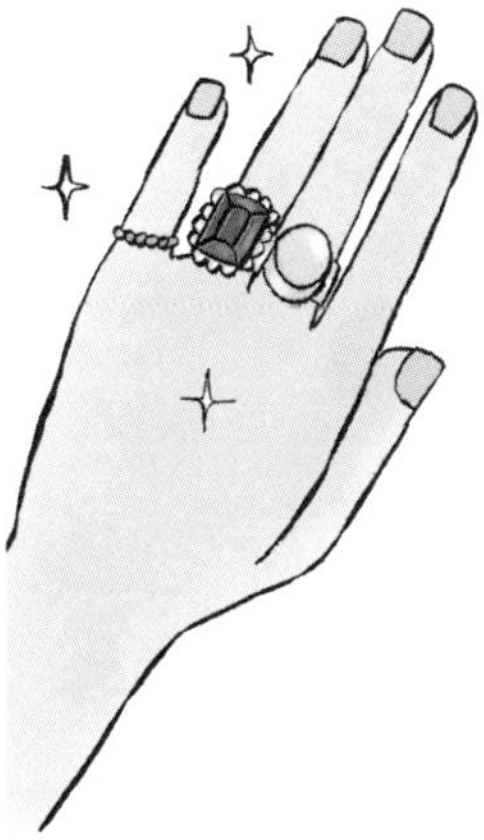

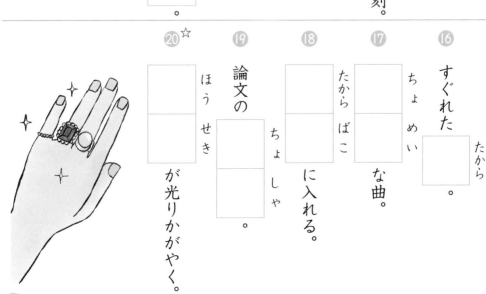

漢字の広場⑥　さまざまな読み方
特別な読み方の言葉

第26回　/18問

☆ □に漢字を書きましょう。〔　〕には、漢字とひらがなを書きましょう。（☆は、新しい漢字の別の読み方です。）

漢字の広場⑥

① □□《じゅうしゃ》が登場する。

② □《げき》を見る。

③ □□《ぎゅうにゅう》を飲む。

④ 詩の□□《ろうどく》。

⑤ 漢字の□□□《いちらんひょう》。

⑥ □□□《じゅうぎょういん》をやとう。

⑦ □□《げきだん》に所属する。

⑧ □□□《にゅうせいひん》をとる。

⑨ □□《めいろう》な性格。

⑩ □□□《かいらんばん》を届ける。

⑪ □□□《てんらんかい》の絵。

⑫☆ 言いつけに〔　　〕《したがう》。

⑬☆ 赤ちゃんがお□《ちち》を飲む。

特別な読み方の言葉

⑭ きょうりゅう□□《はかせ》。

⑮ □□《へた》なしばい。

⑯ □□《まいご》をさがす。

⑰ 〔　　〕《まっさお》な空。

⑱ □□《めがね》をかける。

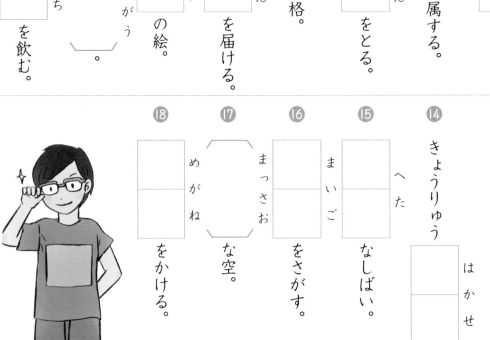

答え

第1回

①背筋 ②幼い ③裏
④奮い ⑤磁石 ⑥背景
⑦背 ⑧筋肉 ⑨幼虫
⑩興奮
⑪降る ⑫暮れ ⑬灰
⑭降りる ⑮暖かい ⑯私
⑰降水量 ⑱寒暖 ⑲私鉄
⑳私

第2回

①将来
②熟語 ③並ぶ ④諸問題
⑤貴金属 ⑥棒磁石
⑦演奏会 ⑧電車賃 ⑨層
⑩自己主張 ⑪一進一退
⑫熟読 ⑬貴重 ⑭鉄棒
⑮合奏 ⑯家賃 ⑰地層
⑱引退 ⑲並木道 ⑳退く

第3回

①郵便物 ②世界遺産
③処理 ④蒸気 ⑤対策
⑥大混乱 ⑦大規模
⑧入場券 ⑨郵送 ⑩遺品
⑪処分 ⑫蒸発 ⑬政策
⑭戦乱 ⑮乱暴 ⑯回数券
⑰乱れる ⑱模型 ⑲模様

第4回

①告げる ②事務 ③任す
④用件 ⑤額 ⑥好評
⑦絶賛 ⑧移動 ⑨銅像
⑩老眼鏡 ⑪不在
⑫殺風景 ⑬通過 ⑭制服
⑮非常 ⑯布 ⑰防災
⑱迷う ⑲素材 ⑳知識

第5回

①縦方向 ②縦断
③異常 ④危機 ⑤存在
⑥除雪 ⑦冷蔵庫 ⑧保存
⑨糖 ⑩地域 ⑪呼ぶ
⑫首脳 ⑬三割 ⑭危険
⑮貯蔵 ⑯異 ⑰危ない
⑱除く ⑲連呼 ⑳割れる

第6回

①捨てる ②拡大 ③宣言
④郷土 ⑤補助
⑥天皇陛下 ⑦皇后陛下
⑧党首 ⑨単純
⑩三権分立 ⑪孝行
⑫厳しい ⑬傷 ⑭宣伝
⑮郷里 ⑯立候補 ⑰政党
⑱権利 ⑲四捨五入
⑳補う ㉑厳守 ㉒負傷

第7回

①論題 ②討論 ③難
④簡潔 ⑤結論 ⑥検討
⑦災難 ⑧難解 ⑨簡単
⑩難しい
⑪俳句 ⑫垂れ ⑬語源
⑭俳人 ⑮垂らす ⑯資源
⑰電源 ⑱垂直 ⑲源

第8回

①姿 ②針仕事 ③運針
④針葉樹 ⑤預ける
⑥警察署 ⑦勤務
⑧我々（我我） ⑨操作
⑩裁断 ⑪臨時 ⑫針金
⑬樹木 ⑭警告 ⑮署名
⑯通勤 ⑰操縦 ⑱裁判所
⑲姿勢 ⑳預金 ㉑勤める
㉒裁く

第9回

①提出 ②設計図 ③平均
④比べる ⑤効率 ⑥測定
⑦証明 ⑧略図 ⑨資料
⑩余る ⑪破損 ⑫構造
⑬貿易 ⑭利益 ⑮製品
⑯検査 ⑰規則 ⑱容器
⑲燃料 ⑳実態 ㉑減少
㉒混ぜる

第10回

①若い ②洗う ③映る
④片一方 ⑤巻く ⑥砂
⑦穴倉（穴蔵） ⑧探す
⑨晩 ⑩干し ⑪映す
⑫若葉 ⑬穴 ⑭毎晩
⑮洗顔 ⑯映画 ⑰巻末
⑱絵巻 ⑲砂鉄 ⑳探検

答え

第11回

①穀雨 ②至 ③恩
④舌 ⑤射る ⑥座
⑦欲 ⑧穀物 ⑨至急
⑩恩師 ⑪舌 ⑫座席
⑬食欲 ⑭至る ⑮反射
⑯届ける ⑰訪ねる
⑱訪問

第12回

①三班
②痛み ③痛い ④頭痛
⑤服装 ⑥視点 ⑦宇宙船
⑧包装 ⑨装置 ⑩視力
⑪宙
⑫誤解 ⑬誤字 ⑭誤る

第13回

①回収 ②冊数 ③推測
④手段 ⑤推理 ⑥階段
⑦収める
⑧出版 ⑨領収書 ⑩消毒
⑪清潔 ⑫貧しい ⑬喜ぶ
⑭原因 ⑮招待状 ⑯講義
⑰営業中 ⑱出費 ⑲慣れ
⑳似た

第14回

①窓 ②染め ③看板
④胸 ⑤立派 ⑥敵
⑦染まる ⑧腹 ⑨感激
⑩一銭 ⑪窓口
⑫看護師（看護士）
⑬派出所 ⑭油断大敵
⑮急激 ⑯銭湯 ⑰車窓
⑱度胸 ⑲満腹 ⑳激しい

第15回

①困る ②忘れる
③絹織物 ④米俵 ⑤株主
⑥骨 ⑦養蚕 ⑧沿線
⑨宅 ⑩忘れ ⑪絹糸
⑫俵 ⑬株式会社 ⑭沿岸
⑮住宅 ⑯困難 ⑰土俵
⑱骨折 ⑲蚕 ⑳沿い

第16回

①疑問 ②改善 ③専門家
④内閣府 ⑤質疑 ⑥善良
⑦専用 ⑧入閣 ⑨疑う
⑩善い（良い）
⑪清水 ⑫縮小 ⑬頂上
⑭短縮 ⑮頂点 ⑯縮む
⑰頂く ⑱頂

第17回

①文化庁 ②二枚 ③泉
④批評 ⑤歌詞 ⑥雑誌
⑦創刊号 ⑧忠誠 ⑨延期
⑩経済 ⑪県庁 ⑫批判
⑬作詞 ⑭日誌 ⑮創作
⑯忠告 ⑰誠実 ⑱延長
⑲温泉 ⑳創り（作り）
㉑延ばす ㉒済ます

第18回

①桜 ②感謝 ③厚い
④永久 ⑤寄せ ⑥意志
⑦正確 ⑧留学 ⑨所属
⑩夢 ⑪飼育 ⑫歴史
⑬旧校舎 ⑭質問 ⑮日程
⑯採点基準 ⑰団体
⑱総力戦 ⑲逆転 ⑳成績
㉑準備 ㉒貸す

第19回

①紅葉 ②紅茶 ③口紅
④真面目 ⑤盛り ⑥秘密
⑦発展 ⑧否定 ⑨亡命
⑩宗教 ⑪盛る ⑫神秘
⑬密集 ⑭精密 ⑮展示
⑯否決 ⑰賛否 ⑱死亡

第20回

①系統 ②仁義 ③聖火
④尺度 ⑤肺臓 ⑥法律
⑦民衆 ⑧胃腸 ⑨銀河系
⑩聖書 ⑪縮尺 ⑫肺活量
⑬心臓 ⑭臓器 ⑮規律
⑯観衆 ⑰衆議院 ⑱胃薬
⑲大腸
⑳誕生日

第21回

①敬意 ②担任 ③閉会
④承知 ⑤拝借 ⑥尊敬語
⑦敬う ⑧担当 ⑨閉める
⑩閉じる ⑪拝む ⑫尊い
⑬尊ぶ

⑭深刻 ⑮外 ⑯刻む
⑰優勝 ⑱吸う ⑲呼吸

第22回

①就職 ②価値 ③憲法学
④納める ⑤連盟 ⑥改革
⑦指揮者 ⑧卵 ⑨寸法
⑩就任 ⑪数値 ⑫憲法
⑬同盟 ⑭革命 ⑮発揮
⑯生卵 ⑰寸前 ⑱値段
⑲収納 ⑳納税

第23回

①鋼材 ②供える ③鋼鉄
④供え ⑤供 ⑥供給
⑦暴風 ⑧導く ⑨往復
⑩険しい ⑪指示
⑫境界線 ⑬組織 ⑭枝
⑮統 ⑯幹 ⑰貯水
⑱風紀 ⑲河口

第24回

①興味 ②許可 ③保護
④快適 ⑤耕す ⑥肥料
⑦対象物 ⑧経験 ⑨住居

⑩弁当 ⑪粉末 ⑫建築物
⑬再現 ⑭大勢 ⑮禁止
⑯士気 ⑰責任者 ⑱報告
⑲豊か ⑳綿毛

第25回

①幕府 ②通訳 ③机
④翌年 ⑤認める ⑥潮流
⑦保障 ⑧和訳 ⑨翌朝
⑩干潮 ⑪故障 ⑫字幕
⑬開幕 ⑭訳 ⑮潮
⑯宝 ⑰著名 ⑱宝箱
⑲著者 ⑳宝石

第26回

①従者 ②劇 ③牛乳
④朗読 ⑤一覧表
⑥従業員 ⑦劇団
⑧乳製品 ⑨明朗
⑩回覧板 ⑪展覧会
⑫従う ⑬乳
⑭博士 ⑮下手 ⑯迷子
⑰真っ青 ⑱眼鏡

教科書ワーク もくじ

教育出版版 国語6年

動画 コードを読み取って、下の番号の動画を見てみよう。

【イラスト】artbox、いけべけんいち。、クリエイティブ・ノア、林菜々子、福留鉄夫
【図版提供】教育出版

基本のワーク

風景　純銀《じゅん》もざいく

教科書　上10～12ページ
答え　1ページ

勉強した日　月　日

学習の目標
●言葉のひびきや情景に着目して読もう。
●連に着目し、それぞれの風景について味わおう。

次の詩を読んで、問題に答えましょう。

風景　純銀《じゅん》もざいく

山村《やまむら》　暮鳥《ぼちょう》

いちめんのなのはな
いちめんのなのはな
いちめんのなのはな
いちめんのなのはな
いちめんのなのはな
いちめんのなのはな
いちめんのなのはな
かすかなるむぎぶえ
いちめんのなのはな

いちめんのなのはな
いちめんのなのはな
いちめんのなのはな
いちめんのなのはな

1　この詩は、いくつの連（詩の中のまとまり）からできていますか。漢数字で書きましょう。

（　　　）連

2　この詩にえがかれた季節について、答えましょう。

(1)　どの季節がえがかれていますか。

（　　　）

(2)　(1)の季節を感じさせる植物を、詩の中から書きぬきましょう。

（　　　）

3　この詩の表現の工夫《ふう》について、答えましょう。

(1)　この詩の中で、何度もくり返されている言葉はなんですか。九字の言葉を書きぬきましょう。

いちめんのなのはな
いちめんのなのはな
ひばりのおしゃべり
いちめんのなのはな

いちめんのなのはな
いちめんのなのはな
いちめんのなのはな
いちめんのなのはな
いちめんのなのはな
いちめんのなのはな
やめるはひるのつき
いちめんのなのはな。

(2) (1)の言葉がくり返されていることによって、どんなイメージがうかんできますか。一つに○をつけましょう。

ア（　）たくさんのなのはなが、読み手に話しかけてくるようなイメージ。

イ（　）なのはなが、辺りいっぱいどこまでも広がってさいているイメージ。

ウ（　）満開のなのはな畑を、数多くの人が見にきているようなイメージ。

4 よく出る 作者の耳に聞こえているものはなんですか。それがわかる行を二つ、書きぬきましょう。

（　　　　）（　　　　）

5 「やめるはひるのつき」とありますが、これはどんな月を表していますか。一つに○をつけましょう。

「やめる」は、病《や》んでいる（つらさを感じている）という意味だよ。

ア（　）くっきりとあざやかな、力強い感じの月。

イ（　）うっすらと白い、弱々しい感じの月。

ウ（　）すっきりとさわやかな、明るい感じの月。

6 よく出る この詩は、平仮名《がな》だけで書かれていますが、そのことでどんな感じが伝わってきますか。一つに○をつけましょう。

ア（　）なのはなの、やさしくてやわらかな感じ。

イ（　）同じ花ばかりがさいている、単調な感じ。

ウ（　）花の迫《はく》力ある様子にとまどっている感じ。

ものしりメモ

菜の花をよんだ俳《はい》句には、与謝蕪村《よさぶそん》の「菜の花や月は東に日は西に」がある。「一面の菜の花。月が東からのぼり、日は西にしずみかけている。」という意味。風景の広がりが感じられる俳句だね。

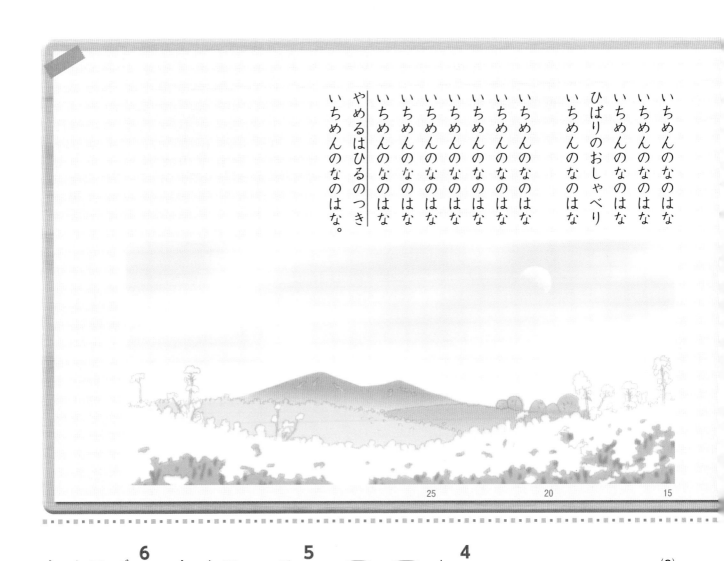

一 情景描写《びょう》に着目して感想を話し合おう

基本のワーク

あの坂をのぼれば

教科書 上14～21ページ

答え 1ページ

勉強した日 月 日

学習の目標
- ●登場人物の気持ちの変化を読み取ろう。
- ●印象的な情景に着目しながら物語を読もう。

漢字練習ノート3ページ

新しい漢字

教科書 14ページ

◀練習しましょう。

教科書ページ	漢字	読み	画数
14	背	ハイ・せ・せい	9画
14	筋	キン・すじ	12画
14	幼	ヨウ・おさない	5画
14	裏	うら	13画
15	奮	フン・ふるう	16画
15	磁	ジ	14画

○新しく学ぶ漢字
●新しい読み方を覚える漢字
◆特別な読み方の言葉

1 漢字の読み

読み仮名《がな》を横に書きましょう。

❶ 背筋　❷ 幼い　❸ うちの裏　❹ 奮い起こす　❺ 磁石

❷「幼い」は、送り仮名《がな》をまちがえやすいよ。注意して覚えよう。

2 漢字の書き

漢字を書きましょう。

❶ □□《せすじ》をのばす。
❷ □《おさな》い子。
❸ □《うら》の道。
❹ 気力を□《ふる》い起こす。
❺ □□《じしゃく》を使う。

4 言葉の意味

○をつけましょう。

❶ 14 草いきれが立ちこめる。
- ア（ ）夏の草むらの、むっとする空気。
- イ（ ）秋の草むらの、すずしい空気。
- ウ（ ）かれた草むらの、冷たい空気。

❷ 14 かすみが立ちこめる。
- ア（ ）遠くにぼんやり見える。
- イ（ ）あっという間に消える。
- ウ（ ）一面にいっぱいになる。

❸ 14 そいねの祖母から歌を聞かされる。
- ア（ ）そばでいっしょにねること。
- イ（ ）いっしょに話をすること。
- ウ（ ）そばにすわっていること。

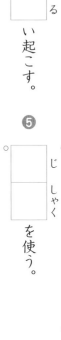

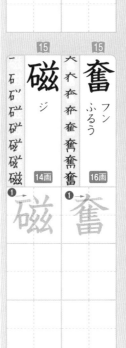

3 五年生の漢字　漢字を書きましょう。

① □□《そぼ》と話す。

② 答えを□《たし》かめる。

③ □《ひたい》のあせ。

④ 集団を□□《せんどう》する。

内容をつかもう！

☆ **あの坂をのぼれば**　**あらすじを場面ごとにまとめました。順番になるように、（　）に１～４を書きましょう。**　教科書 14～18ページ

（　）少年は海鳥の羽根をてのひらにくるんで、再び坂をのぼっていった。

（　）少年は祖母の言葉を信じ、休まず山道をのぼっていた。

（　）少年は海鳥を目にして立ち上がり、まい落ちてきた海鳥の羽根を手にした。

（　）少年は海を見に行くのはもう、やめようと思い、草の上にすわって風にふかれていた。

④ 15 しごくかんたんな言葉。
ア（　）あまり。
イ（　）この上なく。
ウ（　）ちょっと。

⑤ 15 大ざっぱな数え方。
ア（　）おおまか。だいたい。
イ（　）細かく。こまごま。
ウ（　）確実に。正確に。

⑥ 15 言葉のあやだ。
ア（　）明らかなまちがい。
イ（　）たくみな言いまわし。
ウ（　）へたなうそ。

⑦ 16 少年がうめく。
ア（　）わかったとうなずく。
イ（　）苦しさや痛《いた》さでうなる。
ウ（　）ちょっとだけ動く。

⑧ 17 とっさに立ち上がる。
ア（　）ほんのちょっとの間に。
イ（　）時間をかけてゆっくりと。
ウ（　）気持ちをこめて堂々と。

⑨ 17 行く手を見はるかす。
ア（　）近くをよく見る。
イ（　）じっと見る。
ウ（　）遠くまで見わたす。

ものしりメモ　海鳥には「ペンギン」「カモメ」「ウミツバメ」「ペリカン」「カツオドリ」「ウミスズメ」「アホウドリ」などがいるよ。

練習のワーク

あの坂をのぼれば

教科書 上14〜21ページ　答え 1ページ

勉強した日　月　日

できるナビ
●少年の気持ちの変化をとらえながら読もう。
●場面の情景を、想像力豊かにとらえよう。

次の文章を読んで、問題に答えましょう。

――あの坂をのぼれば、海が見える。

少年は、今、①どうしても海を見たいのだった。細かくいえばきりもないが、やりたくてやれないことの数々の重荷が背に積もり積もった時、少年は、磁石が北をさすように、②まっすぐに海を思ったのである。自分の足で、海を見てこよう。山一つこえたら、本当に海があるのを確かめてこよう、と。

――あの坂をのぼれば、海が見える。

しかし、まだ海は見えなかった。はうようにしてのぼってきたこの坂の行く手も、やはり今までと同じ、果てしない上り下りのくり返しだったのである。

③もう、やめよう。

急に、道ばたにすわりこんで、少年はうめくようにそう思った。こんなにつらい思いをして、坂をのぼったり下りたりして、いったいなんの得があるのか。この先、山をいくつこえたところで、④本当に海へ出られるのかどうか、わかったものじゃない……。

3 よく出る 「②まっすぐに海を思った」少年は、どんな決意をしていますか。二つ書きましょう。

（　　　）
（　　　）

4 「③もう、やめよう。」について答えましょう。

(1) 少年は何をすることを「もう、やめよう。」と思ったのですか。

（　　　）

(2) このとき、少年はどんな思いでしたか。五字の言葉を書きぬきましょう。

「……思い」という言葉を手がかりにしよう。

5 「④本当に海へ出られるのかどうか、わかったものじゃない……」とありますが、このとき少年はどんなことを考えていましたか。一つに◯をつけましょう。

言葉の意味プラス
3行 きりもない…終わりがない。 20行 にじみ出る…表面にじわじわとしみ出る。
32行 あさぎ色…緑がかったうすいあい色。

額ににじみ出るあせをそのままに、草の上にすわって、通りぬける山風にふかれていると、なにもかも、どうでもよくなってくる。⑤じわじわと、疲《ひ》労がむねにつき上げてきた。

日はしだいに高くなる。これから帰る道のりの長さを思って、重いため息をついた時、少年はふと、⑥生き物の声を耳にしたと思った。

声は、上から来る。ふりあおぐと、すぐ頭上を、光が走った。つばさの長い、真っ白い大きな鳥が一羽、ゆっくりと羽ばたいて、先導するように次のとうげをこえてゆく。

――あれは、海鳥だ！

⑦少年はとっさに立ち上がった。

海鳥がいる。海が近いのにちがいない。そういえば、あの坂の上の空の色は、確かに海へと続くあさぎ色だ。

⑧今度こそ、海に着けるのか。

〈杉《すぎ》 みき子《こ》「あの坂をのぼれば」による〉

1 少年が①「どうしても海を見たい」と思ったのは、どんな時でしたか。

（　　　　）ことが増えて、数々の（　　　　）が背に積もった時。

2 よく出る● 海を見たいと思った少年の心の動きを、たとえによって表現している部分を十字で書きぬきましょう。

たとえを表す「……ように」という表現に注目しよう。

ア（　）どうしても海を見なければならない理由をあれこれ考えていた。

イ（　）海を見に行くことをやめる理由をあれこれ考えていた。

ウ（　）どのようにして目の前の山をこえるか方法を考えていた。

6 ⑤「じわじわと、疲労がむねにつき上げてきた。」とありますが、このときの少年はどんな状態でしたか。一つに○をつけましょう。

ア（　）体は元気だが、気持ちがつかれている状態。

イ（　）気持ちは元気だが、体がつかれている状態。

ウ（　）体も気持ちも、どちらもつかれている状態。

7 ⑥「生き物の声」とありますが、なんの声ですか。二字の言葉を書きぬきましょう。

8 ⑦「少年はとっさに立ち上がった。」とありますが、このとき少年はどんなことを確信しましたか。

少年は何を見つけたのかな。
少年の行動に着目しよう。

9 ⑧「今度こそ、海に着けるのか。」とありますが、このときの少年はどんな気持ちですか。一つに○をつけましょう。

ア（　）一度あきらめかけてしまったことを反省している。

イ（　）また海に着けないかもしれないと不安に思っている。

ウ（　）海にたどり着けるかもしれないと希望をいだいている。

ものしりメモ　海鳥とは、沖合いをふくむ海を生活の中心または一部にしている鳥のことだよ。でも、海鳥は卵《たまご》を産み育てるときには、陸に上がるんだよ。

基本のワーク

考えを図や表に

教科書 上22〜23ページ
答え 2ページ

学習の目標
●話し合ったり文章を書いたりするときに、図を使って考えをまとめる方法を知ろう。

勉強した日　月　日

1 図を使って、自分の考えをまとめる方法について、次のように整理しました。（　）に合う言葉を、[　]から選んで書きましょう。（言葉は一回しか使えません。）

● 発想を広げたいとき
中央に取り上げる物事を書き、思いうかんだことを書く。そこから（　）したことを書き、線でつなぐ。

● 分類したり、比べたりしたいとき
物事をいくつかの（　）に分けて書く。

● 共通点や相違《い》点を見つけたいとき
比べたい物事の（　）などを書く。どちらにもあてはまることは、円の重なる部分に書く。

● いくつかの観点に分けて考えたいとき
表の見出しの一方に比べたい物事、もう一方に（　）を書き、あてはまることを書く。

[観点　発想　特徴《ちょう》　感想　見方　目的]

2 次のようなとき、どのような方法で考えをまとめるとよいでしょう。[　]から選んで、記号で答えましょう。

1 二つの意見の長所と短所を比べたいとき。（　）
2 二つの文章に共通することを知りたいとき。（　）
3 あるテーマで文章を書くとき。（　）
4 あることについて、いくつかの点を調べるとき。（　）

[
ア 発想を広げたいときの方法。
イ 分類したり、比べたりしたいときの方法。
ウ 共通点や相違点を見つけたいときの方法。
エ いくつかの観点に分けて考えたいときの方法。
]

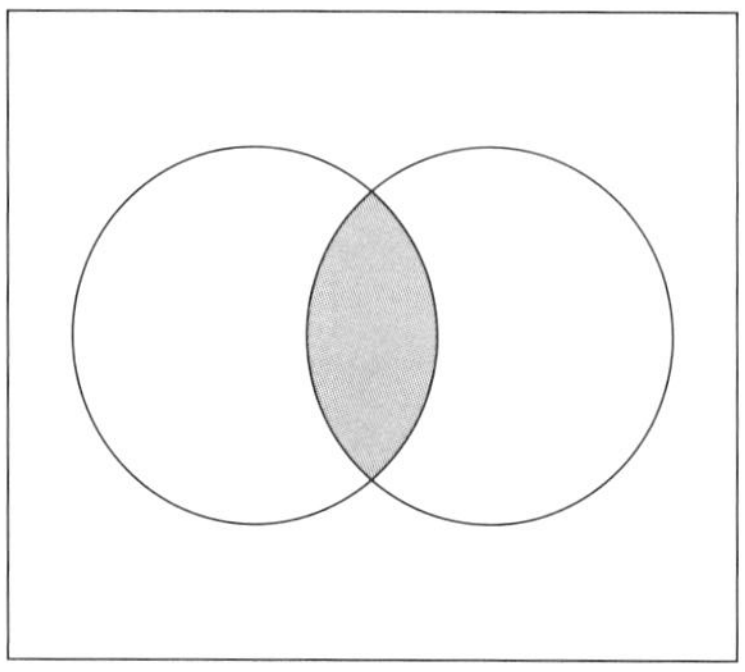

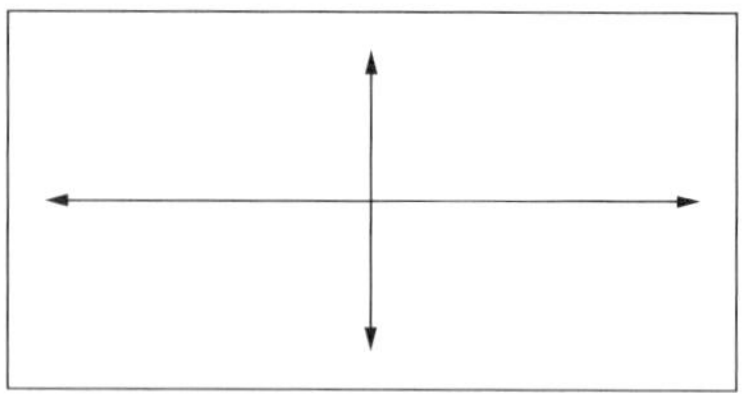

円や上下左右のじくを使ってまとめる方法があるよ。

3 木村さんはグループで図を使って、インターネットについて考えました。次の図を見て、問題に答えましょう。

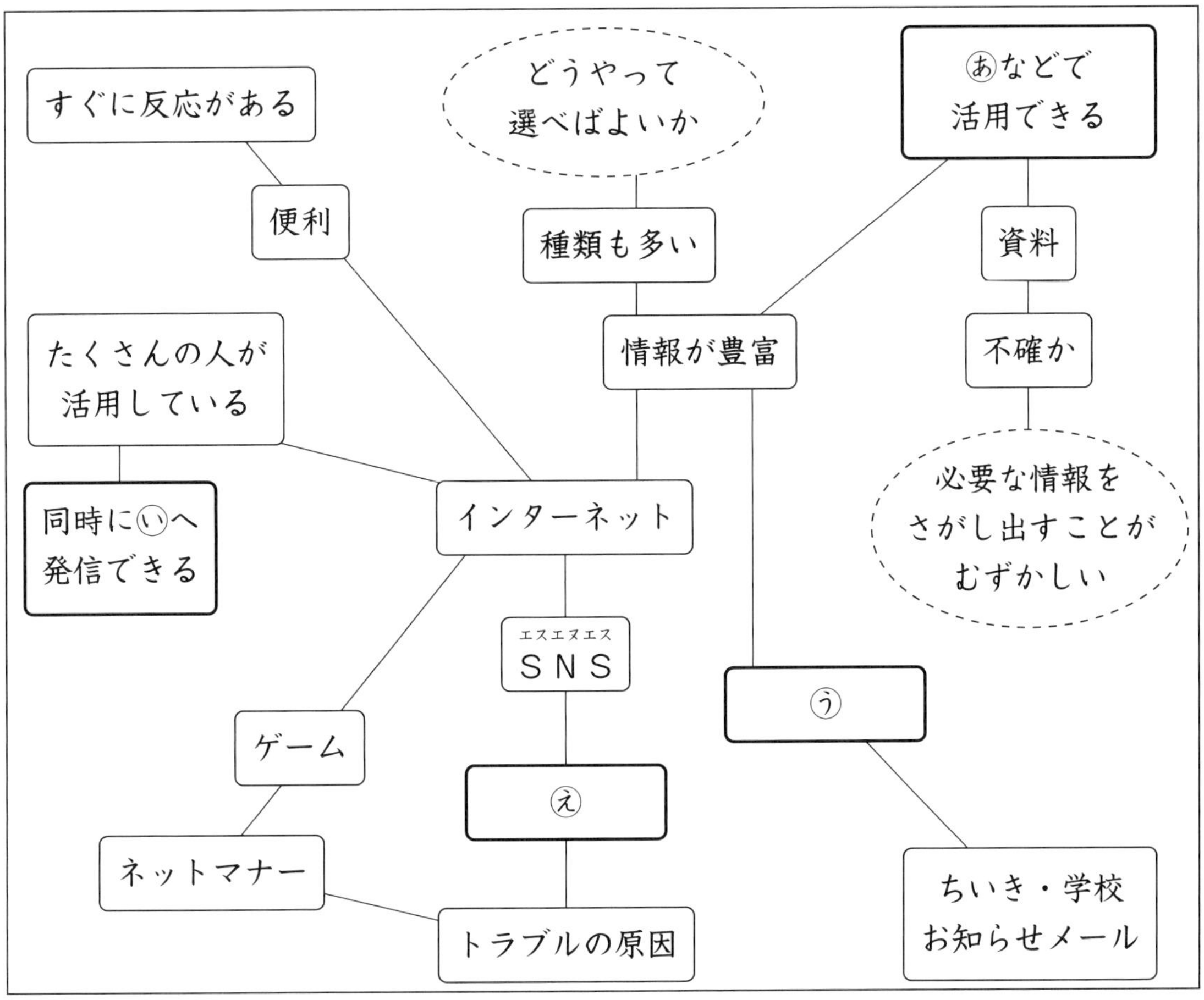

1 上の図のあ～えに合う言葉を、[ ]から選んで書きましょう。

あ（　　）
い（　　）
う（　　）
え（　　）

一人の人　調べ学習　複数の人　個人情報
災害情報　遊び

2 「インターネット」について、「情報が豊富」「種類も多い」ということから、グループではどのようなことを発想しましたか。

（　　）

3 「インターネット」について、どのような問題があるとわかりましたか。合うもの一つに○をつけましょう。

ア（　）だれが利用しているのかわからないという問題。
イ（　）必要な情報をさがし出すのがむずかしいという問題。
ウ（　）ゲームごとにマナーがことなっているという問題。

ものしりメモ
問題になっている図は、「ウェビング・マップ」や「マインド・マップ」というよ。一つのキーワードから自由に発想していくことで、課題や自分の関心のあることが見えてくるんだ。

基本のワーク

言葉の文化① 春はあけぼの

教科書 上24〜29ページ

答え 2ページ

勉強した日 月 日

学習の目標

●言葉のリズムやひびきを味わおう。

●筆者がどのように自分の思いを伝えているかを読み取ろう。

漢字練習ノート3ページ

新しい漢字

▼練習しましょう。

教科書ページ	漢字	読み	画数
26	降	コウ おりる ふる	10画
27	暮	くれる	14画
28	灰	はい	6画
28	暖	ダン あたたか あたたかい あたたまる	13画
29	私	シ わたくし わたし	7画

○新しく学ぶ漢字
●新しい読み方を覚える漢字
◆特別な読み方の言葉

1 漢字の読み 読み仮名《がな》を横に書きましょう。

① ○降る　② ○夕暮れ　③ ○白い灰　④ ●降りる

⑤ ○暖かい　⑥ ○私のふるさと

2 漢字の書き 漢字を書きましょう。

① ゆうぐ（　）れになる。　② 火山のはい（　）。

3 言葉の意味 ○をつけましょう。

28 いかにも冬らしい風景。

ア（　）なんとなく。　イ（　）本当に。　ウ（　）たいくつで。

4 次の文章を読んで、問題に答えましょう。

①春はあけぼの。
②やうやう（ヨウヨウ）白くなりゆく③山ぎは（ワ）、
すこしあかりて、
④紫《むらさき》だちたる雲の細くたなびきたる。

春はあけぼのがいい。
だんだんと白くなっていく空の、
山に近い辺りが、少し明るくなって、
紫がかった雲が細長く横に引いてい
るのがいい。
〈「春はあけぼの」による〉

1 よく出る この文章には、一日のうちのいつごろの様子が書かれていますか。

「あけぼの」という言葉に注目しよう。

（　　）

2 何の様子がえがかれていますか。一つに○をつけましょう。

ア（　）春の山の様子。
イ（　）春の空の様子。
ウ（　）春の野の様子。

3 「①春はあけぼの。」とありますが、筆者は、春はあけぼのがどうだと思っていますか。

春はあけぼのが（　　）。

4 「②やうやう」は、どんな意味ですか。文章中から書きぬきましょう。

（　　）

5 「③山ぎは、すこしあかりて」について、答えましょう。

(1) 「山ぎは」とは、下の絵のア～ウのうち、どこのことですか。記号で答えましょう。

（　　）

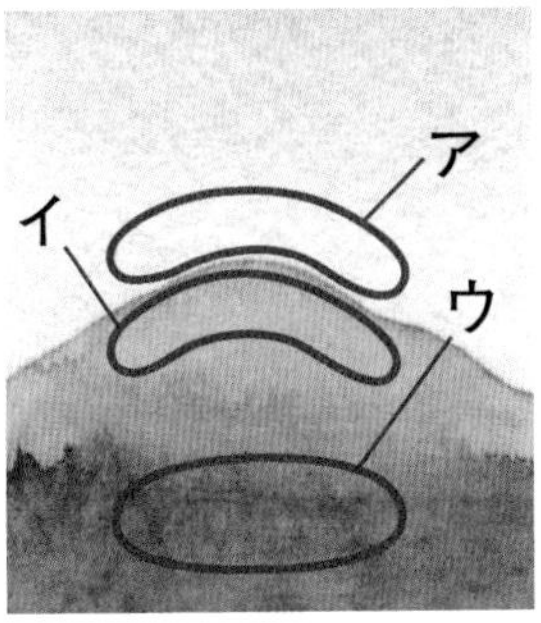

(2) 「すこしあかりて」とありますが、少し明るくなっているのは、なぜですか。一つに○をつけましょう。

「あけぼの」の意味から考えよう。

ア（　）太陽が空の高いところに出ているから。
イ（　）夜が明けはじめているところだから。
ウ（　）人が明かりをつけて、照らしているから。

6 「④紫だちたる雲の細くたなびきたる」とは、何がどうなっている様子を表していますか。

（　　）

7 『枕草子《まくらのそうし》』の筆者は、だれですか。一つに○をつけましょう。

ア（　）紫式部《むらさきしきぶ》　イ（　）松尾芭蕉《まつおばしょう》　ウ（　）清少納言《せいしょうなごん》

8 よく出る 『枕草子』について説明した次の文章の（　）に合う言葉を、[　]から選んで書きましょう。

『枕草子』は、今から（　　）ほど昔に、筆者が見たり聞いたり、感じたりしたことをまとめた文章である。
『枕草子』の初めには、それぞれの（　　）についての自分の（　　）が書かれている。

千年　百年　日本　季節　思い　知恵《え》

ものしりメモ 清少納言《せいしょうなごん》は、父も祖父も有名な歌人だったんだ。歌人の家に生まれた清少納言は、めぐまれた環《かん》境の中で教養を身につけ、文学の才能は早くから評判になっていたんだよ。

基本のワーク

言葉の広場① 主語と述語の対応をかくにんしよう
漢字の広場① 三字以上の熟語の構成 ほか

教科書 上30～34ページ

答え 3ページ

勉強した日 月 日

学習の目標

- 主語と述語の対応をかくにんしよう。
- 三字以上の熟語の構成について理解しよう。
- 五年生で学んだ漢字を復習しよう。

漢字練習ノート4～6ページ

新しい漢字

教科書ページ

漢字	読み	画数	教科書ページ
将	ショウ	10画	30
熟	ジュク	15画	32
並	なみ ならぶ ならびに	8画	32
諸	ショ	15画	32
貴	キ	12画	32
棒	ボウ	12画	32
奏	ソウ	9画	32
賃	チン	13画	32
層	ソウ	14画	32
己	コ	3画	32
退	タイ しりぞく	9画	32
郵	ユウ	11画	33
遺	イ	15画	33
処	ショ	5画	33
蒸	ジョウ	13画	33
策	サク	12画	33
乱	ラン みだれる	7画	33
模	モ ボ	14画	33
券	ケン	8画	33

◀練習しましょう。

1 漢字の読み

読み仮名《がな》を横に書きましょう。

○新しく学ぶ漢字
●新しい読み方を覚える漢字
◆特別な読み方の言葉

1 将来
2 熟語
3 諸問題
4 貴金属
5 電車賃
6 中間層
7 自己
8 一進一退
9 郵便
10 遺産
11 処理
12 蒸気

2 漢字の書き

漢字を書きましょう。

① 列に□《なら》ぶ。

② ピアノの□□□《えんそうかい》。

③ □□《たいさく》を立てる。

④ □□□《だいきぼ》な工事。

③「たいさく」は相手の態度などによってとる手段《だん》という意味だよ。

3 五年生の漢字

漢字を書きましょう。

① 仕事を□《まか》す。

② 丁寧《ていねい》な□□《おうたい》。

③ 電車が□□《つうか》する。

④ 学校の□□《せいふく》。

⑤ 部屋を□□《いどう》する。

⑥ 道に□《まよ》う。

4 言葉の広場① 主語と述語の対応をかくにんしよう

次の主語に正しく対応するように、——の述語を直したものはどれですか。一つに○をつけましょう。

● ぼくの将来の夢は、医者になります。

ア（　　）なることです　イ（　　）なれます

ウ（　　）なるそうです　エ（　　）なりたいです

5

次の文の主語に対応するように、——の述語を正しく書き直しましょう。

私の日課は、どんなにつかれていても、ねる前に日記を書く。

（　　　　）

6 漢字の広場① 三字以上の熟語の構成

次の熟語の構成を□から選んで、記号で答えましょう。

① 市町村（　）　② 卒業式（　）

③ 人間性（　）　④ 大作家（　）

⑤ 森林公園（　）　⑥ 春夏秋冬（　）

ア 一字の語が並ぶ。

イ 一字と二字の語が結びつく。

ウ 二字と一字の語が結びつく。

エ 二字と二字の語が結びつく。

7

例にならって、次の言葉の省略した形を書きましょう。

例 民間放送 →（民放）

① 図画工作 →（　　）

② 入学試験 →（　　）

③ 国際連合 →（　　）

ものしりメモ

漢字の字数よりも、読みの音数が少ない言葉もあるよ。「山毛欅《ぶな》」や「木五倍子《きぶし》」は木の名前、また、「豆汁《ご》」は、大豆を水にひたしてすりつぶしたしるのことだよ。

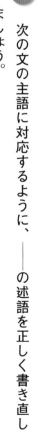

まとめのテスト

あの坂をのぼれば

教科書 上14〜34ページ
答え 3ページ
勉強した日 月 日
時間20分
得点 /100点

次の文章を読んで、問題に答えましょう。

——あの坂をのぼれば、海が見える。

しかし、まだ海は見えなかった。はうようにしてのぼってきた①この坂の行く手も、やはり今までと同じ、果てしない上り下りのくり返しだったのである。

もう、やめよう。

急に、道ばたにすわりこんで、少年はうめくようにそう思った。こんなにつらい思いをして、坂をのぼったり下りたりして、いったいなんの得があるのか。この先、山をいくつこえたところで、本当に海へ出られるのかどうか、わかったものじゃない……。

額ににじみ出るあせをそのままに、草の上にすわって、通りぬける山風にふかれていると、なにもかも、どうでもよくなってくる。じわじわと、疲《ひ》労がむねにつき上げてきた。

日はしだいに高くなる。これから帰る道のりの長さを思って、②重いため息をついた時、少年はふと、生き物の声を耳にしたと思った。

声は、上から来る。ふりあおぐと、すぐ頭上を、光が走った。つばさの長い、真っ白い大きな鳥が一羽、ゆっくりと羽ばたいて、先導するように次のとうげをこえてゆく。

1 「①この坂の行く手」とありますが、その様子を見た少年は、どう思いましたか。□に合う言葉を書きぬきましょう。〔10点〕

海を見に行くのは □□□□□□□ と思った。

2 書いてみよう! 少年が「②重いため息をついた」のはなぜですか。〔20点〕

（　　　）

3 少年が目にしたのは、どんな鳥でしたか。鳥の特徴《ちょう》を書きましょう。一つ5〔10点〕

（　　　）が長く、色は（　　　）で大きな鳥。

4 よく出る! 「③——あれは、海鳥だ!」とありますが、少年は海鳥を見て、どんなことを確信しましたか。〔20点〕

（　　　）

言葉の意味プラス
3行 果てしない…限りがない。どこまでも続く。
17行 ふりあおぐ…顔を上へ向けて高い所を見上げる。
42行 しおざい…海水が満ちるときの波の音。

③――あれは、海鳥だ!

少年はとっさに立ち上がった。海鳥がいる。海が近いのにちがいない。そういえば、あの坂の上の空の色は、確かに海へと続くあさぎ色だ。

今度こそ、海に着けるのか。

それでも、ややためらって、行く手を見はるかす少年の目の前を、ちょうのようにひらひらと、白い物がまい落ちる。てのひらをすぼめて受け止めると、それは、雪のようなひとひらの羽《う》毛だった。

――あの鳥の、④おくり物だ。

ただ一ぺんの羽根だけれど、それはたちまち少年の心に、白い大きなつばさとなって羽ばたいた。

⑤――あの坂をのぼれば、海が見える。

少年はもう一度、力をこめてつぶやく。

しかし、そうでなくともよかった。今はたとえ、この後二つの坂、四つの坂をこえることになろうとも、必ず海に行き着くことができる、行き着いてみせる。

白い小さな羽根を⑥てのひらにしっかりとくるんで、ゆっくりと坂をのぼってゆく少年の耳に――あるいは心のおくにか――かすかなしおざいのひびきが聞こえ始めていた。

〈杉《すぎ》みき子《こ》「あの坂をのぼれば」による〉

5 「④おくり物」について答えましょう。

(1) 少年は何を「おくり物」と言っていますか。たとえを使って表現した十二字の言葉を書きぬきましょう。〔10点〕

(2) よく出る 少年にとってこの「おくり物」は、どんなものでしたか。一つに○をつけましょう。〔10点〕

ア（　）がんばれば海に着けると信じていた少年に、現実のきびしさを教えてくれるもの。

イ（　）気力をなくしかけた少年に、海の近さを感じさせ、勇気づけてくれるもの。

ウ（　）海が見えずに落ちこんでいた少年に、海ではない別の目標をあたえてくれるもの。

チャレンジ!

6 「⑤――あの坂をのぼれば、海が見える。」とありますが、こうつぶやいた時の少年はどんな気持ちですか。一つに○をつけましょう。〔10点〕

ア（　）海は見えなくても、あと一回だけはがんばってみよう。

イ（　）あの坂の向こうは海だから、気楽にのぼってみよう。

ウ（　）海が見えると信じて、再び歩き続けよう。

7 「⑥てのひらにしっかりとくるんで」とありますが、この表現からどんなことがわかりますか。一つに○をつけましょう。〔10点〕

ア（　）少年が強い意志をもち、落ち着いていること。

イ（　）少年が元気をとりもどし、急ごうとしていること。

ウ（　）少年が不安やいらだちをかくし切れていないこと。

ものしりメモ

地球上に約10,000種もいる鳥類全体の中で、海鳥が占《し》める割《わり》合はおよそ４％だよ。海は地球全体の約70％という広大な面積を占めるのに、海鳥はとても少ないんだね。

基本のワーク

アイスは暑いほどおいしい？
——グラフの読み取り

SDGs

教科書 上36～37ページ

答え 4ページ

勉強した日 月 日

学習の目標

●グラフを読み取り、すうちにどのような変化が見られるかを考えよう。

漢字練習ノート7ページ

新しい漢字

教科書36ページ

縦 ジュウ たて 16画

◀練習しましょう。

○新しく学ぶ漢字
●新しい読み方を覚える漢字
◆特別な読み方の言葉

1 漢字の読み

読み仮名《がな》を横に書きましょう。

① 縦方向

2 漢字の書き

漢字を書きましょう。

① □《たて》方向の目もり。

3 五年生の漢字

漢字を書きましょう。

① □□□《ししゅつがく》を出す。

② 最高気温の□□《へいきん》。

③ 図と□□《たいおう》させる。

④ 同じあたいを□《たも》つ。

4 言葉の意味

○をつけましょう。

① 36ページ 世帯が支出するお金。

ア（　）親しくしている人たちの集まり。

イ（　）住まいがいっしょである人たちの集まり。

ウ（　）血がつながった人たちの集まり。

② 36 単位をそろえる。

ア（　）大きさを定めた基準。

イ（　）最も目立つもの。

ウ（　）いくつかのものの代表。

③ 37 大はばにすうちが増える。

ア（　）変化の前後でほぼちがいがなく。

イ（　）変化の度合いが小さく。

ウ（　）変化の度合いが大きく。

④ 37 グラフのすうちは横ばいである。

ア（　）少しだけ変動があること。

イ（　）上下の変動がないこと。

ウ（　）変化がとても大きいこと。

③・④は、グラフの変化を表す言い方だね。

5 次の文章を読んで、問題に答えましょう。

「気温とアイス・シャーベット支出額」というタイトルの上の図では、棒グラフと折れ線グラフが一つに重ねられています。どちらがなんのグラフかわかりますか。

図には、説明がありますね。棒グラフは、一家族（世帯）がアイスやシャーベットに平均して支出するお金を、折れ線グラフは、東京《とうきょう》の最高気温の平均を表していることがわかります。

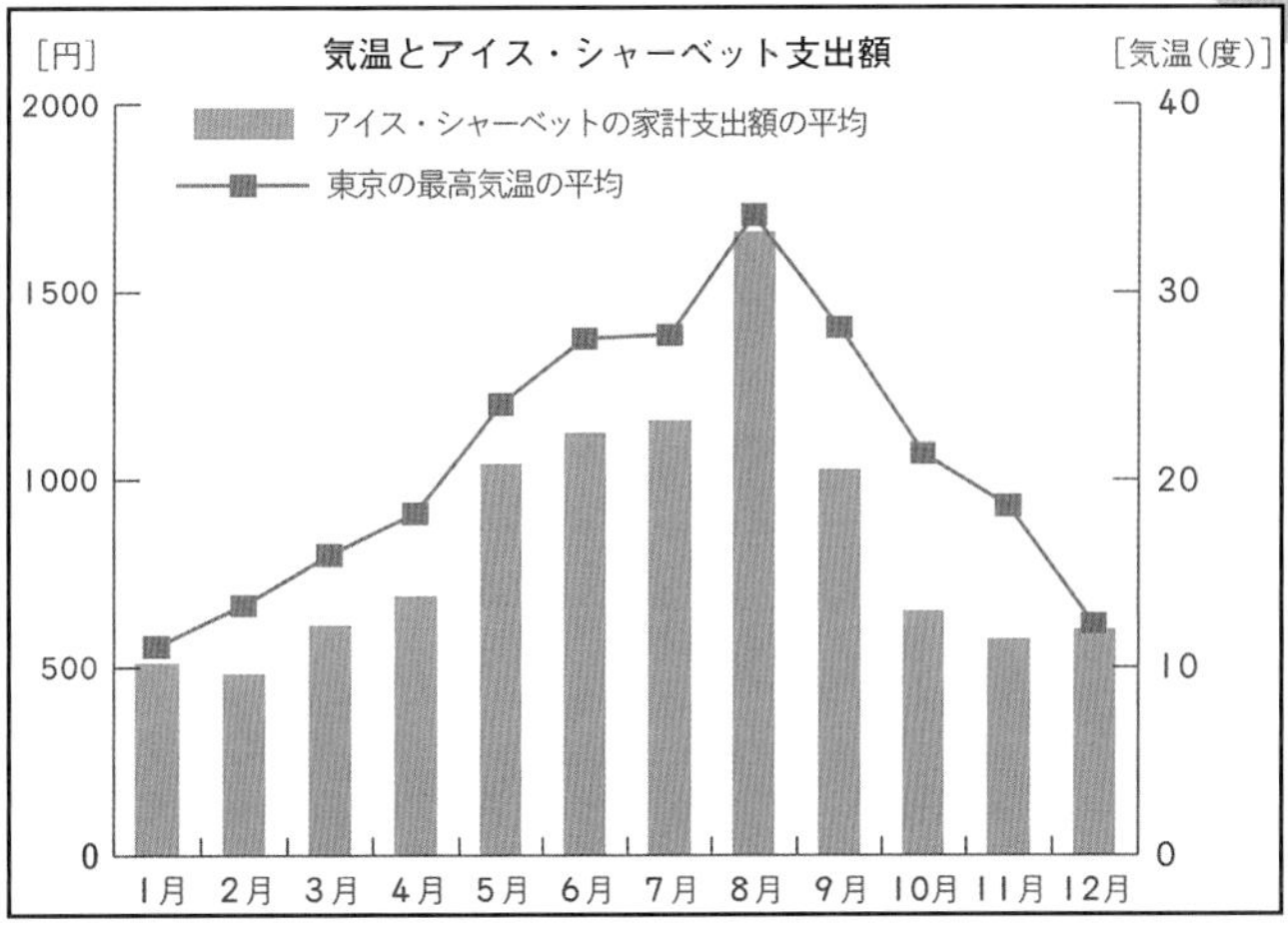

次に、目もりを見ましょう。縦方向の目もりは二本あります。単位を見ると、グラフの左側の縦軸《じく》は、棒グラフに対応してアイス・シャーベットの支出額を、右側の縦軸は、折れ線グラフに対応して東京の気温を表していることがわかります。横方向の目もりは、一月から十二月まで並んでいます。

つまり、二つのグラフは、東京の最高気温の平均とアイス・シャーベットの家計支出額の平均の変化を、月ごとに示したものなのです。みなさんは、このグラフからどのようなことを読み取りますか。

〈「アイスは暑いほどおいしい？——グラフの読み取り」による〉

1 よく出る● ①棒グラフ、②折れ線グラフは、それぞれ何を表していますか。

①（　　　　）

②（　　　　）

2 グラフの縦方向の二つの目もりの単位を書きましょう。

右の目もり（　　　　）

左の目もり（　　　　）

3 棒グラフについての説明に合うもの一つに○をつけましょう。

ア（　）さいだいちは8月の約1700円、さいしょうちは2月の約1000円である。

イ（　）全体のけいこうとして、すうちは月ごとにげきてきに変化している。

ウ（　）すうちが大はばに減っているのは、8月から9月にかけてである。

4 折れ線グラフについての説明に合うもの一つに○をつけましょう。

ア（　）さいだいちは8月の約35度、さいしょうちは1月の約10度である。

イ（　）全体のけいこうとして、すうちの変化はなだらかになっている。

ウ（　）8月から12月にかけてのすうちは横ばいで、ほとんど変化がない。

ものしりメモ

アイスは牛乳《にゅう》などが主な原料、シャーベットは果汁《じゅう》などが主な原料になっているよ。ジェラートはイタリア語で「こおったもの」という意味で、アイスよりも脂肪《しぼう》分が低いんだ。

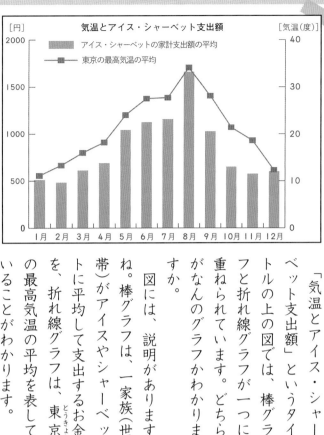

二　文章と資料をあわせて読み、筆者の考えをとらえよう

基本のワーク

雪は新しいエネルギー ――未来へつなぐエネルギー社会

SDGs

教科書 上38～51ページ

答え 4ページ

勉強した日　月　日

学習の目標

- 文章と資料を結びつけて読むときに注意することを理解しよう。
- 説明の仕方の工夫《ふう》をとらえ、内容を理解しよう。

漢字練習ノート7～8ページ

新しい漢字

◀練習しましょう。

教科書ページ	漢字	読み	画数
38	異	イ　こと	11画
38	危	キ　あぶない	6画
40	存	ソン　ゾン	6画
40	除	ジョ　のぞく	10画
40	蔵	ゾウ	15画
41	糖	トウ	16画
41	域	イキ	11画
42	呼	コ　よぶ	8画
42	脳	ノウ	11画
43	割	わる　わり	12画
43	捨	シャ　すてる	11画
46	拡	カク	8画
50	宣	セン	9画
50	郷	キョウ	11画
50	補	ホ　おぎなう	12画
50	皇	コウ　オウ	9画
50	陛	ヘイ	10画
50	后	コウ	6画
50	党	トウ	10画
50	純	ジュン	10画
50	権	ケン	15画
50	孝	コウ	7画
51	厳	ゲン　きびしい	17画
50	傷	ショウ　きず	13画

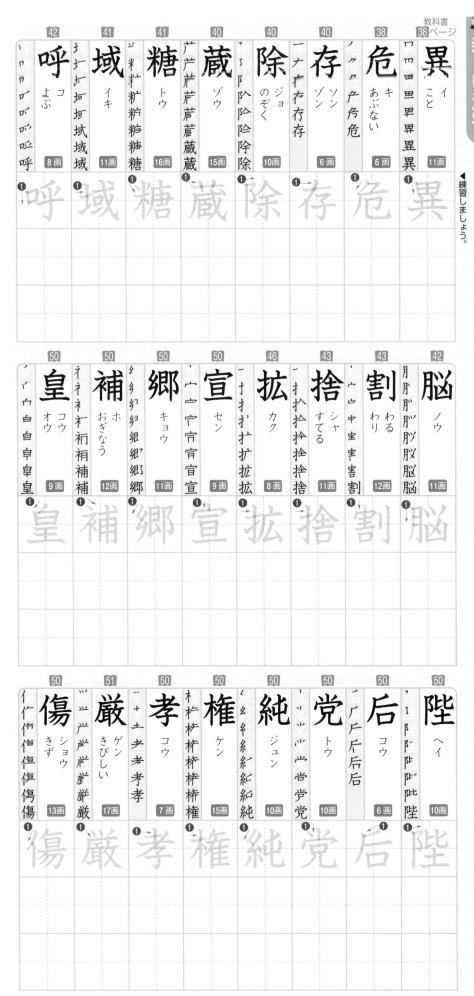

1 漢字の読み

読み仮名《がな》を横に書きましょう。

① ○異常
② ○危機
③ ○存在
④ いもの○糖
⑤ 地○域
⑥ ○呼ぶ
⑦ 首○脳
⑧ 二○割
⑨ ○拡大
⑩ ○宣言
⑪ ○郷土
⑫ 天皇○陛○下
⑬ ●皇○后
⑭ ○党首
⑮ 三○権

○新しく学ぶ漢字
●新しい読み方を覚える漢字
◆特別な読み方の言葉

2 漢字の書き

漢字を書きましょう。

① ごみを［ ］《す》てる。
② ［ ］［ ］《ほじょ》業務をする。
③ ［ ］［ ］《たんじゅん》明快な話。
④ かれは［ ］［ ］《こうこう》息子《むすこ》だ。

③「たんじゅん」の反対の意味の熟語は「複雑」だよ。

内容をつかもう！

☆雪は新しいエネルギー ―未来へつなぐエネルギー社会

要点を次にまとめました。［ ］に合う言葉を、［ ］から選んで書きましょう。

教科書 38〜47ページ

① 世界の状況《きょう》
［ ］の問題が起きている。

② 雪とエネルギー
雪は［ ］を生み出すため、［ ］を変える可能性がある。

③ 今後の課題
雪のエネルギーを利用するときの［ ］の低さや、導入するときの費用といった課題がある。

地球温暖化　効率
雪国の暮らし　エネルギー

筆者は、日本の豊かな自然の力を利用したエネルギーを提案しているね。

3 言葉の意味

○をつけましょう。

① 40《ページ》 雪はやっかいな存在だ。
ア（ ）手間のかかる。
イ（ ）身近に感じる。
ウ（ ）にくまれている。

② 41 食品の鮮《せん》度を保つ。
ア（ ）値段《ねだん》の安さ。
イ（ ）見た目の美しさ。
ウ（ ）新しさの程度。

③ 43 世界でも有数の豪《ごう》雪都市。
ア（ ）昔からあること。
イ（ ）どこにでもあること。
ウ（ ）特にすぐれていること。

④ 46 効率が低い。
ア（ ）仕事の価値《ち》。
イ（ ）仕事の能率。
ウ（ ）仕事の人気。

⑤ 47 雪をエネルギーとしてとらえる。
ア（ ）理解する。認《にん》識する。
イ（ ）くわしく研究する。
ウ（ ）今後も利用する。

ものしりメモ 北海道《ほっかいどう》の沼田《ぬまた》町や美唄《びばい》市では、環《かん》境にやさしいまちづくりをめざして、雪を冷熱源《げん》として利用する取り組みのほか、雪を利用した加工食品などを作っているよ。

二　文章と資料をあわせて読み、筆者の考えをとらえよう

練習のワーク①

雪は新しいエネルギー ――未来へつなぐエネルギー社会

SDGs

教科書　上38～51ページ
答え　4ページ
勉強した日　月　日

できるナビ
筆者があげている地球温暖化の原因と解決策を読み取ろう。

1 次の文章を読んで、問題に答えましょう。

今、世界各地で、①地球温暖化による異常気象や環《かん》境問題が起こっています。南太平洋《みなみたいへいよう》の島々では、海面上昇《しょう》による水没《ぼつ》の危機がせまっています。日本でも、最高気温が三十五度以上の猛《もう》暑日が増加しています。私たちが石油や石炭、天然ガスなどの化石燃料を大量に使用することで、大量のエネルギーと引きかえに、二酸化炭素などの温室効果ガスを排《はい》出していることが、地球温暖化の大きな原因といわれています。

私たちは、化石燃料にたよらない社会をどのようにつくりだしていけばよいのでしょうか。

ここで、エネルギーについて考えてみましょう。エネルギーとは、「何かにはたらきかけそれを変化させる力」です。化石燃料に代わる新しいエネルギーとして注目されているのが、再生可能エネルギーです。代表的なものに、太陽光、風力、水力、地熱などがあります(図―)。②これらのエネルギーは、自然の中でくり返し生成され、地球温暖化の原因となる二酸化炭素を排出しません。

(3) 筆者は、地球温暖化の問題に対して、どのような解決策を考えていますか。一つに○をつけましょう。

ア（　）さらにたくさんの化石燃料を確保すること。
イ（　）化石燃料にたよらない社会をつくりだすこと。
ウ（　）化石燃料を安全に使うためのきまりをつくること。

地球温暖化の原因となるものを減らそうと考えているよ。

2 エネルギーとはなんですか。

（　　　　）

3 「②これらのエネルギー」について、答えましょう。

(1) なんと呼ばれていますか。九字の言葉を書きぬきましょう。

(2) これらはどのようなものとして注目されているのですか。

（　　　　）

(3) これらにあてはまらないもの一つに○をつけましょう。

ア（　）太陽光
イ（　）地熱
ウ（　）化石燃料

言葉の意味プラス
1行　異常気象…過去30年以上にわたって観測されなかったようなめずらしい気象現象。また、いつもとは非常に異なる気象現象。　6行　排《はい》出…いらないものを外に出すこと。

みなさんは、「雪はエネルギーだ。」と言われたらどう思いますか。③雪をお湯に入れるとお湯の温度が下がります。つまり、雪は、温度を下げる「冷熱エネルギー」と考えることができるのです。しかも、雪は毎年、空から降ってきて使いきってしまうことがありません。雪は、太陽光や風力、水力と同じ再生可能エネルギーなのです。

＊図1…教科書39ページの図。

〈媚山《こびやま》 政良《まさよし》「雪は新しいエネルギー——未来へつなぐエネルギー社会」による〉

1 「①地球温暖化」について、答えましょう。

(1) よく出る 地球温暖化によってどのようなことが起こっていますか。四字の言葉を二つ書きぬきましょう。

□□□□・□□□□

(2) 地球温暖化の大きな原因は、なんですか。

石油や石炭、天然ガスなどの（　　）を大量に使用することで、（　　）などの（　　）を排出していること。

エ（　）水力

オ（　）風力

4 「③雪をお湯に入れるとお湯の温度が下がります。」とありますが、これはどのようなことを示していますか。

雪は、温度を（　　）「（　　）エネルギー」であるということ。

5 よく出る この文章で筆者が述べているのはどのようなことですか。一つに○をつけましょう。

それぞれのだんらくに書かれている内容をまとめよう。

ア（　）今、世界にはさまざまな問題が起こっており、その問題は化石燃料にたよらない社会をつくることで解決できるので、世界中がそのような社会になるべきだということ。

イ（　）今、南太平洋や日本には地球温暖化による問題が起こっているので、地球温暖化の原因となる二酸化炭素を排出しない再生可能エネルギーだけを使うべきだということ。

ウ（　）今、世界中で地球温暖化による問題が起こっているので、地球温暖化の原因となる二酸化炭素を減らすために、再生可能エネルギーを利用して暮らすべきだということ。

第一だんらくでは地球温暖化の原因、第二・三だんらくではその解決策について述べているね。

ものしりメモ 再生可能エネルギーには、ほかにバイオマスもあるよ。バイオマスは家畜《ちく》のフンや稲《いな》わら、生ごみなども資源《げん》として使うんだよ。

練習のワーク②

雪は新しいエネルギー ――未来へつなぐエネルギー社会 SDGs

教科書 上38～51ページ　答え 5ページ

勉強した日　月　日

できるナビ
●雪のエネルギーの利用例を読み取ろう。
●氷室《ひむろ》の機能と長所について理解しよう。

次の文章を読んで、問題に答えましょう。

雪国(豪《ごう》雪地帯)では、雪が積もることで道路が通れなくなったり、雪の重みで電線が切れて停電を引き起こしたりと、①雪はやっかいな存在でした。雪が降った時には、道路の除雪や、電気やガス・水道の維《い》持などのために多くの人たちが働き、雪から暮らしを守っています。

雪の冷熱エネルギー利用ができるようになると、雪国の暮らしを変える可能性があります。

実は、日本では、昔から冬の氷や雪を夏までたくわえておく「氷《ひ》室《むろ》」という大きな冷蔵庫のような施《し》設があり、氷や雪の冷熱エネルギーを利用していました。

この②「氷室」の機能を現代にも利用する③実験を行いました。貯蔵

2 よく出る● ②「氷室」はどのような施設ですか。

氷や雪を（　　　　）までたくわえておく、大きな（　　　　）のような施設。

「氷室」の「機能」を、直前の「この」がさしているだんらくから読み取ろう。

3 ③「実験」について答えましょう。

(1) 実験を行うのはなぜですか。一つに○をつけましょう。

ア（　）氷室の機能を確かめるため。
イ（　）氷室が利用されていた歴史を調べるため。
ウ（　）氷室のすばらしさを今の人に教えるため。

(2) 実験で使った貯蔵庫の中について、どのようなことがかくにんできましたか。

（　　　　　　　　）

「かくにん」という言葉に注目しよう。

言葉の意味プラス
7行 維持…同じ状態を続けること。
16行 施《し》設…ある目的のための設備。
18行 機能…ものがもっているはたらき。
19行 貯蔵庫…ものをたくわえておく設備。

庫を断熱材でおおって、そこに雪と一緒《しょ》に野菜を入れたのです。この中は、一年中、電気を使わなくても低い室温を保ち、高い湿《しつ》度で安定することがかくにんできました(図2*)。
　その貯蔵庫で野菜を長期間保存したあと、それぞれの鮮《せん》度を調べました。その結果、ながいもは、かなりの長い期間、鮮度を保った状態で保存できることがわかりました。また、じゃがいもは、室温の安定した貯蔵庫で保存することで、でんぷん質が糖に変化し、あまくなることもわかりました(図3*)。

〈媚山《こびやま》 政良《まさよし》「雪は新しいエネルギー――未来へつなぐエネルギー社会」による〉

*図2・図3…教科書41ページの図。

1 ①「雪はやっかいな存在でした」とありますが、なぜ「やっかいな存在」なのですか。一つに○をつけましょう。

「やっかい」は「めんどうなこと。」という意味だよ。

ア（　）雪が積もって道路が通れなくなったり、雪の重みで電線が切れて停電を引き起こしたりするから。

イ（　）雪は毎年、空から降ってくるものなので、使いきってしまうということが絶対にないから。

ウ（　）雪は太陽光や風力、水力と同じで、再生可能エネルギーに分類されるものだから。

(3) **よく出る** 実験では、貯蔵庫で保存したながいもとじゃがいもは、それぞれどうなりましたか。

ながいも　かなりの長い期間、（　　　　）できた。

じゃがいも　でんぷん質が糖に変化し、（　　　　）なった。

野菜によって実験の結果にどのようなちがいがあったのかな？

(4) 実験の内容として正しいものには○、まちがっているものには×をつけましょう。

ア（　）貯蔵庫でながいもとじゃがいもを保存し、状態を調べた。

イ（　）「氷室」の機能を利用した野菜の貯蔵庫をつくった。

ウ（　）貯蔵庫では、雪を断熱材の代わりに入れた。

ものしりメモ　北海道《ほっかいどう》の沼田《ぬまた》町では、積もった雪を利用して、お米を貯蔵しているんだよ。そのお米は「雪中米（せっちゅうまい）」というよ。

教科書 上36～51ページ
答え 5ページ
勉強した日　月　日

まとめのテスト

雪は新しいエネルギー ——未来へつなぐエネルギー社会 SDGs

時間20分
得点　/100点

次の文章を読んで、問題に答えましょう。

しかし、夏に雪を利用するには①課題があります。大量の雪の保存です。どのようにすればよいのでしょうか。

人口二百万人に近い札幌《さっぽろ》市は、世界でも有数の豪《ごう》雪都市です。除雪作業によって郊《こう》外に集められた雪は、年間千五百万トン、二千万立方メートル（小学校のプール約四万五千はい分）もの②大きな雪山になります。今は、とけるまでそのままにしていますが、もし、この大量の雪を捨てずに、夏に冷熱エネルギーとして利用することができれば、冷房《ぼう》費用が削《さく》減されるだけでなく二酸化炭素排《はい》出量の削減にもつながります。

二〇〇〇年、北海道沼田《ほっかいどうぬまた》町で③雪の保存実験が行われました。四月に、高さ四メートルの雪山を造り、表面を厚さ三十から四十センチメートルのバークともみ殻《がら》の層でおおいました。夏の暑さが雪に直接伝わることを防ぐためです。その結果、約半年後まで、高さ二・五メートルの雪山を残すことができました。

こうして、雪をどのように保存するかという課題の解決方法が見つかり、雪国では、真夏に数万トンから数百万トンの雪の利用が可能になったのです。

このように、雪を新たなエネルギーとして利用する方法は、

1　①「課題」とは、どんなことですか。七字の言葉を書きぬきましょう。〔10点〕

2　②「大きな雪山」について、答えましょう。

(1) よく出る●「大きな雪山」を、夏に冷熱エネルギーとして利用できれば、なんの削減につながりますか。〔20点〕

（　　　　）

(2) 冷熱エネルギーとして利用するには、雪山にはどんな課題がありますか。〔15点〕

雪を（　　　　）という課題。

3　③「雪の保存実験」について、答えましょう。

(1) どんな実験をしましたか。〔5点〕

四月に高さ（　　　　）の雪山を造り、表面を厚さ三十から四十センチメートルの（　　　　）と（　　　　）の層で覆った。

言葉の意味プラス
2行　保存…そのままとっておくこと。　8行　削《さく》減…減らすこと。
20行　拡大…広がり大きくなること。　21行　地域…区切られた、あるはんいの土地。

私たちの暮らしの中でさまざまな分野に拡大しつつあります。今や、「④夏にも雪と暮らす」ことで、雪国という地域の特徴《ちょう》を生かした新しいエネルギー社会が始まっています。

ただし、⑤雪の冷熱エネルギーの今後の課題についても考えていかなければなりません。まず、雪の利用は雪国に限られています。さらに、雪の冷熱エネルギーは、他の再生可能エネルギーと同じく、エネルギーとして利用するときの効率が低いのも事実です。また、雪の保存施《し》設は、新たな導入に費用がかかります。

とはいえ、日本の国土の半分以上は雪国です（図5*）。そこには、一年に五百億トンから九百億トンの雪が降り、日本の人口の十五パーセントが住んでいます。雪を冷熱エネルギーとしてとらえ、その利用について考えることは、化石燃料にたよった社会から、新たな持続可能な社会へとふみ出す第一歩として重要です。

〈媚山《こびやま》 政良《まさよし》「雪は新しいエネルギー ――未来へつなぐエネルギー社会」による〉

＊図5…教科書46ページの図。

(2) その結果、造った雪山は約半年後にどうなりましたか。〔5点〕

書いてみよう!

（　　　　）

4 チャレンジ! 「④夏にも雪と暮らす」とは、どういうことですか。一つに○をつけましょう。〔15点〕

ア（　）雪国の特徴を生かして、夏に雪をエネルギーとして利用すること。

イ（　）雪国の雪を夏でも利用できるようにして、観光客を招くということ。

ウ（　）雪国では夏になる前から、厳しい冬に備えるための準備を始めるということ。

5 「⑤雪の冷熱エネルギーの今後の課題」は、どんなことですか。三つに分けて書きましょう。 一つ5〔15点〕

●雪の利用は（　　　　）に限られていること。

●（　　　　）こと。

●新たに保存施設を導入するときに（　　　　）こと。

6 よく出る● 筆者の主張として、合うもの一つに○をつけましょう。〔15点〕

ア（　）新たな持続可能な社会のために、雪を活用すべきだ。

イ（　）エネルギーとしての雪の保存方法を早く見つけるべきだ。

ウ（　）雪よりも、他の再生可能エネルギーをもっと活用すべきだ。

ものしりメモ

北海道《ほっかいどう》の沼田《ぬまた》町では、雪の供《きょう》給を始めていて、雪を冷熱源《げん》として利用することをすすめたり、夏に雪を使ったイベントを行ったりするなど、利用方法を提案しているよ。

基本のワーク

パネルディスカッション――地域の防災 SDGs
みんなで作ろうパンフレット SDGs ほか

教科書 上52～65ページ
答え 6ページ

勉強した日 月 日

学習の目標
- パネルディスカッションの方法を学ぼう。
- パンフレットを作る手順をおさえよう。

新しい漢字

漢字練習ノート9ページ

教科書ページ	漢字	読み	画数
52	論	ロン	15画
52	討	トウ	10画
53	難	ナン むずかしい	18画
55	簡	カン	18画
63	俳	ハイ	10画
63	垂	スイ たれる	8画
63	源	ゲン みなもと	13画

◀練習しましょう。

1 漢字の読み

読み仮名《がな》を横に書きましょう。

1 論題　2 討議　3 避《ひ》難　4 簡潔
5 俳句　6 雨垂れ　7 語源

○新しく学ぶ漢字
●新しい読み方を覚える漢字
◆特別な読み方の言葉

2 漢字の書き

漢字を書きましょう。

1 □□《とうろん》をする。
2 避□《なん》訓練を行う。
3 □□《はいく》をよむ。
4 言葉の□□《ごげん》。

3 パネルディスカッション――地域の防災

パネルディスカッションとは、なんですか。（　）に合う言葉を、[　]から選んで書きましょう。

一つの（　　）について、三人以上の（　　）が参加者（　　）の前で討論する方法。

[立場　パネリスト　論題　フロア]

みんなで作ろうパンフレット

4 次は、防災のためのパンフレットの一部です。これを読んで、問題に答えましょう。

防災　もしも水が出なくなったら？

地震《しん》のような災害は、いつ起きてもおかしくありません。災害が起きたとき、私たちの生活に欠かせないライフラインである水道がストップしたら……。みなさんは災害時用に、家に水を用意していますか？

もしものときに備えて、準備しましょう！

（あ）

準備するもの　①飲み水

飲み水は、日ごろからペットボトルなどで多めに用意して、古いものから使います。

また、水道水は、きれいなペットボトルに入れてきちんとふたをし、日の当たらない場所に置いておけば、3日くらいは飲めます。

準備するもの　②生活用水

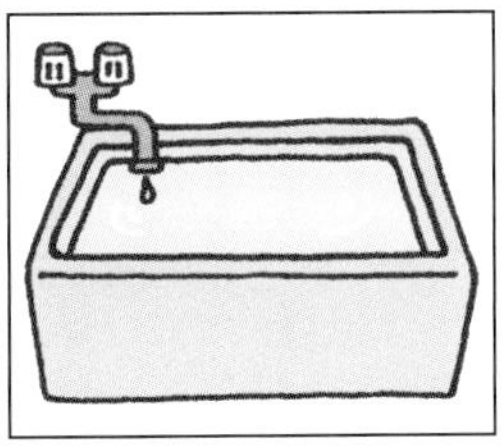

おふろに水を入れておけば、生活用水として使えます。せんたくやそうじ、トイレなどにも使えます。

飲み水や調理の水で備えたほうがよい量

4人家族の場合、2リットルのペットボトルで12本はいつも備えましょう。

〔参考にした本『東京《とうきょう》防災』（東京都）〕

---

1 このパンフレットの構成や割り付けの工夫《ふう》についての説明として、合わないもの一つに○をつけましょう。

ア（　）問いかけの文を見出しにしているので、読む人がひきつけられる。

イ（　）ここに書かれていないことは、何を見ればよいのかがわかるようになっている。

ウ（　）備える水は、どんな方法で保存すればよいのかを、飲み水と生活用水に分けて説明している。

2 飲み水としてペットボトルに準備した水は、どんな場所においておけばよいですか。

（　　　　　　　　）

3 このパンフレットの（あ）の部分に加えるとよいものは、なんですか。合うもの一つに○をつけましょう。

ア（　）それぞれの家で災害時用に水を用意しているかについてのクラスのアンケート結果。

イ（　）災害のときは、どこに避《ひ》難すればよいかがわかる避難場所の地図。

ウ（　）食料品について、災害に備えてどれくらい準備したらよいのかという説明。

パンフレットを作るときには、知らせたい内容を最初に決めておくよ。知らせたい内容に関する絵や写真・図表などを入れると、わかりやすくなるね。

ものしりメモ　案内や広告などを記したもので、冊《さっ》子の形になっているものを「パンフレット」、1枚《まい》の紙に印刷したものを「リーフレット」と呼ぶんだよ。

基本のワーク

漢字の広場②
複数の意味をもつ漢字
五年生で学んだ漢字②

教科書 上66～68ページ
答え 6ページ

勉強した日 月 日

学習の目標
●一つの漢字にいくつかの意味があることを理解しよう。
●五年生で学んだ漢字を復習しよう。

漢字練習ノート10～11ページ

新しい漢字

教科書66ページ

教科書ページ	漢字	読み	画数
66	姿	シ　すがた	9画
67	針	シン　はり	10画
67	樹	ジュ	16画
67	預	ヨ　あずける	13画
67	警	ケイ	19画
67	署	ショ	13画
67	勤	キン　つとめる	12画
67	我	われ	7画
67	操	ソウ	16画
67	裁	サイ　さばく	12画
67	臨	リン	18画

◀練習しましょう。

1 漢字の読み　読み仮名《がな》を横に書きましょう。

①○大きな姿
②●針葉樹
③○預ける
④○警察署
⑤○勤務
⑥○我々
⑦○操作
⑧○裁断
⑨○臨時

○新しく学ぶ漢字
●新しい読み方を覚える漢字
◆特別な読み方の言葉

2 漢字の書き　漢字を書きましょう。

① □□《はりしごと》をする。
② お金を□《あず》ける。
③ □□□《けいさつしょ》に行く。
④ 学校に□□《きんむ》する。
⑤ 機械を□□《そうさ》する。
⑥ 布地を□□《さいだん》する。

3 五年生の漢字

漢字を書きましょう。

1 書類を□□《ていしゅつ》する。

2 高度な□□《ぎじゅつ》。

3 □□《ふくざつ》な構造。

4 絵の具を□《ま》ぜる。

5 製品の□□《けんさ》。

6 海外との□□《ぼうえき》。

☆ 漢字の広場② 複数の意味をもつ漢字

4

次の意味をもち、それぞれの言葉の□に合う漢字を（　）に書きましょう。

① ものの形 …気□予報
② かたどる …□形文字
（　　）

5

上の漢字を、1～3の意味で使っている言葉に完成させます。□に合う漢字を、[　]から選んで書きましょう。

挙

1 上に高くあげる。……挙□
2 取り立てて用いる。……□挙
3 行う。事を起こす。……挙□

[手　式　選]

望

1 遠くを見る。……望□鏡
2 願う。のぞむ。……□望
3 評判。人気。……□望

[遠　人　希]

6

次の言葉では、——の漢字がどのような意味で使われていますか。[　]から選んで、記号で答えましょう。

現 …… 1 表現（　）　2 現在（　）

[ア あらわす　イ 今ある]

布 …… 1 配布（　）　2 毛布（　）

[ア ぬの　イ ゆきわたらせる]

針 …… 1 針葉樹（　）　2 方針（　）　3 針路（　）　4 運針（　）

[ア はり　イ はりの形をしたもの　ウ 指し示す方向]

解 …… 1 分解（　）　2 理解（　）　3 解放（　）　4 解消（　）

[ア ときほどく・ゆるめる　イ わかる・さとる　ウ ばらばらにする　エ なくす・やめる]

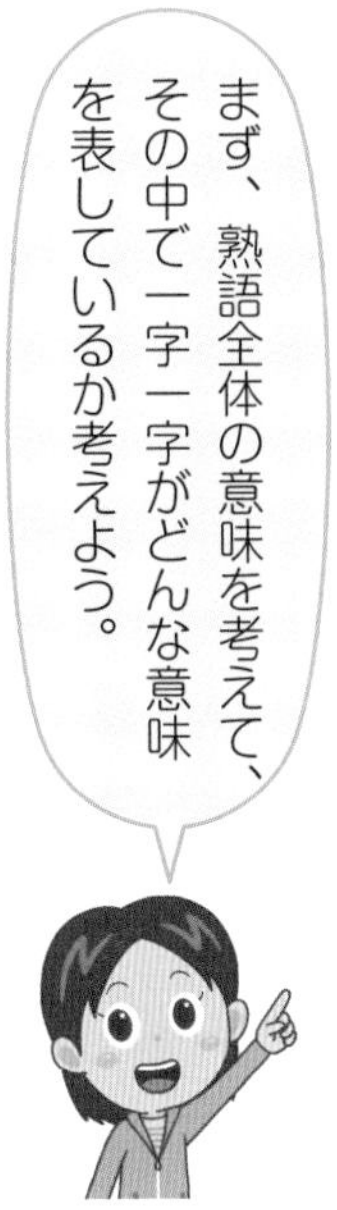
まず、熟語全体の意味を考えて、その中で一字一字がどんな意味を表しているか考えよう。

ものしりメモ　世界で使われている言葉は数千種類あるといわれているよ。それに対して世界の国の数は200ぐらい。いくつもの言葉が使われている国があるんだね。

まとめのテスト

パネルディスカッション――地域の防災 SDGs
みんなで作ろうパンフレット SDGs ほか

教科書 上52～68ページ　答え 7ページ

時間20分

得点　　/100点

勉強した日　月　日

1 次のパネルディスカッションの一部を読んで、問題に答えましょう。

司会　これから、「災害から身を守るためには何が必要か」について、パネルディスカッションを始めます。パネリストは、北原さん、夏川さん、木村さん、中西さん、司会は森本と東野です。最初に、パネリストがそれぞれ自分の考えを述べます。次に、パネリストどうしで意見をやりとりします。次に……。

みなさん、これから銚子《ちょうし》市で起こるかもしれない地震《しん》や津《つ》波などの災害から自分の身を守るためには、何が必要だと思いますか。

〈第一回発言〉

北原　ぼくたちは、「避《ひ》難訓練をさらに充《じゅう》実させる」ことが必要だと考えました。東日本大震災《ひがしにほんだいしんさい》の時には、……。このように、地震のときの行動を、前もって訓練していたことで、たくさんの小・中学生が助かったそうです。

ぼくたちも、毎月、学校で避難訓練をしていますが、自分のためという意識をもてていない人もいるように思います。災害はいつどこで起こるかわからないので、大人がいないときにどう行動するかなど、いつも安全な行動ができるように考えることが大事だと思います。

北原　夏川さんに質問です。家族と、災害に対する準備をすることが必要だと言っていましたが、夏川さんの家ではどんな準備をしていますか。

〈「パネルディスカッション――地域の防災」による〉

1 よく出る　このパネルディスカッションの論題はなんですか。〔20点〕

（　　　　）

2 司会は、どんな役割をしていますか。合うもの二つに○をつけましょう。　一つ5〔10点〕

ア（　）論題を示し、話し合いの流れをかくにんしている。
イ（　）複数の意見から考えられる、一つの結論を述べている。
ウ（　）意見の要点をまとめ、討論が深まるように進行している。
エ（　）パネリストの意見を聞き、自分の意見を述べている。

チャレンジ

3 〈第一回発言〉での、パネリストの発言の仕方として、（　）に合う言葉を、［　］から選んで書きましょう。　一つ5〔15点〕

パネリストは、まず、グループの（　　　）として、自分たちの（　　　）を明らかにしている。次に、自分たちのグループの（　　　）を発表している。

意見　感想　立場　代表

夏川　私たちは、「家族と、災害に対する準備をする」ことが必要だと考えました。そこで、家庭の非常持ち出しぶくろの中を見てみることにしました。これは、私の家の非常持ち出しぶくろの中身の写真です。また、家族との集合場所についても話し合ってみました。私たちは、災害が来ないうちに、家族でしっかりと準備しておくことが大切だと考えます。

木村　私たちは、「過去の歴史から学ぶ」ことが必要だと考えました。……

中西　ぼくたちは、「どんな設備があるのかを知る」ことが必要だと考えました。……

司会　パネリストのみなさん、ありがとうございました。それぞれのパネリストの意見を整理すると、……。では、それぞれの意見を聞いて、質問や意見があったら発言をどうぞ。

〈第二回発言〉

2 次の俳句から、「雨」に関わる言葉を書きぬきましょう。〔10点〕

さみだれをあつめて早し最上《もがみ》川

松尾《まつお》 芭蕉《ばしょう》

〈「言葉の文化② 雨」による〉

（　　　　）

4 夏川さんは、自分の発言でどんな工夫《ふう》をしていますか。　一つ5〔10点〕

夏川さんは、家族と災害に対する（　　　　）をすることの必要性を説明するために、資料として自分の家の非常持ち出しぶくろの中身の（　　　　）を効果的に使っている。

5 よく出る　パネルディスカッションを聞くときに大事なことは、どんなことですか。一つに○をつけましょう。〔10点〕

ア（　）意見の内容より、話し方や表情に注目しながら聞くこと。

イ（　）自分がよいと思う意見だけを聞き、ほかの意見は聞かないようにすること。

ウ（　）さまざまな立場からの意見を、比べたり関係づけたりしながら聞くこと。

3 世代による言葉のちがいについてまとめた次の文章の（　）に合う言葉を、［　］から選んで書きましょう。　一つ5〔25点〕

言葉は、（①　　　）とともに（②　　　）し、世代によって使う言葉が変わることがある。

言葉は、（③　　　）や（④　　　）に合わせて使い分けないと、相手に通じなかったり、（⑤　　　）な感じをあたえることがある。

失礼　相手　変化　時代　場面

ものしりメモ

「司会者」の「司」という漢字には、「つかさどる・とりしきる」という意味があるよ。つまり、「司会者」とは、「会をとりしきる者」ということだね。

基本のワーク

川とノリオ

読書の広場① 地域の施《し》設を活用しよう

SDGs

教科書 上70～93ページ

答え 7ページ

勉強した日　月　日

学習の目標

●場面ごとの登場人物の心情を読み取ろう。

●すぐれた表現を味わいながら、その効果をとらえよう。

漢字練習ノート12～13ページ

新しい漢字

▼練習しましょう。

教科書ページ	漢字	読み	画数
71	若	わかい	8画
71	洗	セン　あらう	9画
72	映	エイ　うつる	9画
73	片	かた	4画
74	巻	カン　まく　まき	9画
74	砂	サ　すな	9画
77	穴	あな	5画
85	探	タン　さがす	11画
85	晩	バン	12画
85	干	カン　ほす	3画
90	穀	コク	14画
90	至	シ　いたる	6画
90	恩	オン	10画
90	舌	した	6画
90	射	シャ　いる	10画
90	座	ザ	10画
90	欲	ヨク	11画
93	届	とどける	8画
93	訪	ホウ　たずねる	11画

1 漢字の読み

読み仮名《がな》を横に書きましょう。

① ○若い

② ○洗う

③ ○映る

④ ○片一方

⑤ ○取り巻く

○新しく学ぶ漢字
●新しい読み方を覚える漢字
◆特別な読み方の言葉

3 言葉の意味

○をつけましょう。

① 70ページ いっときの絶え間もなく。

ア（　）長い時間。

イ（　）ちょっとの間。

ウ（　）短いきょり。

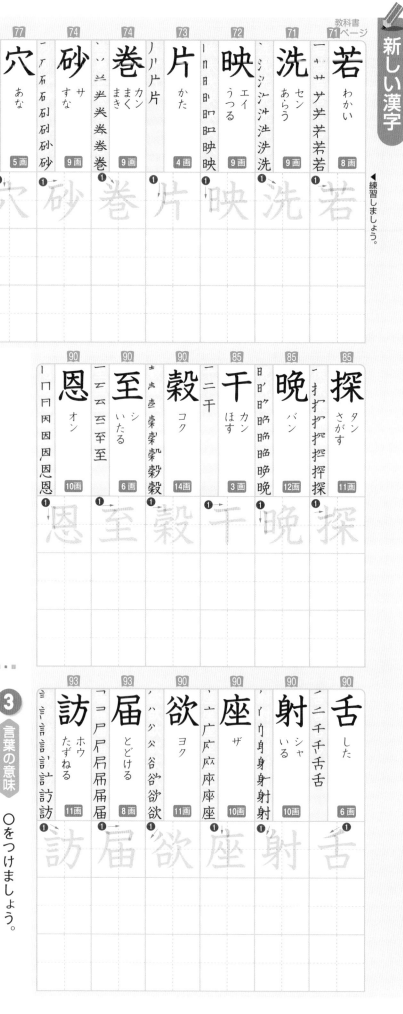

⑥ 砂の上
⑦ 穴倉
⑧ 探す
⑨ 幾《いく》晩
⑩ 干し草
⑪ 穀雨
⑫ 夏《げ》至
⑬ 恩に着る
⑭ 舌を巻く
⑮ 的を射る
⑯ 座がしらける
⑰ 欲を出す
⑱ 届ける
⑲ 訪ねる

2 漢字の書き

漢字を書きましょう。

① 空を□《うつ》す。
② □《おん》を返す。
③ □《よく》が出る。

内容をつかもう！

☆川とノリオ　あらすじを次のようにまとめました。□に合う言葉を、□から選んで書きましょう。　教科書70〜87ページ

① 早春、ノリオは、母ちゃんの背中で□のにおいをかぐ。父ちゃんが戦地へ行ってしまう。
② 川と、ノリオと、母ちゃんは「追いかけっこ」をする。
③ 夏、サイレンが鳴り、ノリオは母ちゃんと□に入る。
④ 八月六日、ノリオは一日中川の中で□を待っていた。
⑤ 母ちゃんが死に、ノリオは、□の子になった。
⑥ 秋、父ちゃんが、小さな箱になって戦地から帰った。
⑦ また、八月の六日が来る。ノリオは、□で死んだ母ちゃんを思い、干し草をかる。

穴倉	じいちゃん	川
母ちゃん	ヒロシマ	

② 74 ノリオは、はっと立ちすくむ。
ア（　）立ってからしゃがむ。
イ（　）立ったまま動けなくなる。
ウ（　）立ち上がって歩きだす。

③ 74 川の流れにおびえる。
ア（　）意外でびっくりする。
イ（　）おもしろくて喜ぶ。
ウ（　）こわがってびくびくする。

④ 76 母ちゃんの手が不意に現れる。
ア（　）いきなり強《ごう》引に。
イ（　）思いがけず急に。
ウ（　）やさしくおだやかに。

⑤ 76 母ちゃんが日に日にやつれる。
ア（　）やせおとろえる。
イ（　）心や体が楽になる。
ウ（　）いそがしくなる。

⑥ 77 穴倉から出たいと、ノリオがぐずる。
ア（　）ゆっくりと動いて近づく。
イ（　）大きな声を出しておどろかす。
ウ（　）無理を言ってこまらせる。

⑦ 81 節くれだった手。
ア（　）まっすぐにのびた。
イ（　）皮ふががさがさした。
ウ（　）骨《ほね》ばってごつごつした。

ものしりメモ　「川とノリオ」の作者、いぬいとみこさんは、戦争中、山口《やまぐち》県柳井《やない》市の保育園で働いていた時に、広島《ひろしま》に落とされた原子爆弾《ばくだん》の光を見たということだよ。

練習のワーク1

川とノリオ

SDGs

教科書　上70～93ページ

答え　7ページ

勉強した日　月　日

できるナビ
●母ちゃんや父ちゃんの心情を読み取ろう。
●表現の工夫《くふう》をとらえよう。

次の文章を読んで、問題に答えましょう。

町はずれを行く、いなかびた一筋の流れだけれど、その川はすずしい音をたてて、さらさらと休まず流れている。日の光のチロチロゆれる川底に、茶わんのかけらなどしずめたまま。

春にも夏にも、冬の日にも、ノリオは①この川の声を聞いた。
母ちゃんの生まれるもっと前、いや、じいちゃんの生まれるもっと前から、川はいっときの絶え間もなく、この音をひびかせてきたのだろう。山の中で聞くせせらぎのような、なつかしい、②昔ながらの川の声を――。

早春

あったかい母ちゃんのはんてんの中で、ノリオは川のにおいをかいだ。

③母ちゃんの手が、せっせと動くたびに、はんてんのえりもともせわしくゆれて、ほっぺたの上のなみだのあとに、川風がすうすうと冷たかった。

川っぷちの若いやなぎには、

2　「②昔ながらの川の声を――」の「――」には、どんな言葉が省略されていると考えられますか。文章中から書きぬきましょう。

（　　　　　　　　）

3　「③母ちゃんの手が、せっせと動く」とありますが、母ちゃんは、何をしているのですか。

（　　　　　　　　）

4　「④ノリオは川のにおいをかいだ」について、答えましょう。

(1)　このとき、ノリオはどんな気持ちでしたか。一つに○をつけましょう。

「母ちゃん」のはんてんの中にいるノリオの気持ちを考えよう。

ア（　）きゅうくつで、落ち着かない気持ち。
イ（　）安心しきった、安らかな気持ち。
ウ（　）悲しくて、泣きだしたい気持ち。

(2)　「川のにおい」は、どんなにおいでしたか。文章中から書きぬきましょう。

（　　　　　　　　）

言葉の意味プラス
15行　せわしい…いそがしく、休む間もない。
25行　のぼり…たてが長い長方形の布をさおにつけた旗。　27行　停車場《ば》…駅。

銀色の芽がもう大きかった。

赤んぼのノリオのよごれ物を洗う、あったかい母ちゃんの背中の中で、④ノリオは川のにおいをかいだ。土くさい、春のにおいをかいだ。

＊

(あ)すすきのほが、川っぷちで旗をふった。ふさふさゆれる三角旗《ばた》を。すすきの銀色の旗の波と、真っ白いのぼりに送られて、ノリオの父ちゃんは、行ってしまった。

暗い停車場《ば》の待合室で――父ちゃんのかたいてのひらが、⑤いっときもおしいというように、ノリオの小さい足をさすっていたっけ。

(い)父ちゃんを乗せていった貨物列車の、馬たちの飼い葉のすえたにおい。

すすきはそれからも川っぷちで、白くほほけた旗をふり、

――母ちゃんとノリオは橋の上で、夕焼け空をながめていた。暮れかけた町の上の広い広い空。⑥母ちゃんの日に焼けた細い手が、きつくきつくノリオをだいていた。

ぬれたような母ちゃんの黒目に映って、赤とんぼがすいすい飛んでいった。川の上をどこまでも飛んでいった。

〈いぬい とみこ「川とノリオ」による〉

1 「①この川の声」とありますが、その音は、なんの音にたとえられていますか。

（　　　　　　　　）

5 「(あ)すすきのほが、川っぷちで旗をふった。」、「(い)父ちゃんを……飼い葉のすえたにおい。」には、どんな表現が使われていますか。あとから選び、記号で答えましょう。

(あ)（　　）　(い)（　　）

ア　物の名前や事柄《がら》を表す言葉で終わる表現（体言止め）

イ　くり返しの表現

ウ　人にたとえた表現（擬《ぎ》人法）

6 よく出る● 「⑤いっときもおしいというように、ノリオの小さい足をさすっていたっけ」とありますが、ここから父ちゃんのどんな気持ちが感じられますか。

何が「いっときもおしい」のか考えてみよう。

ア（　）汽車がなかなか来ないのではらを立てる気持ち。

イ（　）かわいいノリオと別れることをつらく思う気持ち。

ウ（　）旅先で早く活やくしたいと楽しみに思う気持ち。

7 よく出る● 「⑥母ちゃんの日に焼けた細い手が、きつくきつくノリオをだいていた。」とありますが、ここから母ちゃんのどんな気持ちが感じられますか。合うものには○、合わないものには×をつけましょう。

ア（　）みんなに祝われて、父ちゃんが出発したことを喜ばしく思う気持ち。

イ（　）二人きりになって、自分がノリオを守らなければとより強く思う気持ち。

ウ（　）旅立った父ちゃんを心配し、無事に帰ってきてほしいと願う気持ち。

ものしりメモ　「赤とんぼ」は、赤い色のトンボのことだよ。アキアカネ、ナツアカネなどのトンボをさしているよ。

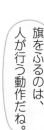

練習のワーク②

川とノリオ

SDGs

教科書 上70～93ページ

答え 8ページ

勉強した日　月　日

できるナビ
●場面や人物の様子をとらえよう。
●ノリオの様子から、心情を読み取ろう。

次の文章を読んで、問題に答えましょう。

夏

悲しそうな役場のサイレンが、とぎれとぎれにほえだすと、この町にはなにごともなくっても、ノリオたちは①穴倉に入らなければならない。

せみの声も川の音も聞こえない、しめっぽい防空ごうの暗闇《やみ》で、ノリオは出たいと、ぐずって泣いた。

ふとおしつけた母ちゃんのむねが、とっきんとっきん、鳴っていたが、ノリオは穴倉の息苦しさに、暴れて出たいと泣きたてた。

母ちゃんと、やっと出て見た青空には、不思議なものが生まれていた。キラリ、キラリ、遠くなる光の点。そのあとに、せんに見た父ちゃんのたばこのけむりのような、白い筋がスルスルと生まれていた。

さざ波のあとのように幾《いく》筋か、空の果てに並んでいるのもあった。

「R《ビー》29……。」

小声で母ちゃんが言う。

ノリオは②空の不思議な雲と、頭巾《きん》の中の母ちゃんの③引きしまった横顔を見比べていた。なぜかせみの声はやんでいて、川の音だけがはっきりと聞こえていた。

⑤おそろしそうな、人々のささやきの声。

ノリオの家の母ちゃんは、この日の朝早く汽車に乗って、ヒロシマへ出かけていったという。

黒いきれを垂らした電灯の下に、大人たちの話が続いていた。

じいちゃんが、夜おそく出かけていった。

〈いぬい とみこ「川とノリオ」による〉

1 「①穴倉」とは、なんのことですか。文章中から書きぬきましょう。

□□□□

2 穴倉にいる時、ノリオはどんな様子でしたか。

しめっぽくて暗い穴倉に（　　　　）を感じて、（　　　　）。

3 「②空の不思議な雲」を、何にたとえていますか。二つ書きましょう。

「……ような」などの、たとえの表現に注目しよう。

●せんに見た（　　　　）にたとえている。

●（　　　　）にたとえている。

言葉の意味プラス
5行 しめっぽい…しめり気を帯びている。じめじめしている。
13行 さざ波…風がふいて水面に立つ、細かく小さな波。

八月六日

母ちゃんが、お米一升《しょう》とかえてきたノリオの黒いゴムぐつを、川はたぷたぷ流していった。

ノリオのまっさらの麦わら帽子《ぼう》も、川はぷかぷか流していった。ノリオの黒いパンツまで、川は流してしまったが、すぐにそんな物を取りもどして、ノリオのおしりにおしおきする母ちゃんが、今日は、来なかった。

④黒いゴムぐつは帰ってこない。
麦わら帽子も帰ってこない。
黒いパンツも、行ったきり……

＊

ノリオは遊びつかれていた。

朝のうち、ドド……ンとひびいた何かの音に、一ぺんだけじいちゃんに連れもどされたほかは、一日中川の中にノリオはいた。

ねむたく、暗いような目の前に、赤や青の輪がぐるぐるする。

夕暮れの川はまぶしかった。

ノリオは生ぬるい水の中を、つかれはててジャブジャブわたりながら、ザアザア高まる川音の中に、ただ、母ちゃんを待っていた。

なにもかも、よくしてくれる母ちゃんのあの手。ぴしゃり、とおしりをぶつ、あったかいあの手……

＊

夜が来て、ノリオは家へ帰ったが、母ちゃんはもどってはいなかった。

近所の人が、せわしく出入りする。

---

4 「③引きしまった横顔」には、母ちゃんのどんな気持ちが表れていますか。一つに○をつけましょう。

「光の点」や「不思議な雲」を見た母ちゃんの表情だよ。

ア（　）敵《てっ》機がやってきたことに緊《きん》張する気持ち。
イ（　）びくびくしながら暮らすことにつかれきった気持ち。
ウ（　）やっと外に出られて、ほっとした気持ち。

5 「④黒いゴムぐつは帰ってこない。……黒いパンツも、行ったきり……」とありますが、それはなぜですか。

いつもなら取りもどしてくれるはずの（　　　）が、（　　　）から。

6 よく出る 母ちゃんを待っているノリオが思い出す、母ちゃんの手とは、どんな手ですか。二つ書きましょう。

（　　　）
（　　　）

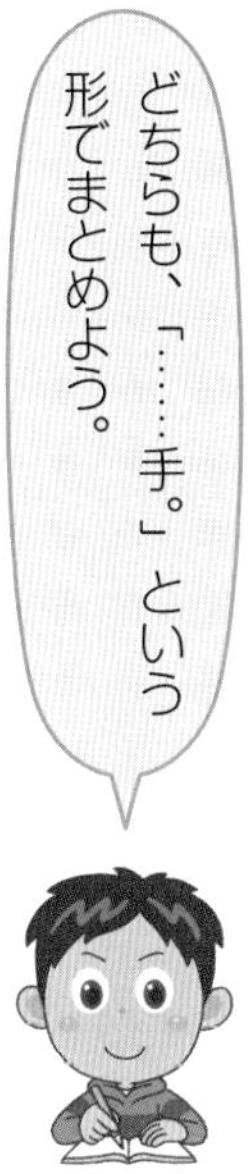

7 よく出る 「⑤おそろしそうな、人々のささやきの声。」とありますが、この文からどんなことがわかりますか。一つに○をつけましょう。

ア（　）遊んでいたノリオに、大人たちがはらを立てていること。
イ（　）母ちゃんが、おそろしい思いをしながら帰ってきたこと。
ウ（　）この日、母ちゃんの身に、何か悪いことが起きたこと。

ものしりメモ 広島《ひろしま》に原子爆弾《ばくだん》が落とされたのは1945年８月６日。大きな被《ひ》害がもたらされ、その年の12月末までに、およそ14万人もの人が原爆のためになくなったと推《すい》定されているんだ。

練習のワーク3

川とノリオ SDGs

教科書 上70～93ページ
答え 8ページ
勉強した日 月 日

できるナビ
●場面の様子から、人物の気持ちを読み取ろう。
●情景描写《びょう》から、どんな場面かを読み取ろう。

次の文章を読んで、問題に答えましょう。

おぼんの夜（八月十五日）

前に死んだ、ばあちゃんの仏壇《だん》に、①新しいぼんぢょうちんが下がっている。

じいちゃんはきせるをみがいている。ジューッと焼けるくさいやにのにおい。

ときどき、②じいちゃんの横顔が、へいけがにのように、ぎゅっとゆがむ。ごま塩のひげがかすかにゆれて、ぽっとり、ひざに③しずくが落ちる。

＊

母ちゃんのもどってこないノリオの家。

じいちゃんがノリオの雑炊《すい》をたいた。

ぼうっと明るいくどの火の中に、げた作りのじいちゃんの節くれだった手が、ぶるぶるふるえて、まきを入れる。

ぼしゃぼしゃと白くなった、じいちゃんのかみ。

④ノリオは、じいちゃんの子になった。たばこくさいじいちゃんにだかれてねた。

4 「④ノリオは、じいちゃんの子になった。」とありますが、どういうことですか。

母ちゃんが（　　　　　）ので、じいちゃんに（　　　　　）ということ。

5 じいちゃんは、母ちゃんの代わりにノリオにどんなことをしましたか。二つ書きましょう。

●ノリオの（　　　　　）。

●ノリオを（　　　　　）ねること。

6 年老いたじいちゃんの苦労がわかる、じいちゃんの様子を書きましょう。

じいちゃんの体の様子に注目しよう。

●（　　　　　）手が、（　　　　　）いる様子。

●かみが、（　　　　　）なっている様子。

7 「⑤すすきがまた、銀色の旗をふり」は、どんな様子を表していますか。一つに○をつけましょう。

言葉の意味プラス
7行 かすかに…ほんのわずかな様子。 8行 しずく…したたり落ちる液体のつぶ。
21行 しげみ…草木のおいしげったところ。

また秋

あらしが過ぎた。

川っぷちの雑草のしげみのかげで、こおろぎが昼間も、リリリリと鳴いた。

⑤すすきがまた、銀色の旗をふり、父ちゃんが戦地から帰ってきた。

⑥父ちゃんは小さな箱だった。

じいちゃんが、⑦う、うっと、きせるをかんだ。

⑧川が、さらさらと歌っていた。

〈いぬい とみこ「川とノリオ」による〉

1 「①新しいぼんぢょうちん」は、だれのためのものですか。

（　　　　　　　　）

2 よく出る！ 「②じいちゃんの横顔が、へいけがにのように、ぎゅっとゆがむ」とありますが、この時のじいちゃんはどんな気持ちですか。一つに○をつけましょう。

ア（　）くさいやにのにおいを、横にいるノリオがいやがっているだろうと心配する気持ち。

イ（　）ずっと前になくなったばあちゃんのことを、なつかしく感じる気持ち。

ウ（　）母ちゃんが死んだことを悲しみ、ノリオがかわいそうでしかたがないと思う気持ち。

3 「③しずく」とは、ここではなんのことですか。

（　　　　　　　　）

ア（　）すすきの向こうで、人々が旗をふっている様子。

イ（　）すすきのほが、風にゆれている様子。

ウ（　）すすきのほが、寒さでかれてしまった様子。

8 「⑥父ちゃんは小さな箱だった。」とありますが、どういうことを表していますか。考えて書きましょう。

直前に「戦地から」とあることに注目しよう。

（　　　　　　　　）

9 書いてみよう！ 「⑦う、うっと、きせるをかんだ」時のじいちゃんの気持ちを、考えて書きましょう。

（　　　　　　　　）

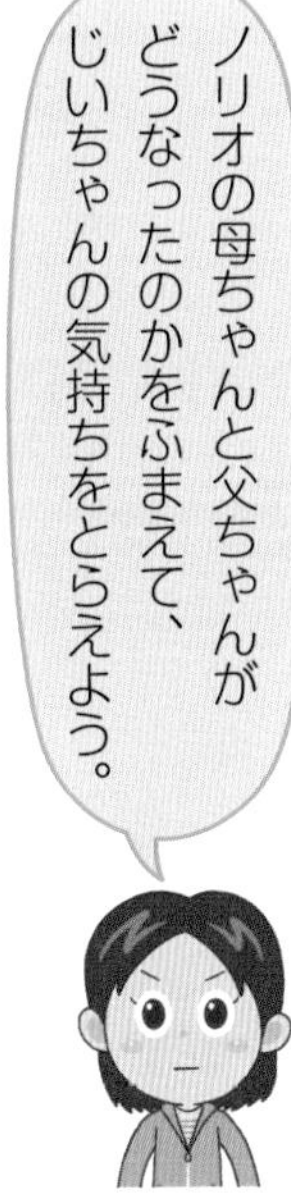
ノリオの母ちゃんと父ちゃんがどうなったのかをふまえて、じいちゃんの気持ちをとらえよう。

10 よく出る！ 「⑧川が、さらさらと歌っていた。」から、どんなことが伝わってきますか。一つに○をつけましょう。

人物の様子と、川の様子を比べて考えよう。

ア（　）人間には悲しみやつらい暮らしの変化がある一方で、川は変わらずに流れていること。

イ（　）戦争で川があれはててしまい、人間もすっかり川のことをわすれてしまったこと。

ウ（　）どんなにつらいことがあっても、人々は川の音を聞けば、安らかな気持ちになれること。

ものしりメモ

戦争が終わって数年間、原爆《ばく》の被《ひ》害については、ニュースや新聞で報じることが許されていなかった。いぬいとみこさんも、戦後６年たってからその被害を知ったそうだ。

まとめのテスト 川とノリオ

SDGs

教科書 上70～93ページ　答え 9ページ

勉強した日　月　日

時間20分　得点　/100点

次の文章を読んで、問題に答えましょう。

また、八月の六日が来る

さらさらとすずしいせの音をたてて、今日もまた川は流れている。

川の底から拾ったびんのかけらを、じいっと目の上に当てていると、ノリオの世界はうす青かった。

ギラギラ照りつける真夏の太陽も、銀色にキラキラ光るだけ。

＊

①幾《いく》たびめかのあの日がめぐってきた。

まぶしい川のまん中で、母ちゃんを一日中、待ってたあの日。

そしてとうとう母ちゃんが、もどってこなかった夏のあの日。

ドド……ンという遠いひびきだけは、ノリオも聞いたあの日の朝、母ちゃんはヒロシマで焼け死んだという。ノリオたちがなんにも知らないまに。

じいちゃんが、母ちゃんを探して歩いた時、暗いヒロシマの町には、死骸《がい》から出るりんの火が、幾晩も青く燃えていたという。折り重なってたおれた家々と、折り重なって死んでいる人々の群れ……。子どもを探す母ちゃんと、母ちゃんを探す子どもの声。

1 (1) 「①幾たびめかのあの日」について、答えましょう。　一つ8〔24点〕

それはノリオにとってどんな日でしたか。

● （　　　）で、母ちゃんを（　　　）日。

● とうとう（　　　）日。

(2) よく出る● あの日の朝、ノリオたちが知らないまに、どんなことがあったのですか。〔10点〕

母ちゃんが（　　　）。

2 よく出る● 「②年寄りすぎたじいちゃんにも、小学二年のノリオにも、何が言えよう。」とありますが、ここには、語り手のどんな思いが表れていますか。一つに○をつけましょう。〔12点〕

ア（　）じいちゃんがもっと若く、ノリオがもっと大きければよかったのに、とても残念だ。

イ（　）戦争に対するいかりを言ってもしかたがないので、だまっているほうが正しいのだ。

ウ（　）戦争への強いいかりや悲しみを、ただがまんするしかないなんて、ひどいことだ。

言葉の意味プラス

2行 せ…川の浅いところや流れの速いところ。　8行 幾《いく》たび…何度。何回。

37行 葉桜…花が散り、若葉が出はじめたころの桜。

そして、ノリオの母ちゃんは、とうとう帰ってこないのだ。

じいちゃんも、ノリオもだまっている。

②年寄りすぎたじいちゃんにも、小学二年のノリオにも、何が言えよう。

＊

ノリオは、青いガラスのかけらを、ぽんと川の水に投げてやった。すぐにまぶしい日の光が、ノリオの世界に返ってきて、③ノリオは仕事を思い出す。

じいちゃんの工場のやぎっ子の干し草かりが、ノリオの仕事だ。

青々しげった岸辺の草に、サクッ、サクッとまたかまを入れだすと、桜の木につないだやぎっ子が、ミエエ、ミエエとノリオを呼んだ。

④母ちゃんやぎを呼ぶような、やぎっ子の声。

草いきれのひどいかり草の上で、ノリオはやぎっ子と、取っ組み合う。上になり、下になり、転げ回る。

青い空を映しているやぎの目玉。

＊

白い日がさがチカチカゆれて、子どもの手を引いた女の人が、葉桜の間を遠くなった。

ザアザアと音を増す川のひびき。

ノリオは、かまをまた使いだす。

サクッ、サクッ、サクッ、母ちゃん帰れ。

サクッ、サクッ、サクッ、母ちゃん帰れよう。

川は日の光を照り返しながら、いっときも休まず流れ続ける。

〈いぬい とみこ「川とノリオ」による〉

3 「③ノリオは仕事を思い出す」とありますが、ノリオの仕事とは、なんですか。〔12点〕

（　　　　　）

4 「④母ちゃんやぎを呼ぶような、やぎっ子の声。」とありますが、この表現には、ノリオの母ちゃんに対するどんな気持ちが重ねられていると思いますか。考えて書きましょう。〔14点〕

（　　　　　）

書いてみよう！

5 ノリオはかまを使いながら、どんな思いでいますか。ノリオの気持ちが表れている言葉を、二つ書きぬきましょう。一つ8〔16点〕

（　　　　　）（　　　　　）

チャレンジ！

6 この文章では、「川」はどんなものとしてえがかれていますか。一つに○をつけましょう。〔12点〕

ア（　）人間の生活の変化にえいきょうされて、たえず姿を変えていくもの。

イ（　）人間の暮らしがどう変わろうとも、以前と同じようにただ流れ続けるもの。

ウ（　）人間がこまっているときに、豊かな水や魚などをあたえてくれるもの。

ものしりメモ

原爆《ばく》の被《ひ》害にあった町としての広島《ひろしま》、長崎《ながさき》は、「ヒロシマ」「ナガサキ」と片仮名《かな》で書かれることが多いよ。世界に知られる地名として片仮名で書くんだ。

基本のワーク

聞かせて！「とっておき」の話
詩を読もう　イナゴ　ほか

教科書 上96～101ページ　答え 9ページ

勉強した日　月　日

学習の目標
- 相手の話をくわしく聞こう。
- 情景を思いうかべながら、詩を読もう。
- 知恵《ちえ》の言葉を知ろう。

漢字練習ノート14ページ

新しい漢字

教科書 96ページ

班　ハン　10画
一 T Ŧ 王 王 玎 玎 班 班 班

101

痛　ツウ　いたい　いたむ　12画
亠 广 疒 疒 疖 病 痟 痛

▼練習しましょう。

○新しく学ぶ漢字
●新しい読み方を覚える漢字
◆特別な読み方の言葉

1 漢字の読み

読み仮名《がな》を横に書きましょう。

① 三班。　② 痛み

②「痛」の部首「疒」は「やまいだれ」といって、病気に関係する漢字についているよ。

2 漢字の書き

漢字を書きましょう。

① □□《さんぱん》の仲間。

② おなかの□《いた》み。

3 聞かせて！「とっておき」の話

相手の話をくわしく引き出す方法について、次のようにまとめました。（　）に合う言葉を、□から選んで書きましょう。

① （　　　）が何を伝えたいのかに気をつけながら、聞かせてほしいことについて聞く。

② 話し手がくわしく話せるように、（　　　）をしながら聞く。

③ もう少し（　　　）聞きたいところについてたずねる。

④ 話を聞き終えたら、自分の（　　　）や（　　　）との共通点や相違《い》点を考え、（　　　）を伝え合う。

受け答え　考え　話し手　感想
くわしく　経験

相手の話をくわしく聞くと、自分とはちがうと感じた点も、参考になるね。

4 詩を読もう　イナゴ

次の詩を読んで、問題に答えましょう。

イナゴ

まど・みちお

はっぱにとまった
イナゴの目に
一てん
もえている夕やけ

でも　①イナゴは
ぼくしか見ていないのだ
エンジンをかけたまま
いつでもにげられるしせいで…

ああ　②強い生きものと
③よわい生きもののあいだを
川のように流れる
イネのにおい！

1 ぼくは何を見ていますか。

はっぱにとまった（　　　）と、

その目に映る（　　　）。

第一連に着目しよう。

2 「①イナゴは／ぼくしか見ていない」とありますが、この時のイナゴはどんな気持ちなのですか。一つに○をつけましょう。

ア（　）興奮している。

イ（　）喜んでいる。

ウ（　）けいかいしている。

3 よく出る　「②強い生きもの」、「③よわい生きもの」とは、だれをさしますか。詩の中から書きぬきましょう。

詩の中に登場するのはだれとだれかな。

②（　　　）

③（　　　）

4 この詩は、どんなことをうたった詩ですか。一つに○をつけましょう。

ア（　）強い生きものからすぐににげようとする、よわい生きもののおくびょうさ。

イ（　）強い生きものと対面する小さな生命と、それらを包みこむ自然の美しさ。

ウ（　）もえるような夕やけに照らされて、田んぼのあいだを流れる川のすばらしさ。

5 言葉の文化③　「知恵《え》の言葉」を集めよう

次のことわざの（　）に合う言葉を、□から選んで書きましょう。

① 雨降って（　　）固まる

② 帯に短し（　　）に長し

③ 人のふり見て（　　）ふり直せ

わが
地
たすき

ものしりメモ　「イナゴ」は、バッタの仲間で、体長は約３センチメートル。体は緑色、羽はあわい褐《かっ》色だよ。漢字では「蝗」「稲子」と書く。稲《いね》の葉っぱを食べてしまう虫なんだよ。

基本のワーク

あなたは作家
言葉の広場③ なぜ、わかり合えなかったのかな？

教科書 上102～111ページ
答え 10ページ

勉強した日 月 日

学習の目標
●物語のてんかいを考えて、表現を工夫《ふう》しよう。
●自分の考え方を適切に伝えるための言葉の使い方を学ぼう。

漢字練習ノート14ページ

新しい漢字

教科書 ページ ▼練習しましょう。

教科書ページ	漢字	読み	画数
103	装	ソウ	12画
105	視	シ	11画
107	宇	ウ	6画
107	宙	チュウ	8画
111	誤	ゴ あやまる	14画

○新しく学ぶ漢字
●新しい読み方を覚える漢字
◆特別な読み方の言葉

1 漢字の読み
読み仮名《がな》を横に書きましょう。

① 服装
② 視点
③ 宇宙船
④ 誤解

2 漢字の書き
漢字を書きましょう。

① ふくそう を整える。
② 子どもの してん 。
③ うちゅうせん に乗る。
④ ごかい を解く。

②「視」は、へんとつくりの形に注意しよう。

3 あなたは作家

物語を作るときに大事なことをまとめました。次の（　）に合う言葉を、[　]から選んで書きましょう。

●場面は、始めの場面・（　　）場面・（　　）・終わりの場面の四つで組み立てる。
●登場人物がどのように変わるかを考える。
●情景描写《びょう》・（　　）などの（　　）を表す表現や（　　）を工夫《ふう》する。

[書き出し　やま場　様子　てんかい　たとえ]

4 次の、川田さんと山村さんの会話を読んで、あとの問いに答えましょう。

川田　明日の放課後、ゲームで遊ばない?
山村　ゲームは①いいよ。それより、一緒《しょ》になわとびをしたいな。
川田　わかった、②いいよ。楽しみだね。そうそう、なわとびといえば、きのう、お兄ちゃんが庭でなわとびをしていて、[あ]つもりで「やばいね。」と言ったら、おこられたよ。
山村　そうなんだ。きっと、お兄さんは「やばい」という言葉を、[い]ように感じたんじゃないかな。
川田　そうか。なわとびが上手ということを、もっとわかりやすく伝えればよかったな。

1　「①いいよ」「②いいよ」の意味を[ ]から選んで、記号で答えましょう。

①(　　)　②(　　)

ア　「そうしたい。」と伝えたいとき。
イ　よい状態だと伝えたいとき。
ウ　さそいを断りたいとき。

2　あ・いに合う言葉を、考えて書きましょう。

あ(　　　　)
い(　　　　)

意味がいくつかある言葉には気をつけよう。

5 小倉さん(右)は、田中さん(左)とメッセージのやりとりをしています。次のやりとりを読んで、あとの問いに答えましょう。

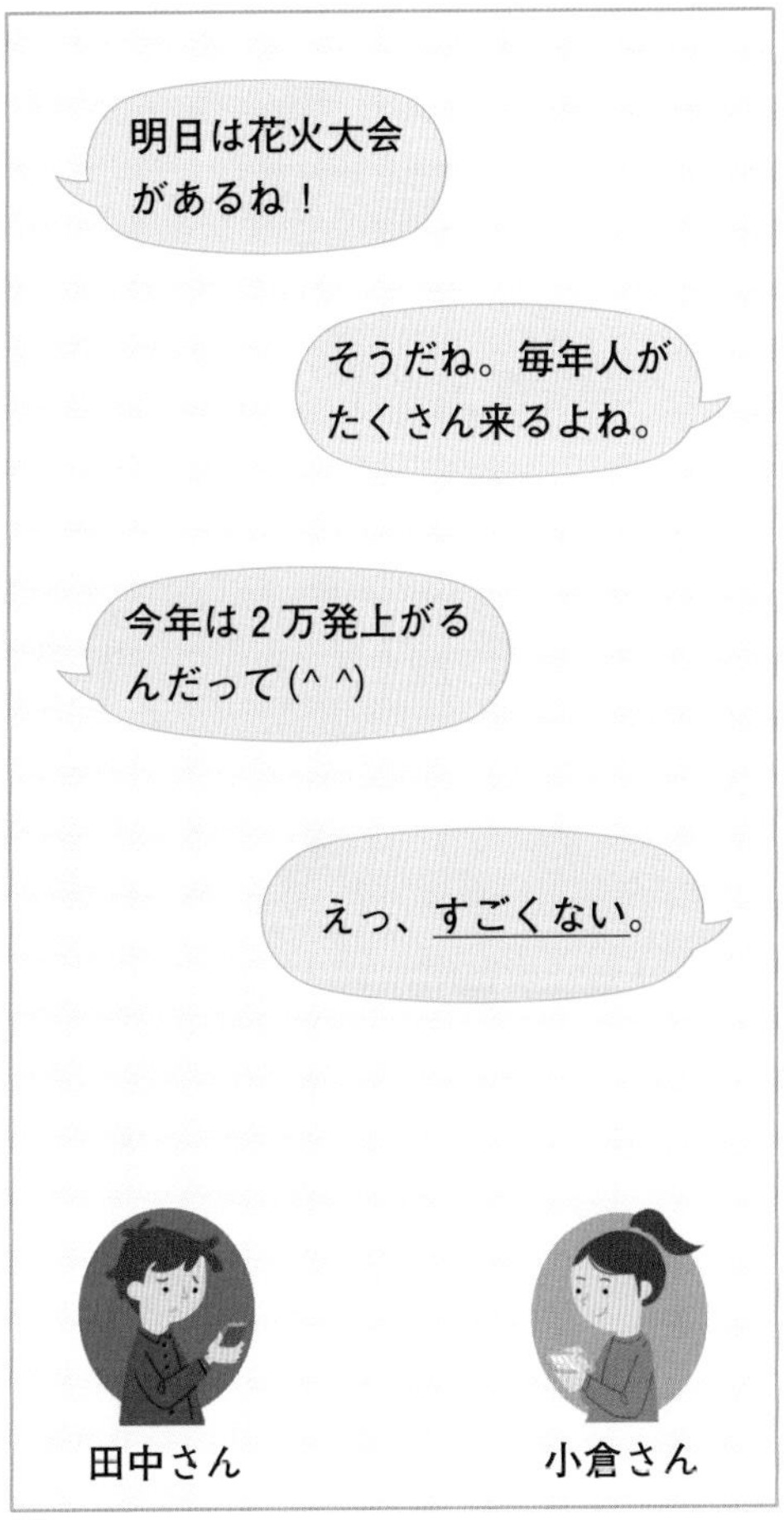
明日は花火大会があるね!
そうだね。毎年人がたくさん来るよね。
今年は2万発上がるんだって(^ ^)
えっ、すごくない。
田中さん
小倉さん

1　このあと、田中さんからの返事はありませんでした。田中さんは「すごくない」という言葉を、どのような意味にとったと考えられますか。

(　　　　　　　　)

2　絵文字や顔文字についての説明に合うもの一つに○をつけましょう。

ア(　)メッセージ全体が楽しい雰《ふん》囲気になり、気持ちをより強く伝えることができる。

イ(　)メッセージ全体が生き生きしたものになり、伝えたいことを言葉よりも確実に伝えられる。

ウ(　)メッセージの一部が強調され、伝えたい人が最も伝えたいと思っていることがわかる。

ものしりメモ　海外で使われている「Emoji」では、キャップの絵文字は「うそ」という意味を表すよ。

基本のワーク

漢字の広場③
熟語の使い分け
五年生で学んだ漢字③

教科書 上 112～115ページ
答え 10ページ

勉強した日　月　日

学習の目標
●熟語の意味を考えて、文中で使い分けよう。
●五年生で学んだ漢字を復習しよう。

漢字練習ノート15ページ

新しい漢字

教科書 112ページ ◀練習しましょう。

漢字	読み	画数	ページ
収	シュウ　おさめる	4画	112
冊	サツ	5画	113
推	スイ	11画	113
段	ダン	9画	114

1 漢字の読み

読み仮名《がな》を横に書きましょう。

①回収　②冊数　③推測　④手段

○新しく学ぶ漢字
●新しい読み方を覚える漢字
◆特別な読み方の言葉

2 漢字の書き

漢字を書きましょう。

① ごみの□□《かいしゅう》。
② 本の□□《さっすう》。
③ □□《すいそく》をする。
④ よい□□《しゅだん》を探す。

①の「しゅう」は「集」ではないよ。

3 五年生の漢字

漢字を書きましょう。

① □□□《しょうたいじょう》を書く。
② けがの□□《しょうどく》をする。
③ 絵本の□□《へんしゅう》。
④ □《まず》しい暮らし。
⑤ 大はばな□□《ぞうぜい》。
⑥ 寺の□□《ほんどう》。

⑤の「ぞう」は「ふえる」という意味だね。

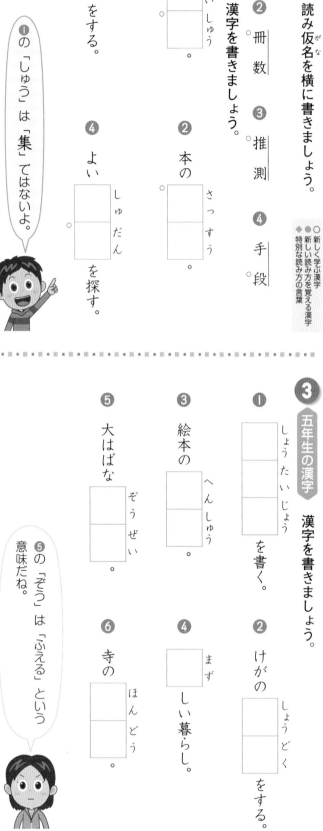

4 次の――の言葉の意味を□から選んで、記号で答えましょう。

① 友人の旅の無事をいのる。（　）

② 火の用心を心がける。（　）

③ 問題を放置して、大事になる。（　）

ア 大変な結果。
イ 大切にあつかうこと。
ウ もしものときに備えて注意すること。
エ ふだんと変化がないこと。
オ 事故などがないこと。
カ 気をつけること。

5 次の――の言葉の使い方が正しいほうに、○をつけましょう。

①
ア（　）問題を解いてみたら、案外簡単だった。
イ（　）妹が本を読むことが好きだとは案外だった。

②
ア（　）山でそうなんした人が安全に保護された。
イ（　）工事現場では通行人の安全に気を配っている。

③
ア（　）飛行機の願望の席を予約することができた。
イ（　）父がおこっていないというのは兄の願望だ。

④
ア（　）この商品の売れ行きは好調だ。
イ（　）船旅は好調に進んでいる。

6 次の□に合う熟語を、□から選んで書きましょう。

①
□□発売のプリン。
□□時間内に問題を解く。

制限　限定

②
試合の□□が浅い。
空手道場に□□入門する。

経験　体験

③
運動会のために入場門を□□する。
門の周りに警備員を□□する。

配置　設置

③「配置」は、「割り当ててふさわしい位置につけること」という意味だよ。

7 次の□に□のどちらの熟語もあてはまる文はどれですか。一つに○をつけましょう。

①
ア（　）原因を□する。
イ（　）結果を□する。
ウ（　）□もしないできごとだった。

予想　推測

②
ア（　）となりの家に、□をたのむ。
イ（　）選挙の□者投票をする。
ウ（　）母は今、□です。

不在　留守

③
ア（　）目的地までの交通□を考える。
イ（　）いろいろな□をためす。
ウ（　）分数のたし算の□を教える。

手段　方法

④
ア（　）日本の伝統芸能に□がある。
イ（　）かれの話は実に□深い。
ウ（　）流行には無□だ。

興味　関心

ものしりメモ 熟語は二字以上の漢字が組み合わさった言葉だよ。それぞれの漢字の意味が似ていると、熟語全体の意味も似てくるんだ。文中でどのように使われているかを考えて区別するといいよ。

まとめのテスト

あなたは作家

教科書 ㊤96〜115ページ
答え 11ページ
勉強した日　月　日
時間20分
得点　/100点

1 次の絵を見て、問題に答えましょう。

1 絵の中の右側の人物は、どんな服そうをしていますか。〔5点〕

（　　　　）を着ている。

2 絵の中の右側の人物の職業はなんですか。〔5点〕

（　　　　）

3 絵の中の右側の人物は、何をしているところですか。〔5点〕

（　　　　）

2 次の絵を見て、問題に答えましょう。

1 絵の人物の特徴《ちょう》として、合うもの全てに○をつけましょう。〔全てできて10点〕

ア（　）かみの毛を結んでいる。　イ（　）半そでの服を着ている。

ウ（　）ひげが生えている。　エ（　）めがねをかけている。

2 絵の人物は、どんな表情をしていますか。〔5点〕

（　　　　）表情をしている。

3 どんなできごとが起きたのですか。〔5点〕

（　　　　）

3 物語のあらすじを考えて、次のようにまとめました。表を見て、問題に答えましょう。

❶（　　）	❷（　　）	❸（　　）	❹（　　）
・ねこのミャアはぼくたちの大事な家族だ。 ・ある日、ミャアがどこかへ行ってしまった。 ・一週間たっても帰ってこない。	・［あ］ ・みんなでミャアのちらしを、近所中に配った。 ・父が、市の動物指導センターに電話してみた。 ・［い］ ・まいご札のねこが保護されていると教えられた。	・［う］ ・ミャアはやせ細っていたが元気だった。 ・ぼくたちはミャアをかわるがわるだきしめた。	・［え］ ・ミャアは無事に家にもどってきた。 ・センターにはまいごの動物たちがたくさんいた。 ・ぼくはうれしくて悲しい複雑な気持ちだった。

1 表の❶～❹に合う物語の組み立てを［　］から選んで、（　）に記号で答えましょう。 一つ5〔20点〕

［ **ア** やま場　**イ** 始めの場面　**ウ** 終わりの場面　**エ** てんかい場面 ］

2 次の一文は、表のあ～えのどこに入りますか。合うもの一つに○をつけましょう。〔10点〕

・ぼくたちは急いでセンターにかけつけた。

あ（　）　い（　）　う（　）　え（　）

3 この物語のできごとのきっかけはどんなことですか。一つに○をつけましょう。〔15点〕

ア（　）ミャアが「ぼく」たちにとって大事な家族であること。

イ（　）ミャアがどこかに行ってしまい、一週間も帰ってこないこと。

ウ（　）ミャアを探すため、ミャアのちらしを近所中に配ったこと。

4 次の様子の人物を表す表現はどれですか。合うもの一つに○をつけましょう。 一つ5〔20点〕

❶ おこっている人物

ア（　）顔を真っ赤にして

イ（　）顔を真《ま》っ青《さお》にして

ウ（　）顔を真っ白にして

❷ 喜んでいる人物

ア（　）まゆをひそめて

イ（　）口をとがらせて

ウ（　）目を細めて

❸ 悲しんでいる人物

ア（　）あせを流して

イ（　）なみだをこぼして

ウ（　）鳥はだを立てて

❹ おどろいている人物

ア（　）目を丸くして

イ（　）ふるえ上がって

ウ（　）歯をかみしめて

ものしりメモ

人間の気持ちは、そのときの顔の様子（＝表情）に表れることが多いよ。表情やしぐさによって相手に気持ちが伝わることを「非言語コミュニケーション」というよ。

まとめのテスト1

ブラッキーの話

時間20分

得点 /100点

勉強した日 月 日

次の文章を読んで、問題に答えましょう。

　ブラッキーというのは、まいの祖母の家、人里はなれた山の中の、ママの実家で飼っていた犬のことだ。まいが小さいころに死んだ。まいもときどき話を聞いたことがあるけれど、くわしくは知らない。死んだ時のこと以外は。

「①ブラッキーって、ママがいくつのころぐらいから飼っていたの？　おばあちゃんのところにずいぶん昔の写真があったよね、おじいちゃんと一緒《しょ》に写っている。」

　そのおじいちゃんも、ブラッキーが死ぬ前になくなっていた。ママは、紅《こう》茶をつぎながらゆっくりと、

「ブラッキーはね、ちょうど、ママがまいぐらいの年に、おじ

1 「ブラッキー」は、どんな犬ですか。　一つ10〔20点〕

まいの（　　　）の家で飼っていた、まいが小さいころに（　　　）犬。

2 「①ブラッキーって、ママがいくつのころぐらいから飼っていたの？」とありますが、ママはどのように答えていますか。　〔10点〕

ママが（　　　）のころ。

3 おじいちゃんがブラッキーをもらってきた時、ママは最初はどんな気持ちでしたか。五字の言葉を書きぬきましょう。　〔10点〕

ブラッキーをあまり□□□□□気がしなかった。

4 よく出る　「②そうじゃない」とは、どういうことですか。　一つ10〔20点〕

新しい犬を飼っても、前の犬を（　　　）ことにはならないし、前の犬の（　　　）が消えていくわけではないということ。

言葉の意味プラス　2行 人里はなれた…人家のある集落からはなれた。 23行 裏《うら》切る…相手の信らいをなくすようなことをする。 39行 持ち味…独特のよさ。 43行 深入り…できごとや気持ちに深く関わること。

いちゃんの友達の家で生まれたの。それを、おじいちゃんがもらってきたの。前に育てていた犬がなくなったあとだったから、ママは、最初はあんまりかわいがる気がしなかった。なんだか、前の犬を裏《うら》切るような気がして。そこでブラッキーをかわいがったら、前の犬、チェリーの思い出が消えていくような気がして。でも、②そうじゃないよって、おじいちゃんが言ったの。」

と話し、それから一口紅茶を飲むと、③思い出を頭の中から引き出すように、また話し始めた。

「おじいちゃんの言うとおりだった。ブラッキーが何かするたびに、ああ、チェリーとちがうとか、チェリーもこうしてたとか、チェリーのことをいきいきと思い出せるようになった。チェリーに注いでいた愛情が、消えてしまうんじゃないの。そういうものって、どんどん増えていくものだったのよ。おじいちゃんは、④そのことを言っていたのね。」

まいは、この話にひきつけられた。

「親友だと思っている子以外の子と仲よくなっても、その子への友情がなくなったわけじゃないもんね。」

「そうそう。⑤友情だって、どんどん増えていくものよ。友達それぞれのちがいがわかるにつれて、その子の持ち味もよくわかるようになるし。」

そうだよね、とまいは、いつもより深くうなずいた。⑥ママは、あれ、学校で何かあったのかな、というような顔をしたが、すぐに元の話題にもどった。ママは、学校のことに、あまり深入りしたがらないからね、とまいは心の中で思った。

〈梨木《なしき》香歩《かほ》「ブラッキーの話」による〉

5 「③思い出を頭の中から引き出すように」とは、どんな様子を表現していますか。合うもの一つに○をつけましょう。〔10点〕

ア（　）次々に思い出されるできごとを伝えきれない様子。

イ（　）大事な思い出を少しずつ確かめるように言葉にする様子。

ウ（　）忘《わす》れかけていた記おくがだんだんはっきりしてくる様子。

書いてみよう!

6 「④そのこと」とは、どういうことですか。〔10点〕

（　　　　）

よく出る!

7 「⑤友情だって、どんどん増えていく」とありますが、それはなぜですか。〔10点〕

友達が増えれば、それぞれの友達のちがいや（　　　　）もよくわかるようになるから。

チャレンジ!

8 「⑥ママは、あれ、学校で何かあったのかな、というような顔をした」とありますが、それはなぜですか。一つに○をつけましょう。〔10点〕

ア（　）まいが学校で友達とうまくいっていないことを、前からよく知っていたから。

イ（　）まいがとつぜん、学校の話を具体的に細かく話し始めたから。

ウ（　）親友や友情の話に、まいが強くひきつけられていることがわかったから。

ものしりメモ

ブラッキーはブラック・ラブラドールと日本犬の雑種だね。ブラック・ラブラドール(ラブラドール・レトリバー)は、ペットのほか、盲《もう》導犬や警察犬などとして活やくしているよ。

まとめのテスト②

ブラッキーの話

教科書 ㊤118〜131ページ　答え 11ページ

時間20分　得点 /100点　勉強した日 月 日

次の文章を読んで、問題に答えましょう。

「もしかしたら、ブラッキーが化けて出てるって、思ってるの？」

ママは、とんでもない、というふうに首をふった。

「ちがう、ちがう、その反対。ブラッキーは死んでからも私《わたし》のことが心配で、大好きなおじいちゃんのところに行けないでいるのかもしれない、って、最近思うようになったの。」

「ああ、ママのこと、駅までむかえに来てるって。」

「そうそう。」

なんと、①自分に都合のいい考え方、とまいは一瞬《しゅん》あっけにとられたが、でも、今の話を聞いていると、確かに②ブラッキーは、そういう犬のような気がしてきた。ママは思い出したのか、また鼻をすすって泣いた。その時、網戸《あみど》の向こうの暗闇《やみ》で、何か音がした。③まいとママは思わず目を見合わせた。ザッ……ザッ……ザッ……ザッ……ザッ……。

それは、動物が歩いている音のように聞こえた。でもこの庭にはさくがあって、外からは入れないはずだ。まいは全身が耳になったように、④その音に集中した。カーテンがゆれた。

「だからね、ブラッキー。」

ママは立ち上がり、窓《まど》の方へ向いて言った。

「⑤私はもうだいじょうぶ。もう、おまえの好きなところへお

は、きっとそのときどき、ひそかに自分で決めてもいいことなんだろう。

〈梨木《なしき》香歩《かほ》「ブラッキーの話」による〉

1 よく出る ①「自分に都合のいい考え方」とは、どんな考え方ですか。　一つ5〔10点〕

ブラッキーは、ママのことが（　　　）で、ママを駅まで（　　　）のだという考え方。

2 ②「ブラッキーは、そういう犬」とありますが、どんな犬なのですか。合うもの一つに○をつけましょう。〔10点〕

ア（　）ママをおどろかせようとする、いたずら好きな犬。

イ（　）いつまでもママのことを思いやる、やさしい犬。

ウ（　）大好きなママのことが忘《わす》れられない、あまえんぼうな犬。

3 ③「まいとママは思わず目を見合わせた。」とありますが、このとき二人はどんなことを考えましたか。〔15点〕

（　　　　　　　　　　）

4 ④「その音に集中した」とありますが、まいが音に集中している様子はどのようにたとえられていますか。〔15点〕

（　　　　　　　　　　）

言葉の意味プラス　8行 あっけにとられる…おどろいてぽかんとする。　34行 罪悪感…悪いことをしたという気持ち。　42行 おごそか…りっぱで重々しい様子。

ゆき。」

それから、「よし」と、大声で言った。

その時、またカーテンがゆれて、黒っぽいかげが動いたように思った。まいは息をのんだ。けれどもう、音は何も聞こえず、外は静かになった。こちらを向いたママは、口をへの字に結んでいた。ブラッキーに心配かけないように、なみだをこらえていたんだ、とまいは思った。

友達との間で話題になるような「怪《かい》談」ではなかったけれど、それに近いような、ぞくぞくっとする何かを、その時まいは感じた。

それから数日して、もう黒いかげは出なくなった、とママが少しさびしそうに言った。おばあちゃんに電話で話すと、ブラッキーは愛情深い犬ですから、と言ったけれど、パパに話しても、そんなこと、ママの気のせいだよ、ママはブラッキーのことで罪悪感をもっているから、とまるで本気にしない。何人かの人が一緒《しょ》に見て、みんながそれを事実として認《みと》めたのなら別だけど、と。

パパのほうが、⑥「冷静な大人の受け止め方」なんだろうけれど。

今でも、⑦あの時の「ぞくぞく」を思い出すことがある。あれはやっぱり、きょうふの「ぞくぞく」ではなかった、とまいは思う。何かを「この世のものではない」と感じるところは同じだけれど、でも、それはきょうふの「ぞくぞく」よりもっと、おごそかなもののように思われた。

パパの言う⑧「事実」と、人の心の中で動く「物語」は全然別のものなんだってことにも、まいは気がつき始めた。二つを混同してはいけないけれど、どちらが自分にとっての「真実」か

5 「⑤私はもう……おゆき。」とありますが、この言葉を精いっぱいに言ったのだということがわかるママの表情を、書きぬきましょう。〔15点〕

（　　　　　　　　）ように。

6 「⑥冷静な大人の受け止め方」とは、ここではどういうことですか。一つ5〔10点〕

ママはブラッキーに対して［　　　］をもっているから、黒いかげの話はママの［　　　　］だと考えて、本気にしないこと。

7 よく出る 「⑦あの時の『ぞくぞく』」を、まいは、どんなものだと考えていますか。一つ5〔10点〕

何かを「（　　　　）」と感じる心の動きであり、きょうふの「ぞくぞく」より（　　　　）もの。

8 チャレンジ 「⑧『事実』と、人の心の中で動く『物語』は全然別のものなんだ」とありますが、まいは、「事実」と「物語」について、どのように考えているのですか。〔15点〕

（　　　　　　　　）

ものしりメモ 梨木香歩《なしきかほ》さんの作品に、「西の魔《ま》女が死んだ」があるよ。主人公のまいが、いなかのおばあちゃんの家で、さまざまな経験をして成長していく物語だよ。

一 ファンタジーを読み、自分の考えをまとめよう

基本のワーク

きつねの窓

教科書 下8～29ページ

答え 12ページ

勉強した日 月 日

学習の目標
- 不思議な世界がどのような意味をもっているかを考えよう。
- 登場人物の心情の変化をとらえよう。

漢字練習ノート16～17ページ

新しい漢字

教科書ページ	漢字	読み	画数
8	窓	ソウ・まど	11画
11	染	そめる	9画
11	看	カン	9画
12	胸	キョウ・むね	10画
12	派	ハ	9画
13	敵	テキ	15画
13	腹	フク・はら	13画
17	激	ゲキ・はげしい	16画
19	銭	セン	14画
20	困	コン・こまる	7画
24	忘	わすれる	7画
28	絹	きぬ	13画
28	俵	ヒョウ・たわら	10画
28	株	かぶ	10画
28	骨	コツ・ほね	10画
28	蚕	サン・かいこ	10画
28	沿	エン・そう	8画
28	宅	タク	6画

◀練習しましょう。

1 漢字の読み

読み仮名《がな》を横に書きましょう。

1 窓
2 看板
3 立派
4 染まる
5 腹が立つ
6 感激
7 米俵
8 骨休め
9 養蚕
10 沿線

○新しく学ぶ漢字
●新しい読み方を覚える漢字
◆特別な読み方の言葉

3 言葉の意味

○をつけましょう。

1 (8ページ) とりとめない考えがうかぶ。
ア（　）信じられない。
イ（　）まとまりがない。
ウ（　）うそではない。

2 漢字の書き

漢字を書きましょう。

① □《そ》め物屋に入る。

② □《むね》のおく。

③ 素□《てき》なくつ。

④ 返事に□《こま》る。

⑤ ノートを□《わす》れる。

③「てき」は、「適」ではないよ。

内容をつかもう！

☆ きつねの窓　教科書を読んで、答えましょう。　教科書 8～25ページ

1　あらすじの順番になるよう、（　）に2～4を書きましょう。

（ 1 ）山で「ぼく」は、染め物屋を見つけ、店員のきつねに指を染めないかとすすめられる。

（　）小屋に帰った「ぼく」は、無意識に手を洗ってしまう。

（　）「ぼく」は指を青く染めてもらい、お礼に鉄砲《ぽう》をわたす。

（　）再びきつねを探したが、きつねに会うことはなかった。

青く染めた指の窓に、会いたい人の姿が見えるんだ。

2　この文章で、①きつねに対する「ぼく」の気持ちは、どのように変化していますか。②青い色で染めた指で作る窓には、どんなものが映るのですか。□から選んで、記号で答えましょう。

①（　）気持ちから、（　）気持ちに変化した。

② 今ではもう（　）人。

①
ア きつねに親しみを感じる
イ きつねをしとめたい
ウ きつねに協力したい

②
エ ほとんど忘れかけていた
オ 会うことのできない

---

② 11 きつねが「ぼく」をはぐらかす。
ア（　）気づかずにはなれる。
イ（　）いきなりこうげきする。
ウ（　）楽しく笑わせる。

③ 12 あいそ笑いをする。
ア（　）おこる気持ちをかくして笑うこと。
イ（　）おもしろくて大きな声で笑うこと。
ウ（　）相手に好かれようとして笑うこと。

④ 12 お茶を、うやうやしい態度で運ぶ。
ア（　）元気がよく、はりきった。
イ（　）えらそうで、乱暴な。
ウ（　）れいぎ正しく、ていねいな。

⑤ 13 相手の身なりをしげしげと見つめる。
ア（　）じっと。
イ（　）ぼんやりと。
ウ（　）ゆっくりと。

⑥ 14 とっぴょうしもない声をあげる。
ア（　）リズムが合っていない。
イ（　）あまりうるさくない。
ウ（　）調子がひどく外れた。

⑦ 24 がっくりとうなだれる。
ア（　）両手をつく。
イ（　）かたを落とす。
ウ（　）頭を前に垂れる。

ものしりメモ　日本では昔から、きつねは人をだますものだとされてきたけれど、その一方で、神様の使いとしてもあつかわれてきたんだ。各地の稲荷《いなり》神社には、きつねがまつられているよ。

一 ファンタジーを読み、自分の考えをまとめよう

練習のワーク1

きつねの窓

教科書 下8〜29ページ
答え 12ページ

勉強した日　月　日

できるナビ
●たとえの表現などに注目して情景をとらえよう。
●「ぼく」の様子から、心情を読み取ろう。

次の文章を読んで、問題に答えましょう。

いつでしたか、①山で道に迷った時の話です。ぼくは、自分の山小屋にもどるところでした。歩き慣れた山道を、鉄砲《ぼう》をかついで、ぼんやり歩いていました。そう、あの時は、全くぼんやりしていたのです。昔大好きだった女の子のことなんかを、とりとめなく考えながら。

道を一つ曲がった時、ふと、②空がとてもまぶしいと思いました。まるで、みがき上げられた青いガラスのように……。すると、地面も、なんだか、うっすらと青いのでした。

「あれ？」

一瞬《しゅん》、③ぼくは立ちすくみました。まばたきを、二つばかりしました。ああ、そこは、いつもの見慣れた杉《すぎ》林ではなく、広々とした野原なのでした。それも、一面、青いききょうの花畑なのでした。

ぼくは息をのみました。いったい、自分は、どこをどうまちがえて、いきなりこんな場所にでくわしたのでしょう。だいいち、こんな花畑が、この山にはあったのでしょうか。

④〈すぐ引き返すんだ。〉

ぼくは、自分に命令しました。その景色は、あんまり美しすぎました。なんだか、そらおそろしいほどに。

1 「①山で道に迷った」とありますが、この時、「ぼく」は何をしていたのですか。

自分の（　　）にもどろうとして、歩き慣れた山道を、（　　）をかついで、ぼんやり歩いていた。

2 よく出る 「②空がとてもまぶしい」とありますが、この空のまぶしさを、何にたとえていますか。

（　　）

たとえを表す「……ように」の表現に注目。

3 「③ぼくは立ちすくみました」とありますが、なぜですか。

いつもの見慣れた（　　）ではなく、広々とした野原、それも一面、（　　）にでくわしたから。

4 よく出る 「④〈すぐ引き返すんだ。〉」と、「ぼく」が自分に命令したのは、なぜですか。

その景色が、なんだか（　　）ほどに、あんまり（　　）から。

言葉の意味プラス
10行 立ちすくむ…おそろしさやおどろきで、立ったまま動けなくなる。
14行 息をのむ…おそろしさやおどろきで、一瞬《しゅん》はっと息を止める。

けれど、そこには、いい風がふいていて、ききょうの花畑は、どこまでもどこまでも続いていました。このまま引き返すなんて、なんだかもったいなさすぎます。

「⑤ほんのちょっと休んでいこう。」

ぼくは、そこにこしをおろして、あせをふきました。

と、その時、ぼくの目の前を、⑥ちらりと白いものが走ったのです。ぼくは、がばっと立ち上がりました。ききょうの花がザザーッと一列にゆれて、その白い生き物は、ボールが転げるように走っていきました。

確かに、白ぎつねでした。まだ、ほんの子どもの。ぼくは、鉄砲をかかえると、そのあとを追いました。

ところが、その速いことといったら、ぼくが必死で走っても、追いつけそうにありません。⑦ダンと一発やってしまえば、それでいいのですが、できれば、ぼくはきつねの巣を見つけたかったのです。そして、そこにいる親ぎつねをしとめたいと思ったのです。けれど、⑧子ぎつねは、ちょっと小高くなった辺りへ来て、いきなり花の中にもぐったと思うと、それっきり姿を消しました。

ぼくは、ぽかんと立ちすくみました。まるで、昼の月を見失ったような感じです。うまいぐあいに、はぐらかされたと思いました。

〈安房《あわ》 直子《なおこ》「きつねの窓」による〉

5 「⑤ほんのちょっと休んでいこう。」とありますが、「ぼく」がそう思ったのは、なぜですか。一つに○をつけましょう。

ア（　）花畑の美しさをおそろしく感じ、少し休むことで落ちつこうと思ったから。

イ（　）美しい景色が広がっているのに、ながめずにもどるのはもったいないと思ったから。

ウ（　）道に迷ってしまい、急いで歩き続けてもしかたがないと思ったから。

6 「⑥ちらりと白いものが走った」とありますが、それはなんでしたか。

まだ、ほんの（　　　）の（　　　）。

7 よく出る 「⑦ダンと一発やってしまえば、それでいい」とありますが、「ぼく」がそうしないのは、なぜですか。一つに○をつけましょう。

ア（　）きつねの巣を見つけて、親ぎつねをしとめたいから。

イ（　）きつねが小さくてかわいそうなので、助けたいから。

ウ（　）きつねの巣に行って、きつねと仲良くなりたいから。

「ぼく」のねらいをとらえよう。

8 「⑧子ぎつねは、……それっきり姿を消しました」とありますが、きつねが姿を消した時の感じを、たとえを使って表している一文があります。文章中から書きぬきましょう。

（　　　　　　　　　　　　）

ものしりメモ

日が照っているのに雨が降ることを、天気雨というね。この天気雨のことを「きつねの嫁入《よめい》り」ともいうよ。天気雨の時に、きつねの結婚《こん》式があるという言い伝えがあるんだ。

練習のワーク②

きつねの窓

教科書 下8～29ページ
答え 12ページ
勉強した日　月　日

できるナビ
●「ぼく」ときつねの会話や様子から、場面の移り変わりや、心情の変化をとらえよう。

次の文章を読んで、問題に答えましょう。

「まあ、ちょっとだけ、のぞいてごらんなさい。」

　そこで、ぼくは、しぶしぶ窓の中をのぞきました。そして、①仰《ぎょう》天しました。

　指でこしらえた、小さな窓の中には、白いきつねの姿が見えるのでした。それは、みごとな母ぎつねでした。しっぽをゆらりと立てて、じっとすわっています。それは、ちょうど窓の中に、一まいのきつねの絵が、ぴたりとはめこまれたような感じなのです。

「こ、こりゃいったい……。」

ぼくは、あんまりびっくりして、もう声も出ませんでした。きつねは、ぽつりと言いました。

「これ、ぼくの母さんです。」

「……。」

「ずうっと前に、ダーンとやられたんです。」

「ダーンと？　鉄砲《ぼう》で？」

「そう。鉄砲で。」

　②きつねは、ぱらりと両手を下ろして、うつむきました。これで、自分の正体がばれてしまったことも気づかずに、話し続けました。

1　「①仰天しました」について、答えましょう。

(1)　「ぼく」が仰天したのは、なぜですか。

きつねが（　　　　）でこしらえた、（　　　　）の中に（　　　　）が見えたから。

(2)　仰天した「ぼく」の様子を表している一文を書きぬきましょう。

（　　　　）

「仰天」と似た意味を表す言葉に注目してとらえよう。

2　よく出る●「②きつねは、ぱらりと両手を下ろして、うつむきました。」とありますが、この様子から、きつねのどんな気持ちが読み取れますか。一つに○をつけましょう。

ア（　）思いがけず自分の正体がばれてしまったことがくやしい。
イ（　）悲しい話を楽しそうに聞く、「ぼく」の態度が許せない。
ウ（　）母さんが鉄砲でうたれて死んでしまったことが悲しい。

きつねが話している内容に注目しよう。

3　「③人情」とありますが、ここでは、どんな気持ちですか。

（　　　　）

言葉の意味プラス
3行 仰《ぎょう》天…非常におどろくこと。　4行 こしらえる…作る。
18行 正体…本当の姿。

「それでもぼく、もう一度母さんに会いたいと思ったんです。死んだ母さんの姿を、一回でも見たいと思ったんです。これ、③人情っていうものでしょ。」

なんだか悲しい話になってきたと思いながら、ぼくは、うんうんとうなずきました。

「そしたらね、やっぱりこんな秋の日に、風がザザーッてふいて、ききょうの花が声をそろえて言ったんです。あなたの指をお染めなさいって。それで窓を作りなさい。ぼくは、ききょうの花をどっさりつんで、その花のしるで、ぼくの指を染めたんです。そうしたら、ほうら、ねっ。」

きつねは、両手をのばして、また、窓を作ってみせました。

「④ぼくはもう、さびしくなくなりました。この窓から、いつでも、母さんの姿を見ることができるんだから。」

⑤ぼくは、すっかり感激して、何度もうなずきました。実は、ぼくも独りぼっちだったのです。

「⑥ぼくも、そんな窓がほしいなあ。」

ぼくは、子どものような声をあげました。すると、きつねは、もううれしくてたまらないという顔をしました。

〈安房《あわ》 直子《なおこ》「きつねの窓」による〉

4 きつねに、指を染めて窓を作るように言ったのは、だれですか。

（　　　　）

5 「④ぼくはもう、さびしくなくなりました。」とありますが、それはなぜですか。

（　　　　）

6 よく出る 「⑤ぼくは、すっかり感激して、何度もうなずきました。」とありますが、それはなぜですか。

「ぼく」も（　　　　）だったので、（　　　　）を失ったきつねの気持ちが（　　　　）から。

7 「⑥ぼくも、そんな窓がほしいなあ。」について、答えましょう。

(1) この時の「ぼく」の気持ちに合うもの一つに○をつけましょう。

「窓」には何が見えるのかを考えよう。

ア（　）自分も、きつねの母さんが見える窓がほしい。

イ（　）自分も、会いたいと思う人が見える窓がほしい。

ウ（　）自分も、なんでも見たいものが見られる窓がほしい。

(2) この言葉を聞いたきつねは、どんな顔をしましたか。

（　　　　）

ものしりメモ

「きつねの○○」という名前の花やきのこがあるよ。「きつねのかみそり」は、かみそりのような葉をもち、美しい花をさかせるんだ。「きつねの絵筆」は、絵筆に似た形のきのこなんだよ。

練習のワーク③ きつねの窓

教科書 下8〜29ページ　答え 13ページ

勉強した日　月　日

できるナビ
●登場人物の様子から、場面の移り変わりや、心情の変化をとらえよう。

次の文章を読んで、問題に答えましょう。

「ふうん。」

ぼくは、とても感心しました。すっかり知りつくしているつもりだったこの山にも、こんなひみつの道があったのでした。そして、あんなすばらしい花畑と、親切なきつねの店と……、すっかりいい気分になって、ぼくは、ふんふんと鼻歌を歌いました。そして、歩きながら、①また両手で窓を作りました。

すると、今度は、窓の中に雨が降っています。細かい霧雨《きりさめ》が音もなく。

そして、そのおくに、ぼんやりと、なつかしい庭が見えてきました。庭に面して、古い縁《えん》側があります。その下に、子どもの長靴《ぐつ》が放り出されて、雨にぬれています。

②〈あれは、ぼくのだ。〉

ぼくは、とっさにそう思いました。すると、③胸がどきどきしてきました。ぼくの母が、今にも長靴を片づけに出てくるのじゃないかと思ったからです。かっぽう着を着て、白い手ぬぐいをかぶって。

「まあ、だめじゃないの、出しっぱなしで。」

そんな声まで聞こえてきそうです。庭には、母の作っている小さい菜園があって、青じそがひとかたまり、やっぱり雨にぬれ

1 「①また両手で窓を作りました」とありますが、窓の中には何が見えましたか。

（　　）が降っているおくに、ぼんやりと（　　　　　　）が見えた。

2 「②〈あれは、ぼくのだ。〉」とありますが、なんのことをこう言っているのですか。六字の言葉を書きぬきましょう。

（　　　　　　）

3 よく出る 「③胸がどきどきしてきました」とありますが、それはなぜですか。一つに○をつけましょう。

ア（　）昔の「ぼく」が出てくるのではないかと思ったから。
イ（　）今はいない母の姿が現れるのではないかと思ったから。
ウ（　）「ぼく」は、小屋に帰れないかもしれないと思ったから。

直後の内容に注目しよう。

4 「④二人の子どもの笑い声」とは、だれとだれの笑い声ですか。

（　　　　　　）

言葉の意味プラス
13行 とっさ…きわめてわずかな時間。 27行 せつない…悲しみやこいしさ、さびしさなどで、胸がしめつけられるような気持ち。

ています。ああ、あの葉をつみに、母は庭に出てこないのでしょうか……。

家の中は、すこうし明るいのです。電気がついているのです。ラジオの音楽に混じって、④二人の子どもの笑い声が、とぎれとぎれに聞こえます。あれはぼくの声、もう一つは死んだ妹の声……。

⑤フーッと、大きなため息をついて、ぼくは両手を下ろしました。なんだか、とてもせつなくなりました。子どものころの、ぼくの家は焼けたのです。あの庭は、今はもう、ないのです。

それにしても、ぼくは全く素《す》敵な指をもちました。この指はいつまでも大切にしたいと思いながら、ぼくは、林の道を歩いていきました。

ところが、小屋に帰って、ぼくがいちばん先にしたことは、なんだったでしょう。

ああ、ぼくは、全く無意識に、自分の手を洗ってしまったのです。それが、長い間の習慣だったものですから。

⑥いけない、と思った時は、もうおそすぎました。青い色は、たちまち落ちてしまったのです。洗い落とされたその指で、いくらひし形の窓をこしらえても、その中には、小屋の天井《じょう》が見えるだけでした。

ぼくはその晩、もらったなめこを食べるのも忘れて、⑦がっくりとうなだれていました。

〈安房《あわ》 直子《なおこ》「きつねの窓」による〉

5 「⑤フーッと、大きなため息をついて、ぼくは両手を下ろしました。」とありますが、「ぼく」はなぜ、窓の中を見るのをやめたのですか。一つに○をつけましょう。

ア（　）指で作った窓の中をずっと見ていたので、手や指がつかれてしまったから。

イ（　）見たかったものが窓の中に映ったので、すっかり満足したから。

ウ（　）今は焼けてなくなってしまった、家や庭を見ているのがつらくなったから。

「ため息」はどんなときにつくか考えよう。

6 林の道を歩いていく時、「ぼく」はどのように思っていましたか。

ぼくは全く（　　　）をもった。この指はいつまでも（　　　）。

7 よく出る 「⑥いけない、と思った時は、もうおそすぎました。」とありますが、どのようになったのですか。

きつねが染めてくれた指の（　　　）が落ちて、指で窓を作っても、（　　　）が見えるだけになった。

8 書いてみよう! 「⑦がっくりとうなだれていました」とありますが、この時の「ぼく」の気持ちを考えて書きましょう。

（　　　）

ものしりメモ 青い染め物といえば、藍《あい》。藍染めは、タデ藍という植物の葉を使って染めるんだ。外国では、ジャパンブルーとも呼ばれるよ。

基本のワーク

言葉の文化④　言葉は時代とともに

教科書　㊦30～37ページ
答え　13ページ
勉強した日　月　日

学習の目標
●『万葉集《まんようしゅう》』の歌や明治《めいじ》・大正《たいしょう》時代に書かれた名作を読み、文学に親しもう。

1 言葉の意味　○をつけましょう。

1 31ページ 人々の心を打つ。
ア（　）非常に感動させる。
イ（　）強くおどろかせる。
ウ（　）決して忘れさせない。

2 32 短歌と俳句のかくしん。
ア（　）新しいものよりも、古いものを大切にすること。
イ（　）今までのやり方を変えて、新しくすること。
ウ（　）今までどおりのやり方を続けること。

3 32 繊《せん》細で温かいまなざし。
ア（　）気が弱くてこわがりな様子。
イ（　）小さなことをくよくよ考える様子。
ウ（　）感覚がするどくて細かい様子。

4 33 親譲《ゆず》りの無鉄砲《てっぽう》である。
ア（　）注意深く行動すること。
イ（　）結果を考えずに行動すること。
ウ（　）のんびりと行動すること。

5 33 歯切れのよいリズム。
ア（　）言葉の発音や調子がよい。
イ（　）声が大きく勢いがある。
ウ（　）歯でかみ切りやすい。

2 『万葉集《まんようしゅう》』について説明した次の文章の（　）に合う言葉を［　］から選んで、書きましょう。

『万葉集』は、（　　　）に作られた、今も残る最も古い（　　　）である。

［八世紀　十世紀　歌集　物語］

3 短歌と俳句の形式について、（　）に合う言葉を、［　］から選んで書きましょう。（同じ言葉を何度使ってもかまいません。）

1 短歌……（　）・（　）・（　）・（　）・（　）の三十一音で作る。五・七・五の部分を（　）の句、七・七の部分を（　）の句と呼ぶ。

2 俳句……（　）・（　）・（　）の十七音で作る。季節を表す（　）を入れて作る。

［五　七　上《かみ》　下《しも》　季語］

4

正岡子規《まさおかしき》の俳句と短歌について、答えましょう。

(1) 例にならって、次の俳句と短歌を、「五」「七」に区切りましょう。

例 柿《かき》くへ(エ)ば｜鐘《かね》が鳴るなり｜法隆《ほふりゆう》(ホウリュウ)寺

1 いくたびも雪の深さを尋《たづ》(ズ)ねけり

2 くれなゐ(イ)の二尺《しやく》(ヤ)伸《の》びたる薔薇《ばら》の芽の針やは(ワ)らかに春《はる》雨《さめ》のふる

(2) 「くれなゐ」「やはらか」は、どのように読みますか。例にならって、平仮名《がな》で書きましょう。

例 柿くへば → （かきくえば）

1 くれなゐ → （　　）

2 やはらか → （　　）

5

明治《めいじ》・大正《たいしょう》の文学者について、（　）に合う言葉を、[　]から選んで書きましょう。

1 正岡子規は、（　　）時代を代表する文学者で、（　　）と俳句のかくしんに取り組んだ。（　　）に苦しみながらも作品を作り続けた。

2 夏目漱石《なつめそうせき》は、明治時代を代表する（　　）家。

3 芥川龍之介《あくたがわりゅうのすけ》は、（　　）時代を代表する小説家。

[小説　短歌　明治　大正　病]

6

次の作者の作品を[　]から選んで、全て書きましょう。

1 夏目漱石（　　）

2 芥川龍之介（　　）

[三四郎《さんしろう》　杜《と》子春《ししゅん》　トロッコ　坊っちゃん　吾輩《わがはい》は猫《ねこ》である　蜘蛛《くも》の糸]

7

言葉と時代の変化について、（　）に合う言葉を、[　]から選んで書きましょう。

1 言葉や文章は、時代によってさまざまに（　　）する。一方、（　　）の日本語とそれほどちがわない言葉や言葉づかいもみられる。

2 言葉は、そのときどきの人々の考え方や（　　）によって変化する。

[変化　現代　暮らし方]

8

次の言葉は、他の言い方でなんと呼ばれますか。[　]から選んで、記号で答えましょう。

1 台所（　）　2 げた箱（　）　3 便所（　）

[ア トイレ　イ キッチン　ウ くつ箱]

ものしりメモ

夏目漱石《なつめそうせき》の本名は「夏目金之助《きんのすけ》」。庚申《こうしん》の日（庚申は干支《えと》の一つ）に生まれた赤んぼうは大どろぼうになるという迷信《めいしん》があったので、やくよけの意味で「金」の字が入れられたんだ。

練習のワーク

言葉の文化④ 言葉は時代とともに

教科書 下30～37ページ

答え 14ページ

勉強した日 月 日

できるナビ
●現代とはちがう言葉で書かれた短歌や俳句を味わい、風景や心情を想像しよう。

❖ 次の歌や俳句、文章を読んで、問題に答えましょう。

あ 田子《たご》の浦《うら》ゆうちいでて見れば真白にそ
富士《ふじ》の高嶺《たかね》に雪は降りける
山部赤人《やまべのあかひと》

い 淡海《あふみ》（オウ）の海夕波千鳥汝《な》が鳴けば
心もしのに古《いにしへ》（エ）思ほゆ
柿本人麻呂《かきのもとのひとまろ》

これらは、上巻で学習した『枕草子《まくらのそうし》』より二百年ほども前に作られた歌集『万葉集《まんようしゅう》』にある、今もなお、多くの人に親しまれている歌です。
〈「言葉は時代とともに」による〉

2 あの歌は、「田子の浦という海岸を通って、広々とした場所に出てみると、富士山の高い頂《いただき》に真っ白に雪が降り積もっている。」という意味です。この時の作者の気持ちを、考えて書きましょう。

書いてみよう！

（　　）

3 いの歌は、いつごろの時間帯をえがいていますか。一つに○をつけましょう。

ア（　）朝
イ（　）昼
ウ（　）夕方
エ（　）夜

4 よく出る● いの歌の意味として、合うもの一つに○をつけましょう。

ア（　）近江《おうみ》の湖の夕暮れに、私が昔を思い出して泣いていると、波の上を千鳥が飛んでいたよ。
イ（　）近江の湖の夕暮れに飛ぶ千鳥の声を聞くと、昔のことがしみじみと思い出される。
ウ（　）近江の湖の夕暮れに飛ぶ千鳥が、もしも鳴いてくれたら、昔のことがはっきりと思い出せるのになあ。

言葉の意味プラス
64ページ 6行 古《いにしへ》（いにしえ）…昔。
65ページ 3行 くれなゐ（くれない）…紅《べに》色。あざやかな赤。

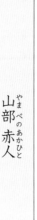

ⓤ 瓶《かめ》にさす藤《ふぢ(ジ)》の花ぶさみじかければ
たゝ《(タ)》みの上にとゞ《(ド)》かざりけり

ⓔ くれなゐ《(イ)》の二尺《しやく(ヤ)》伸びたる薔薇《ばら》の芽の
針やは《(ワ)》らかに春雨《はるさめ》のふる

ⓞ 柿《かき》くへ《(エ)》ば鐘《かね》が鳴るなり法隆《ほふりゆう(ホウリュウ)》寺

ⓚ いくたびも雪の深さを尋《たづ(ズ)》ねけり

（正岡《まさおか》 子規《しき》）

正岡子規は、明治《めいじ》時代を代表する文学者で、短歌と俳句のかくしんに情熱をかたむけました。

病に苦しみ、ほとんどねたままの状態となりながらも作品を作り続けました。その作品からは、自然を見つめる子規の、繊細《せんさい》で温かいまなざしが感じられます。

〈「言葉は時代とともに」による〉

1 ⓐ・ⓘの歌は、なんという歌集にのっている歌ですか。

『（　　　　）』

『万葉集』

---

5 ⓔの短歌の情景や、そこから感じられるものについて、次のようにまとめました。□に合う言葉を、短歌と文章中から書きぬきましょう。

「薔薇の芽の針」というごく小さなものに注目している。

□□にぬれた薔薇の芽の□を見つめる作者の目には、□□□□□□まなざしが感じられる。

6 ⓞ・ⓚの俳句から、季節を表す言葉(季語)を、それぞれ一字で書きぬき、その季節を一字で書きましょう。

ⓞ 季語 □ 季節 □

ⓚ 季語 □ 季節 □

7 よく出る● ⓚの俳句は、「雪がどれくらい積もったかを、何度も家の人に尋ねたよ。」という意味です。なぜ子規は、雪が積もった深さを何度も尋ねるのだと思われますか。二つに○をつけましょう。

正岡子規が病気だったことから考えよう。

ア（　）病気でねているので、自分で外の様子を見られないから。
イ（　）雪を見るためにわざわざ外へ出るのが、めんどうだから。
ウ（　）雪がどれくらい積もったのか、正確な深さを知りたいから。
エ（　）雪がどれくらい積もったのかを、楽しみにしているから。

8 次の文は、ⓤ〜ⓚのどの俳句・短歌について述べたものですか。記号で答えましょう。

❶ 秋の情景をうたっており、のどかさを感じさせる。（　）
❷ 部屋にある花を、しっかり見つめてうたっている。（　）

ものしりメモ 正岡子規《まさおかしき》は、野球を愛したことでも知られているよ。21歳《さい》の時に「この年、ベースボールにのみ耽《ふけ》り、バット一本球一個を生命のように思う」と言うほど熱中していたんだ。

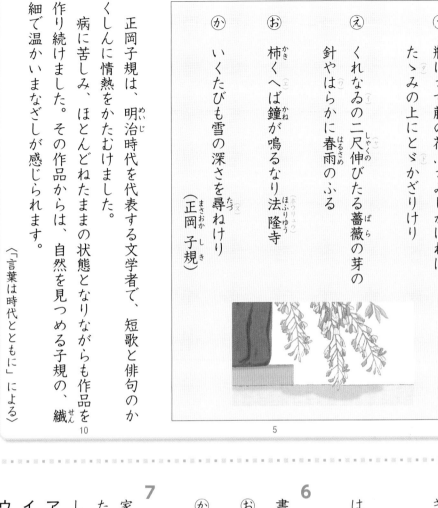

まとめのテスト　きつねの窓

教科書　下8～37ページ
答え　14ページ
時間20分
得点　/100点
勉強した日　月　日

次の文章を読んで、問題に答えましょう。

「ねえ、お客様、指を染めるのは、とても素敵《す》なことなんですよ。」

と言うと、自分の両手を、ぼくの目の前に広げました。

小さい白い両手の、親指と人さし指だけが、青く染まっています。きつねは、その両手を寄せると、青く染められた四本の指で、ひし形の窓を作ってみせました。それから、窓を、ぼくの目の上にかざして、

「ねえ、①ちょっと、のぞいてごらんなさい。」

と、楽しそうに言うのです。

「うう？」

ぼくは、気ののらない声を出しました。

「まあ、ちょっとだけ、のぞいてごらんなさい。」

そこで、ぼくは、しぶしぶ窓の中をのぞきました。そして、仰《ぎょう》天しました。

指でこしらえた、小さな窓の中には、白いきつねの姿が見えるのでした。それは、みごとな母ぎつねでした。しっぽをゆらりと立てて、じっとすわっています。それは、ちょうど窓の中に、一まいのきつねの絵が、ぴたりとはめこまれたような感じなのです。

「こ、こりゃいったい……。」

チャレンジ

1　「①ちょっと、のぞいてごらんなさい」について、答えましょう。

(1)　「ぼく」がきつねにのぞくように言われたのは、なんの中ですか。　一つ5〔10点〕

きつねの（　　　）四本の指で作った（　　　）の中。

(2)　「ぼく」が見たものは、どんな様子でしたか。　一つ5〔10点〕

（　　　）をゆらりと立てて、じっと（　　　）いる。

2　「②ダーンとやられたんです」とありますが、だれが、どうなったことを表していますか。〔15点〕

（　　　　　　　　）

3　「③自分の正体がばれてしまった」とありますが、なぜばれてしまったのですか。〔15点〕

言葉の意味プラス
13行　しぶしぶ…めんどうくさそうにする様子。いやいやする様子。
38行　どっさり…たくさん。

ぼくは、あんまりびっくりして、もう声も出ませんでした。きつねは、ぽつりと言いました。

「これ、ぼくの母さんです。」

「……。」

「ずうっと前に、②ダーンとやられたんです。」

「ダーンと？　鉄砲《ぼう》で？」

「そう。鉄砲で。」

きつねは、ぱらりと両手を下ろして、うつむきました。これで、③自分の正体がばれてしまったことも気づかずに、話し続けました。

「それでもぼく、もう一度母さんに会いたいと思ったんです。死んだ母さんの姿を、一回でも見たいと思ったんです。これ、人情っていうものでしょ。」

なんだか悲しい話になってきたと思いながら、ぼくは、うんうんとうなずきました。

「そしたらね、やっぱりこんな秋の日に、風がザザーッてふいて、ききょうの花が声をそろえて言ったんです。あなたの指をお染めなさい。それで窓を作りなさいって。ぼくは、ききょうの花をどっさりつんで、その花のしるで、ぼくの指を染めたんです。そうしたら、ほうら、ねっ。」

きつねは、両手をのばして、また、窓を作ってみせました。

「ぼくはもう、さびしくなくなりました。この窓から、いつでも、母さんの姿を見ることができるんだから。」

ぼくは、すっかり感激して、何度もうなずきました。実は、ぼくも独りぼっちだったのです。

「ぼくも、そんな窓がほしいなあ。」
④ぼくは、子どものような声をあげました。すると、きつねは、⑤もううれしくてたまらないという顔をしました。
〈安房《あわ》　直子《なおこ》「きつねの窓」による〉

書いてみよう!

4 きつねは、どんな方法で指を青く染めましたか。〔15点〕

（　　　　　　　　　　）

5 よく出る● きつねの窓をのぞく前とあとで、「ぼく」の様子はどう変わりましたか。　一つ5〔10点〕

窓をのぞく前は □□□□□□ 様子だったが、窓をのぞいたあとは □□□□□□□ した。

6 「④ぼくは、子どものような声をあげました。」とありますが、それはなぜですか。一つに○をつけましょう。〔15点〕

ア（　）いつでも母ぎつねの姿が見られると思ったから。

イ（　）もう独りぼっちではなくなると思ったから。

ウ（　）ほかの人にも窓を見せたら、喜ぶと思ったから。

7 よく出る● 「⑤もううれしくてたまらないという顔」とありますが、きつねはなぜそのような顔をしたのですか。一つに○をつけましょう。〔10点〕

ア（　）指を青く染める商売がうまくいくと思ったから。

イ（　）母ぎつねを「ぼく」に見せて、自慢《まん》できたから。

ウ（　）窓が素敵なものだと「ぼく」にわかってもらえたから。

ものしりメモ　キキョウは秋の七草の一つ。夏から秋にかけて、むらさきや白の花をさかせるよ。キキョウの根は、漢方(中国《ちゅうごく》から伝来した医術)では、せき止めなどの薬として使われるよ。

基本のワーク

十二歳《さい》の主張

教科書 ㊦38〜43ページ
答え 15ページ

勉強した日　月　日

学習の目標
●自分の考えを、説得力のある文章にまとめて伝えよう。
●意見文の構成の仕方を学ぼう。

漢字練習ノート18ページ

新しい漢字

▼練習しましょう。

教科書ページ	漢字	読み	画数
38	疑	ギ　うたがう	14画
38	善	ゼン　よい	12画
39	専	セン	9画
39	閣	カク	14画

1 漢字の読み　読み仮名《がな》を横に書きましょう。

❶ 疑問　❷ 改善　❸ 専門家　❹ 内閣府

○新しく学ぶ漢字
●新しい読み方を覚える漢字
◆特別な読み方の言葉

2 漢字の書き　漢字を書きましょう。

❶ 方法を□□《かいぜん》する。
❷ □□□《ないかくふ》の役割。

3 意見文を書く手順を次のようにまとめました。（　）に合う言葉を、［　］から選んで書きましょう。

❶ 日頃《ごろ》から（　　）に感じていることなどから（　　）を決めて、取材する。
❷ 自分の（　　）の理由や事例に適切なものを選び、伝えたいことを（　　）にできる構成を考える。
❸ 意見を裏づける（　　）を示して意見文を書く。
❹ 意見文を読み返し、表現や（　　）をかくにんする。
❺ 友達と意見文を読み合う。

［主張　明確　根拠《きょ》　課題　構成　疑問］

4 説得力のある意見文を書くときに大切なこととして、合うものには○、合わないものには×をつけましょう。

ア（　）自分の主張に合う資料を理由や根拠として使う。
イ（　）自分が考えた解決策をもりこむ。
ウ（　）予想できる反対意見を示し、それに反論はしない。
エ（　）事実と自分の考えを区別せずに書く。

5 前川さんは、自分の意見を伝えるために構成表を作りました。次の構成表を読んで、問題に答えましょう。

序論（始め）	本論（中）	結論（終わり）
新聞で、世界的にグローバル化が進行していて、英語を使う場面がますます増えていることを知った。 ◎私たちは、英語学習にどう取り組めばいいのか。	英語学習が必要な理由 ・英語は世界の共通語とも呼べるような言語になっている。 ・海外の人と英語によってコミュニケーションをとることで、世界の人々との交流が可能になる。 ・仕事の場を、海外に広げていくこともできる。 ◎英語学習は、私たちの可能性を広げる。	英語学習にこれまで以上に積極的に取り組んで□。

自分の考えをうまく伝えるために、どんなことを、どんな構成で文章にしたらいいいか、表にしたんだね。

1 前川さんの意見のきっかけは、どんなことですか。一つに○をつけましょう。

ア（　）英語を学習していて、どのように取り組めばいいか、考えたこと。

イ（　）世界的にグローバル化が進んでいることを、新聞を読んで知ったこと。

ウ（　）海外の人と英語によって話ができるようになって、交流したいと考えたこと。

2 前川さんは、どんな課題提起をしましたか。

（　　　　　　　　　　　　）

3 構成表の「本論（中）」には、どんな内容が書かれていますか。一つに○をつけましょう。

ア（　）取り上げる課題や自分の立場。

イ（　）自分の意見とは反対の意見。

ウ（　）自分の意見とその根拠や具体例。

4 前川さんは構成表の「本論（中）」で、どんな意見を書いていますか。

（　　　　　　　　　　　　）という意見。

5 □に入るのは、どんな言葉ですか。一つに○をつけましょう。

ア（　）いくはずだ

イ（　）いきたい

ウ（　）いけるといい

ものしりメモ　「グローバル化」とは、社会的・経済《ざい》的に国のわく組みをこえて、世界的な規模で結びつきが深まることだよ。「経済のグローバル化」のように使われるよ。

基本のワーク

漢字の広場④
音《おん》を表す部分
五年生で学んだ漢字④

教科書 ㊦44～46ページ

答え 15ページ

勉強した日　月　日

学習の目標

●漢字の成り立ちを知り、漢字の音《おん》を表す部分をとらえよう。

●五年生で学んだ漢字を復習しよう。

漢字練習ノート18～20ページ

新しい漢字

教科書ページ	漢字	読み	画数
45	縮	シュク　ちぢむ	17画
45	頂	チョウ　いただく　いただき	11画
45	庁	チョウ	5画
45	枚	マイ	8画
45	泉	セン　いずみ	9画
45	批	ヒ	7画
45	詞	シ	12画
45	誌	シ	14画
45	創	ソウ　つくる	12画
45	忠	チュウ	8画
45	誠	セイ	13画
45	延	エン　のびる	8画
45	済	サイ　すむ	11画

▼練習しましょう。

1 漢字の読み

読み仮名《がな》を横に書きましょう。

① ◆清水　② ○短○縮　③ ○頂上　④ 県○庁

⑤ 二○枚　⑥ きれいな○泉　⑦ ○批評　⑧ 歌○詞

⑨ 雑○誌　⑩ ○忠○誠　⑪ ○延期　⑫ 経○済

○新しく学ぶ漢字
●新しい読み方を覚える漢字
◆特別な読み方の言葉

2 漢字の書き

漢字を書きましょう。

① 作品を［ひひょう］する。

② ［ざっし］を読む。

③ ［そうかんごう］を買う。

3 五年生の漢字　漢字を書きましょう。

1 小学生の□□《だんたい》。

2 □□□《そうりょくせん》になる。

☆ 漢字の広場④　音《おん》を表す部分

4 例にならって、次の漢字の音《おん》を表す部分を、書きましょう。

例 批 → （比）

1 閣 → （　　）

2 臓 → （　　）

3 源 → （　　）

4 創 → （　　）

訓読みでなく、音読みを考えよう。

5 次の音をもつ□に合う漢字を、□から選んで書きましょう。

1 カク
- 全国□地の天気を知らせる。
- 姉は明るい性□だ。

〔各　格〕

2 ソク
- □面から支える。
- 試合で反□をおかす。
- 未来を予□する。

〔則　側　測〕

3 カ
- 実験の結□について考える。
- □題をあたえる。

〔果　課〕

4 カン
- 警察□になる。
- 図書□で本を借りる。
- かぎを□理する。

〔官　管　館〕

5 コウ
- □率がよい。
- □舎を建てかえる。
- □通安全を呼びかける。

〔交　効　校〕

6 セキ
- 実□をあげる。
- びんの容□。
- 重□をになう。

〔責　積　績〕

7 ヒ
- □観的な考えをいだく。
- □常識な行動を注意する。

〔非　悲〕

ものしりメモ

漢字のふるさと中国《ちゅうごく》。現在、世界の人口は約80億人だけれど、中国人は約14億人。中国語は、地域によって書き表し方がちがうんだよ。

まとめのテスト　十二歳《さい》の主張

教科書　下38〜46ページ
答え　15ページ

勉強した日　月　日

時間20分

得点　/100点

次の意見文を読んで、問題に答えましょう。

私たちとインターネット

夏川　まゆ

一 インターネットは、私たちの生活に欠かせないものになっている。令和《れいわ》二年度の内閣府の調査によると、小学生の九十・五パーセントが、ふだんの生活でインターネットを利用しており、中学生では九十七・四パーセントにもなるそうだ。インターネットがこのようにふきゅうしたのはなぜだろうか。そして、私たちは、インターネットとどうつき合っていけばいいのだろうか。

しかし、①インターネットには注意しなければならないこともある。それは、正しくない情報がのっていたり、相手が見えないために、トラブルに巻きこまれたりする可能性があることだ。

そこで、私はインターネットを使う際のルールを、「利用するとき」と「発信するとき」に分けて考えてみた。「利用するとき」には、インターネットにのっている情報をすぐに信じないようにすることだ。情報の発信源や根拠《きょ》はなんなのか、どのような目的で書かれたものなのかなどを、よく確か

1 夏川さんが意見文の一の部分でデータのすうちを引用したのは、どんなことを示すためですか。一つに○をつけましょう。〔15点〕

ア（　）インターネットに小中学生がなじんでいないこと。
イ（　）インターネットがふきゅうしていること。
ウ（　）私たちがインターネットを上手に使っていること。

2 夏川さんは、データをどこから引用しましたか。〔15点〕

3 ①「インターネットには注意しなければならないこと」があるとありますが、それはどんなことですか。〔15点〕

4 よく出る　夏川さんはインターネットを使う際のルールを何と何に分けて考えましたか。二つ書きましょう。一つ5〔10点〕

2

めるようにしたい。また、「発信するとき」には、自分が書いた文章を相手がどう受け止めるかについて、よく考えてから発信するようにすることが重要ではないだろうか。令和二年度の「インターネットの利用内容」の「コミュニケーション」の利用率を見ると、小学生では四十一・六パーセントであるのに対し、中学生では七十七・二パーセントにもなっている。これから、私たちが発信する側になる機会が増えることを考えると、②大変重要なことだといえるだろう。また、むやみに自分や友達の個人情報を発信しないことも大切である。

3

確かに、これらのルールはあたりまえと思われているかもしれない。しかし、実際にまちがった情報にだまされたり、メールのやりとりでトラブルにあったりしている人が大勢いる。

このように考えると、インターネットの利用が簡単にできる今、あたりまえのことこそ大切にしなければならない。そして、これからも自分なりのルールを守って、インターネットを上手に活用していきたい。

〈「十二歳《さい》の主張」による〉

5 「②大変重要なことだといえるだろう」とありますが、夏川さんがこう述べているのはなぜですか。一つに○をつけましょう。（15点）

ア（　）小学生が、今後インターネットで情報を発信する側になる機会が増えると考えられるから。

イ（　）小学生が、インターネットで情報を発信する側になるのは、まだ先のことだといえるから。

ウ（　）小学生は、インターネットについての深い知識がそなわっていると考えられるから。

6 よく出る 夏川さんの意見文を「序論」・「本論」・「結論」に分けた時に、「本論」にあたるのは、どの部分ですか。意見文の1～3から選び、数字で答えましょう。（15点）

□

チャレンジ!

7 夏川さんの意見文の書き方の工夫《くふう》として、どんなことがあげられますか。一つに○をつけましょう。（15点）

ア（　）自分の意見への反対意見を予想して述べ、それへの反論の根拠をデータで示して意見に説得力をもたせている。

イ（　）自分の意見の根拠をデータで示したり、予想される反対意見に対する反論を述べたりして内容を深めている。

ウ（　）問いかけの文を入れて読者に関心をもたせ、自分の考えはあまり示さないで、読者に考えさせようとしている。

ものしりメモ

令和《れいわ》2年度の内閣府の調査によると、スマートフォンでのインターネットの利用は、小学生と中学生の場合、動画視聴《しちょう》が1位となっているよ。

三　自分の経験と重ねて読み、考えを広げよう

基本のワーク

あなたはどう感じる？　SDGs
ぼくの世界、君の世界　SDGs

教科書 下48～61ページ

答え 16ページ

勉強した日　月　日

学習の目標
- 事例をもとに筆者がどんなことを述べているのかをとらえよう。
- 筆者の考えをとらえて、要旨《し》をつかもう。

漢字練習ノート21～22ページ

新しい漢字

教科書ページ	漢字	読み	画数
49	紅	コウ　べに	9画
54	盛	もる	11画
56	秘	ヒ	10画
56	密	ミツ	11画
56	展	テン	10画
60	否	ヒ	7画
60	亡	ボウ	3画
60	宗	シュウ	8画
60	系	ケイ	7画
60	仁	ジン	4画
60	聖	セイ	13画
60	尺	シャク	4画
60	肺	ハイ	9画
60	臓	ゾウ	19画
60	律	リツ	9画
60	衆	シュウ	12画
60	胃	イ	9画
60	腸	チョウ	13画

▼練習しましょう。

紅　盛　秘　密　展　否

亡　宗　系　仁　聖　尺

肺　臓　律　衆　胃　腸

1 漢字の読み
読み仮名《がな》を横に書きましょう。

1 ○紅葉
2 ◆真面目
3 ○盛り上がる
4 ○秘○密
5 発○展
6 ○否定
7 ○亡命
8 ○宗教
9 ○系統
10 ○仁義

○新しく学ぶ漢字
●新しい読み方を覚える漢字
◆特別な読み方の言葉

3 言葉の意味
○をつけましょう。

1 （50ページ）あくまでも、自分に見えているだけだ。
ア（　）悪くても。
イ（　）一人でも。
ウ（　）どこまでも。

⑪ 聖火
⑫ 尺度
⑬ 肺臓
⑭ 法律
⑮ 民衆
⑯ 胃腸

2 漢字の書き 漢字を書きましょう。

❶ 話が［　］《も》り上がる。

❷ ［　　］《ひみつ》を守る。

❸ ［　　］《いちょう》の薬。

⑩「仁」とは、思いやりやいつくしみの心のことだよ。

内容をつかもう！

ぼくの世界、君の世界 教科書を読んで、答えましょう。

1 筆者は、小学生だったころ、どんなことを考えたのですか。正しいほうに○をつけましょう。 教科書50～57ページ

① この｛ア（　）電球　イ（　）ボール｝は、丸くて、うす暗くて、だいだい色だ。

↓

② でもこれは、｛ア（　）他の人　イ（　）自分だけ｝にそう見えているのではないか。

↓

③ ひょっとしたら、自分以外の人には｛ア（　）全く同じように　イ（　）全然ちがったふうに｝見えているのかもしれない。

2 筆者は、どんな例をあげて考えを述べていますか。［　］に合う言葉を、［　］から選んで書きましょう。 52～56ページ

① あまみや痛みの感覚について
● ［　　］を食べた時の例。
● ［　　］の時の例。

② 「言葉のキャッチボール」について
● 好きな［　　］について話している時の例。

アニメ　チョコレート　腹痛

他の人とはちがう「自分だけの心の世界」について書かれた文章だよ。

❷ 50 他の人にも同じだという保証はない。
ア（　）まちがいないとうけ合うこと。
イ（　）まちがいだという印。
ウ（　）確かにそうだと考えること。

❸ 50 思いが、不意にわいてきた。
ア（　）ゆっくりと。
イ（　）とつぜん。
ウ（　）ぼんやりと。

❹ 53 もっと極端《たん》なことも想像できる。
ア（　）非常にかたよっている。
イ（　）くわしくて細かい。
ウ（　）思いつきの。

❺ 55 作り笑いの表情が見える。
ア（　）心の底から笑うこと。
イ（　）声を出さずに笑うこと。
ウ（　）おかしくないのに笑うこと。

❻ 56 一つの思いが、別の思いに発展する。
ア（　）いつまでも変わらずにあること。
イ（　）先に進んで、広がること。
ウ（　）進行のじゃまをすること。

ものしりメモ 「人間は考える葦《あし》である」とは、フランスの哲《てつ》学者パスカルの言葉。人間は風になびく葦のように弱いものだけど、考える能力をもっているということを表しているんだよ。

練習のワーク①

ぼくの世界、君の世界 SDGs

教科書 下48～61ページ
答え 16ページ
勉強した日　月　日

できるナビ
●「あまみ」「痛み」の感覚の例を読み取ろう。
●筆者が事例をとおして言いたいことをとらえよう。

次の文章を読んで、問題に答えましょう。

例えば、あまみや痛みのような感覚は、全ての人に共通しているといえるか、という問題がある。

君と友達が、同じチョコレートを食べるとする。チョコレートを口に入れると、君は独特の香りとあまみ、そして苦みを感じる。君が、「あまいね。」と言うと、友達も「うん、あまいね。」と言って、にっこりする。でも、①君の感じているあまみと、友達が感じているあまみが同じだ、と言いきれるだろうか。

まず、②君よりも友達のほうがずっとあまく感じているかもしれない、ということが考えら

2 「①君の感じているあまみと、友達が感じているあまみが同じだ、と言いきれるだろうか」とありますが、これに対して筆者自身はどのように考えていますか。一つに○をつけましょう。

ア（　）言いきれると考えている。
イ（　）言いきれないと考えている。
ウ（　）言いきれる場合と言いきれない場合があると考えている。

あとの部分に筆者の考えが書かれているよ。

3 「②君よりも友達のほうがずっとあまく感じているかもしれない」とは、別の言葉で言いかえるとどういうことですか。

それぞれが感じる（　　　　）がちがっているかもしれないということ。

前の内容を言いかえるときに使う、つなぎ言葉の「つまり」に注目しよう。

4 「③それぞれが、全くちがった感覚を口の中に感じていて、ただ『あまい』という言葉だけが共通している」とありますが、これは、どういうことをいっているのですか。一つに○をつけましょう。

感覚と言葉の関係をとらえよう。

言葉の意味プラス
6行 独特…そのものだけが特別にもっていること。
30行 証明…真実であるかどうか、明らかにすること。

れる。つまり、あまみの「程度」がずいぶんちがっているかもしれない、ということだ。
また、もっと極端《たん》なことも想像できる。実は、③それぞれが、全くちがった感覚を口の中に感じていて、ただ「あまい」という言葉だけが共通している、ということも考えられるのである。
痛みについても、同じようなことがいえる。④友達が、「おなかが痛いよ。」と言った時、君は、自分が腹痛を起こした時の感覚を思い出して、「ああ、痛そうだなあ。大変だなあ。」と思う。でも、それは、あくまでも「自分」が経験してきた痛みの感覚でしかない。自分がこれまでに感じてきた痛みと、友達が感じている痛みが同じであるとは、証明できないのだ。自分が、他人の中に入りこんで、その人が見たり、⑤感じたりしていることをそのまま体験できれば別だが、もちろんそんなことはだれにもできない。

〈西《にし》研《けん》「ぼくの世界、君の世界」による〉

1 よく出る● この文章では、どんな感覚を例にあげて説明していますか。二つ書きましょう。

（　　　　）の感覚。

（　　　　）の感覚。

ア（　）「あまい」という感覚は同じだが、「君」と友達とでは、感じているあまみの程度がちがっていること。

イ（　）「君」はあまいチョコレートを食べたのだが、友達は、あまくないチョコレートを食べたということ。

ウ（　）「君」が「からい」と思うような感覚でも、友達は「あまい」という言葉で表現しているかもしれないこと。

5 ④「友達が、『おなかが痛いよ。』と言った時」とありますが、この時、私たちは何を思い出して相手の感覚を想像するのですか。

（　　　　）

6 ⑤「そんなこと」とは、どんなことですか。

直前に書かれている内容をまとめよう。

（　　　　）

7 よく出る● 筆者は、二つの感覚の例からどんなことを言おうとしていますか。一つに○をつけましょう。

ア（　）自分が感じている感覚は、自分のこれまでに経験してきた感覚の記憶《おく》にすぎないので、あてにならない。

イ（　）自分が感じている感覚は、自分にしか体験できないので、他の人と同じ感覚なのかは決してわからない。

ウ（　）あまみや痛みを感じる感覚の強さは、人によってちがうので、自分の感覚だけで判断するべきではない。

ものしりメモ　バレンタインデーに、女性から男性にチョコレートをおくるのは日本だけ。外国では、男女関係なくカードやプレゼントをおくりあうんだって。

練習のワーク②

ぼくの世界、君の世界　SDGs

教科書　㊦48～61ページ
答え　16ページ
勉強した日　月　日

できるナビ
●アニメの話をしている時の例を読み取ろう。
●事例をもとにした筆者の考えをとらえよう。

次の文章を読んで、問題に答えましょう。

　結局、私たちは、一人一人別々の心をかかえ、相手のことなどわからないまま生きていくしかないのだろうか。つまり、人と人は、永遠に理解し合えないのだろうか。

　①そうではない、とぼくは思う。

　例えば、君と友達が、好きなアニメについて夢中になって話しているとしよう。君が、「あの登場人物は、こういうところがかっこいいよね。」と言うと、友達も、「そうそう、それにこういうところもいいよ。」と②言葉を返してくる。君が、「前回の話はおもしろかったよね。」と言えば、友達は、「あそこがよかったよね。」と返してくるだろう。そのように、二人で「言葉のキャッチボール」をしている時、君は、友達が、君と同じようにこのアニメが大好きで、うれしくて気持ちをはずませていることを、③疑いはしないだろう。

　もちろん、相手がうれしがっているふりをしている可能性もあるが、二人で夢中になって話をして盛り上がっている時に、④そのような疑いをもつことはない。疑いをもつとしたら、作り笑いの表情が見えたり、言葉のはしばしから、「あれ、変だな。無理しているみたいだ。」と感じたりした時だけだ。

　また、言葉のキャッチボールをしていると、自分と相手が同

2 よく出る　「②言葉を返してくる」とありますが、「君」が言ったことに対して友達が言葉を返してくるようなやりとりのことを、筆者はなんと呼んでいますか。十字の言葉を書きぬきましょう。

「□□□□□□□□□□」

3 「③疑いはしない」とありますが、どんなことを疑わないのですか。

友達が（　　）で、（　　）こと。

4 「④そのような疑い」について、答えましょう。

(1) どんな疑いですか。

（　　）

(2) このような疑いをもつのは、どんな時ですか。二つに分けて書きましょう。

●（　　）時。

●言葉のはしばしから、「（　　）」と感じた時。

言葉の意味プラス
12行　はずませる…動作や気持ちを活気づかせる。うきうきさせる。
17行　はしばし…あちらこちらの部分。

じように感じているところだけでなく、⑤それぞれの感じ方のちがいに気づかされることもある。

　しかし、これは、おたがいがわかり合えない、ということではない。むしろ、おたがいのちがいがわかった、ということなのだ。だから、もう少し相手の気持ちを知りたくなったら、「どうして？」とか「どんな感じ？」というふうにたずねてみればいい。たずね合うことで、私たちは少しずつ、おたがいの気持ちの細かいところもわかっていく。

　おたがいの心を百パーセント理解し合うことは不可能だとしても、言葉や表情をやりとりすることによって、私たちは、それなりに心を伝えたり、受け取ったりしているのである。

〈西研《にしけん》「ぼくの世界、君の世界」による〉

1 「①そうではない」について答えましょう。

(1) 筆者は、どういうことについて、「そうではない」と言っているのですか。

人と人は、（　　　　　）ということ。

(2) なぜ「そうではない」のかを説明するために、筆者はどんな時の例をあげていますか。

例を表す言葉に注目しよう。

「君」と友達が（　　　　　）時。

5 「君」と友達が言葉のやりとりをしていると、どんなところに気づかされるのですか。二つ書きましょう。

一見、反対の内容に思える二つのことに気づくと述べているよ。

（　　　　　）

（　　　　　）

6 よく出る 「⑤それぞれの感じ方のちがいに気づかされる」とは、どういうことだと筆者は述べていますか。

おたがいが（　　　　　）ということではなく、

むしろ、おたがいの（　　　　　）ということ。

おたがいのちがいを知ることを、筆者はよいことだととらえているんだよ。

7 筆者がこの文章で最も言いたかったのは、どんなことですか。一つに○をつけましょう。

ア（　）人間は一人一人が別々の心をもっているので、おたがいの気持ちを理解することは不可能である。

イ（　）おたがいの心を百パーセント理解することはできないので、言葉などのやりとりをしてもむだである。

ウ（　）おたがいの心を百パーセント理解することはできないが、言葉や表情をやりとりすることで、心を伝え合うことができる。

ものしりメモ 「哲《てつ》学」は、英語の「フィロソフィー」の訳《やく》で、ギリシャ語の「フィロソフィア」が由来だよ。「フィロソフィア」とは、「考えることや知ることを愛する」という意味なんだ。

まとめのテスト

ぼくの世界、君の世界　SDGs

教科書　㊦48〜61ページ　答え　17ページ

時間20分　得点　/100点

勉強した日　月　日

次の文章を読んで、問題に答えましょう。

ぼくは今、あの「うす暗い電球事件」のことを、「自分には、自分だけの心の世界がある」という気づきから生まれてきたものだろうと思っている。

私たちは、幼い時には、①そういうことを特に意識していない。しかし、成長し、自立していく中で、しだいに、親や周りの人々からは見えない心の世界や秘密をもつようになり、そのことを意識するようになる。そして同時に、他の人もまた、周りからは見えない、その人なりの心の世界をもっていることにも、少しずつ気づいていく。そういう気づきが、ある時、「自分が感じていることと、

(2) 人は、どのようにして「そういうこと」を意識していくのですか。　一つ5〔15点〕

成長し、（❶　　　）していく中で、親や周りの人々からは見えない（❷　　　）や（❸　　　）をもつようになり、しだいに意識していく。

(3) よく出る 「そういうこと」への気づきは、どんな気づきへとつながっていきますか。〔15点〕

他の人もまた、（　　　　）という気づき。

2 「②こんな極端な思い」とは、どんな思いのことをさしていますか。　一つ5〔10点〕

自分が（　　　）ことと、他の人が感じていることが（　　　）であるという保証はないという思い。

言葉の意味プラス

7行　自立…ひとりだちすること。

26行　分かち合う…おたがいに分け合う。

他の人が感じていることが同じであるという保証はどこにもない。」という思いに発展していったのにちがいない。
だれもがこんな②極端《たん》な思いをもつわけではないが、「③自分だけの心の世界がある」ということ自体には、どんな人でも気づいていく。そしてそれは、「一人きりの自分」を知ることにもつながっていくだろう。自分の思いは、だれかに伝えようとしないかぎり、だれとも分かち合えないし、だれにもわかってもらえない。④こうした事実にだれもが直面するのである。これはさびしいことだが、だからこそ人は、心を伝え合うための努力を始めるのだと思う。

〈西《にし》研《けん》「ぼくの世界、君の世界」による〉

1 「①そういうこと」について、答えましょう。

(1) 「そういうこと」とは、どういうことですか。〔15点〕

（　　　　　　　　　　）ということ。

3 「③自分だけの心の世界がある」という気づきは、何を知ることにつながっていきますか。□に合う言葉を書きぬきましょう。〔10点〕

「□□□□□□□」を知ること。

チャレンジ

4 「④こうした事実にだれもが直面する」とありますが、どんな事実に直面するのですか。〔15点〕

（　　　　　　　　　　）という事実。

5 よく出る 筆者が、この文章で述べていることとして、合うもの二つに○をつけましょう。一つ10〔20点〕

ア（　）だれにもその人だけの心の世界があるので、むやみに知ろうとしてはいけない。

イ（　）心の世界はだれとも分かち合えないからこそ、心を伝え合う努力が必要になる。

ウ（　）人は、成長するにしたがって、だれもが自分だけの心の世界があることに気づく。

エ（　）自分の思いは、だれとも分かち合えないので、心を伝えようとする必要はない。

ものしりメモ　ギリシャ哲《てつ》学は、タレスという人の「万《ばん》物の原理は水である」という説から始まったよ。物語ではなく、自然科学的な考えから始まったんだね。

基本のワーク

「うれしさ」って何？——哲学《てつ》対話をしよう
言葉の広場④／詩を読もう　紙風船

教科書　㊦62〜74ページ

答え　18ページ

勉強した日　月　日

学習の目標
- 話す相手や場面に応じた敬語の使い方を理解しよう。
- 詩の表現の効果を考え、作者の思いを読み取ろう。

漢字練習ノート22〜23ページ

新しい漢字

教科書ページ

教科書ページ	漢字	読み	画数
63	誕	タン	15画
71	敬	ケイ　うやまう	12画
71	担	タン	8画
72	閉	ヘイ　とじる　しめる	11画
72	承	ショウ	8画
72	拝	ハイ　おがむ	8画
73	尊	ソン　たっとい　とうとい　たっとぶ　とうとぶ	12画

◀練習しましょう。

1 漢字の読み　読み仮名《がな》を横に書きましょう。

1 誕生日　2 敬意　3 担任

4 閉会　5 承知　6 拝借

7 尊敬語　8 敬う

○新しく学ぶ漢字
●新しい読み方を覚える漢字
◆特別な読み方の言葉

2 漢字の書き　漢字を書きましょう。

1 たんにん［　　］の先生。

2 運動会が へいかい［　　］する。

3 言葉の広場④　その場にふさわしい言い方

敬意を表す言い方について、次のようにまとめました。（　）に合う言葉を［　］から選んで、記号で答えましょう。

・手伝ってください。

⇦さらにていねいな言い方

1 手伝ってくださいますか。…（　）

2 手伝ってくださいませんか。…1に加え、（　）

3 手伝ってくださいませんでしょうか。…1・2に加え、（　）

ア 断言しないで、やわらかな言い方にしている。
イ 打ち消しの形で、自分の都合をおしつけない言い方にしている。
ウ 疑問の形にすることで、相手への気づかいを表している。

4 次の――を、「ご……いたします」「お……いたします」という言い方を使って、より印象のよい文に書き直しましょう。

① お電話で、連絡《らく》してあげる。

（　　　　）

② 館内を案内してさしあげます。

（　　　　）

③ ご質問について答えてあげます。

（　　　　）

5 ☆紙風船 次の詩を読んで、問題に答えましょう。

紙風船

黒田《くろだ》 三郎《さぶろう》

落ちてきたら
今度は
もっと高く
もっともっと高く
何度でも
打ち上げよう
美しい
願いごとのように

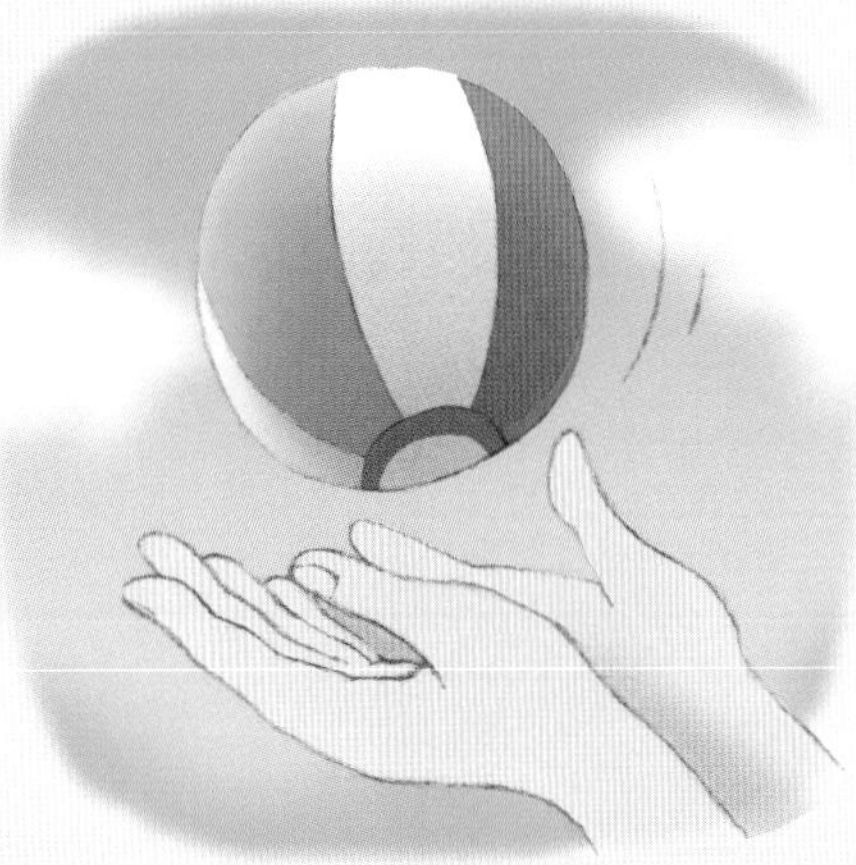

1 この詩は、いくつのまとまりからできていますか。漢数字で書きましょう。

（　　　　）つ

2 「何度でも／打ち上げよう」について答えましょう。

詩の題名にも注意しよう。

(1) 何を打ち上げるのですか。

（　　　　）

(2) 何のように「打ち上げよう」というのですか。

（　　　　）のように。

3 よく出る● この詩には、作者のどんな思いが表れていますか。一つに○をつけましょう。

「願いごと」と「紙風船」を重ね合わせているよ。

ア（　）願いごとは、子どものようなむじゃきで明るい心をもって、楽しく生きていれば自然とかなうだろう。

イ（　）心から強く願って一生懸《けん》命にお願いをすれば、願いごとはだれかがかなえてくれるものである。

ウ（　）願いごとは、一度の挑《ちょう》戦ではかなわなくても、実現するように心にいだき続けていきたい。

4 この詩についての説明として合うもの一つに○をつけましょう。

ア（　）人間ではないものを人間のようにえがいている。

イ（　）ふつうとは語順を変えることで印象を強めている。

ウ（　）作者が見た光景を見たままにくわしくえがいている。

ものしりメモ

「小生《しょうせい》」は、男性が自分をへりくだって言う言葉で、「わたくし」という意味。主に手紙で用いられるよ。このように、話し言葉ではほとんど用いられない敬語もあるんだ。

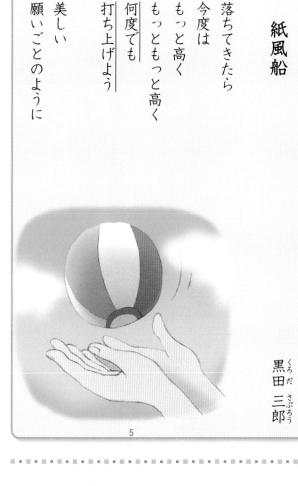

基本のワーク

「迷う」

教科書 ㊦76～85ページ

答え 18ページ

勉強した日　月　日

学習の目標

●表現の工夫《ふう》を味わいながら、随筆《ずい》を読もう。
●随筆に述べられた筆者のものの見方や感じ方、考え方を読み取ろう。

新しい漢字

教科書81ページ

刻　コク　きざむ　8画

（筆順）刻 刻 刻 刻 刻 刻 刻 刻

◀練習しましょう。

❶ 刻

○新しく学ぶ漢字
●新しい読み方を覚える漢字
◆特別な読み方の言葉

1 漢字の読み　読み仮名《がな》を横に書きましょう。

❶ 深刻○

❷ 思いの外●

2 漢字の書き　漢字を書きましょう。

❶ （しんこく）○な顔。

❷ 思案の（ほか）●。

4 言葉の意味　○をつけましょう。

漢字練習ノート23ページ

❶ 76ページ 思う存分迷う。
ア（　）思ったとおり。
イ（　）思ったより。
ウ（　）思いきり。

❷ 77 ついでに別の話をする。
ア（　）ある機会で一緒《しょ》に。
イ（　）初めての機会として。
ウ（　）用意した場所で。

❸ 77 料理のことをひとしきり話しまくる。
ア（　）人と一緒に。
イ（　）しばらくの間。
ウ（　）一つだけ。

❹ 77 いつも感心する。
ア（　）おどろかされること。
イ（　）心を動かされること。
ウ（　）一つに集中すること。

3 五年生の漢字　漢字を書きましょう。

① 家でネコを[　]《か》う。

② [　][　]《けいけん》がある。

③ テストを[　][　]《ていしゅつ》する。

④ [　][　]《ふくざつ》な仕組み。

④「ふく」は「復」ではないよ。

内容をつかもう！

☆「迷う」　教科書を読んで、答えましょう。

1 文章に出てきた事例を次にまとめました。[　]に合う言葉を、[　]から選んで書きましょう。　教科書76〜82ページ

① 迷いこんできた[　]。

② [　]選びに迷うフランス人。

③ [　]の書き取り試験。

④ 道に迷ったとき。

⑤ アリは道に迷うのか。

⑥ [　]をとりに行くかを迷うカモメ。

［えさ　マヨちゃん　漢字　メニュー］

2 文章の内容に合うほうに、○をつけましょう。

① 人間は、道以外にも、いろいろなことで｛ア（　）迷う。　イ（　）迷わない。｝

② アリは道に｛ア（　）迷う。　イ（　）迷わない。｝

③ カモメなどの動物も、｛ア（　）迷う　イ（　）迷わない｝ことがある。

④ ｛ア（　）安心　イ（　）迷い｝のない人生は味気なく、楽しみがない。

「迷う」ことの大切さを述べている文章だよ。

---

5 78 ますますわからなくなる。
ア（　）いっそう。
イ（　）少しずつ。
ウ（　）急激に。

6 78 でたらめな歩き方。
ア（　）非常に暴力的な。
イ（　）いいかげんな。
ウ（　）決まったとおりの。

7 79 アリが草の根をうかいして通る。
ア（　）回り道をすること。
イ（　）ふみつけること。
ウ（　）急いで行くこと。

8 80 しだいにおなかがすいてくる。
ア（　）いかなる時も。
イ（　）仕方がなく。
ウ（　）時がたつにつれて。

9 80 依《い》然として夫は帰ってこない。
ア（　）当たり前のように。
イ（　）めずらしく。
ウ（　）前と変わらず。

ものしりメモ　「『迷う』」は、随《ずい》筆という種類の文章だ。随筆とは、筆者が見たことや聞いたこと、心にうかんだことなどを自由に書いた文章で、エッセイともいうよ。

練習のワーク

「迷う」

教科書 下76～85ページ
答え 18ページ
勉強した日 月 日

できるナビ
●アリがどんな方法で巣に帰るかを読み取ろう。
●筆者の考えを読み取ろう。

次の文章を読んで、問題に答えましょう。

また、道に迷って、歩けば歩くほど見当ちがいの方向へ行ってしまって困りはてた、という経験も、だれにでもあるだろう。

アリたちに関しては、道に迷うということは全くない。

①地面を歩き回っているアリたちをしばらく見ていると、あっちへ行ったり、こっちへ行ったり、実にでたらめな歩き方をしているのがわかる。もちろん、かれらはえさとなるものを探し回っているのだが、こんなにあっちへこっちへと歩き回ったら、帰り道がわからなくなりそうだ。

だが、②心配は無用。どこかでえさとなるものを見つけたら、アリは③それを口にくわえて、④まっすぐ巣に向かってもどっていく。決して迷ったりはしない。小石を乗りこえ、草の根はうか

4 「③それ」とは、なんですか。

（　　　　）

5 「④巣に向かってもどっていく」について答えましょう。

(1) アリは、どのように巣にもどっていきますか。

決して（　　）することなく、今まで歩いてきた道とは（　　）に、ほとんど（　　）に、巣に向かって歩いていく。

(2) もどるときに、小石や草の根などのじゃまになるものがあった場合、アリはどうしますか。

（　　　　）

6 よく出る● アリが巣に向かってまっすぐもどっていくことができるのは、なぜですか。

巣を出て歩きだした時の（　　）を覚えているから。

「実は……」と説明しているよ。

言葉の意味プラス
1行 見当ちがい…予想がはずれていること。 14行 無用…必要ないこと。
27行 方向探知…方向をさぐりあてること。

いしながらも、今まで歩いてきた道とは無関係に、ほとんど一直線に、巣に向かって歩いていく。

実はアリたちは、巣を出て歩きだした時の太陽の方角を覚えているのだ。例えば、巣を出た時に、太陽が右目のちょうど真横にあったら、えさを見つけたアリは、太陽が左目のちょうど真横に見えるように歩くのである。こうすれば、なんの迷うこともなしに、巣に帰ることができる。

この方向探知のやり方は、太陽コンパス方式と呼ばれている。太陽コンパス方式の仕組みはかなり複雑なのだが、そのおかげで、アリやその他の虫たちは、迷うということを知らないのである。

〈日高 敏隆（ひだか としたか）『迷う』による〉

20
25
30

1 「①地面を歩き回っているアリたち」は、どんな歩き方をしていますか。

☐☐☐☐☐ 歩き方。

2 アリたちは、歩きながら何をしているのですか。

3 「②心配」とは、どんな心配ですか。

アリが（　　　　　　　　　　）
のではないかという心配。

7 アリの方向探知のやり方について、答えましょう。

(1) この方向探知のやり方は、なんと呼ばれていますか。
（　　　　　　　　　　）

💡 最後から二つ目の段落に注目しよう。

(2) アリの方向探知のやり方について、筆者は具体的にどのように説明していますか。

巣を出た時に、太陽が（　　　　　　　　　）にあったら、帰りは、太陽が（　　　　　　　　　）に見えるように歩く。

8 【よく出る●】この文章で筆者が述べたいのは、どんなことですか。一つに○をつけましょう。

ア（　）アリは迷わずに、えさのある場所にたどり着けること。
イ（　）いろいろな虫の中で、アリだけが迷わないということ。
ウ（　）アリやその他の虫たちは、迷うことがないということ。

【書いてみよう!✏️】

9 人間とアリは、どんなところがちがいますか。考えて書きましょう。
（　　　　　　　　　　）

人間については、最初の段落に注目しよう。

アリに関することわざに、「蟻（あり）の穴（あな）から堤（つつみ）もくずれる」などがあるよ。ちょっとした不注意や油断から、大きな失敗が起きることのたとえだよ。

まとめのテスト　「迷う」

教科書　㊦76～85ページ
答え　19ページ

勉強した日　月　日

時間20分

得点　/100点

次の文章を読んで、問題に答えましょう。

けれど、動物たちも迷うことがある。

多くのカモメは、海岸の砂浜《はま》に巣を作り、夫婦《ふう》が交替《たい》で巣にすわってたまごやひなを守る。

鳥の世界にも事故はよく起きる。①妻がじっと巣にすわって待っているのに、いつになっても夫が帰ってこない。もしかすると、どこかで事故にあって、帰ってこられないのかもしれない。②それでも妻はじっと待っている。ひなを残して自分も巣をはなれてしまったら、それこそひなが危険にさらされるからだ。事実、どうやらキツネがそこらをうろついているようだし、カラスの群れも近くを飛び回っている。巣をはなれてはいけない。

けれど、妻はしだいにおなかがすいてくる。ひなたちだって、もう空腹だ。えさの魚をとってきてやらなくては。しかし、依《い》然として夫は帰ってこない。カラスの群れは姿を消したけれど、キツネはまだ近くをうろついている。だが、③だんだん夕暮れがせまってくる。暗くなったら、えさをとりには行かれない。妻は大いに迷う。

このまま巣にすわっていたら、自分もひなもうえてしまう。巣をはなれたら、ひながキツネにおそわれるかもしれない。④いったい、どうしたらよいのだろう。

(2) 夫が帰ってこない原因として、どんなことが考えられますか。二字の言葉を書きぬきましょう。〔8点〕

□□

2 よく出る ②「それでも妻はじっと待っている。」とありますが、夫が帰ってこないのに、妻がじっと待っているのは、なぜですか。　一つ6〔24点〕

自分も巣をはなれてしまうと、巣に残された（　　）が、（　　）や（　　）の群れにおそわれる（　　）にさらされるから。

3 ③「だんだん夕暮れがせまってくる」とありますが、このように時間が過ぎていくと、妻にはどんな不都合なことが起きますか。二つに分けて書きましょう。　一つ6〔18点〕

● 時間がたつことで、自分もひなも、さらに（　　）になること。

● 日が暮れて（　　）なったら、（　　）こと。

言葉の意味プラス
8行　さらす…さけられない状態に身を置く。　20行　決断…考えを決めること。
26行　根拠《きょ》…もとになる理由。　38行　うせる…なくなる。

ついに妻は決断する。彼女《かの》は思いきって飛びたち、急いでえさをとりに行く。だが、キツネの危険があまりに大きかったら、彼女はうえにたえるほうを選ぶだろう。迷いの中で、彼女が何を根拠《きょ》にある⑤決断を下すのか、それは簡単にわかることではない。

深刻に迷った末に決断を下しても、まだ迷うということもあるし、決断を下した結果が思いの外よくなくて、落ちこんでしまうこともある。

それでもやっぱり、迷いのない人生なんて味気ないだろう。先のことがわからないから、どうしてよいか迷ってしまうのだ、という人もいる。けれども、本当に先のことがみなわかっていたら、⑥生きていく楽しみなんかなくなって、何かをしようとする気も、うせてしまうのではないだろうか。

〈日高《ひだか》敏隆《としたか》「『迷う』」による〉

1 「①妻がじっと巣にすわって待っているのに、いつになっても夫が帰ってこない。」について、答えましょう。

(1) 妻が巣にすわっているのは、なんのためですか。〔10点〕

（　　　　）を守るため。

4 よく出る 「④いったい、どうしたらよいのだろう。」とありますが、筆者は、このあと妻のとれる行動を二つあげています。その二つの行動を書きましょう。一つ10〔20点〕

（　　　　）

（　　　　）

チャレンジ!

5 「⑤決断」について、筆者はどのように考えていますか。一つに○をつけましょう。〔10点〕

ア（　）ある決断を下すには必ず根拠があり、よく考えた末の決断ならば、結果は必ずよいものになる。

イ（　）ある決断を下す根拠は簡単にわかることではないし、決断を下した結果が必ずしもよいとは限らない。

ウ（　）どんな決断を下してもうまくいくとは限らないので、決断を下さず、ずっと迷っているほうがよい。

書いてみよう!

6 「⑥生きていく楽しみ」とありますが、筆者は、どうすることが、生きていく楽しみにつながると考えていますか。考えて書きましょう。〔10点〕

（　　　　）

ものしりメモ カモメは、冬、日本の沿岸部に飛来する鳥だよ。魚や動物の死がいなどを食べて過ごしているよ。

基本のワーク

六年間の思い出をつづろう　――卒業文集

教科書　下86～89ページ
答え　20ページ

勉強した日　月　日

学習の目標

●小学校生活をふり返って、感じたことや考えたことを文章で表現しよう。

漢字練習ノート23ページ

新しい漢字

教科書ページ	漢字	読み	画数	筆順
89	優	ユウ	17画	亻 仃 仮 佰 偪 偄 偄 優 優
89	吸	キュウ　すう	6画	丨 口 口 叨 吸 吸

◀練習しましょう。

❶優　❶吸

○新しく学ぶ漢字　●新しい読み方を覚える漢字　◆特別な読み方の言葉

❶ 漢字の読み　読み仮名《がな》を横に書きましょう。

① ○優勝

② ○吸いこむ

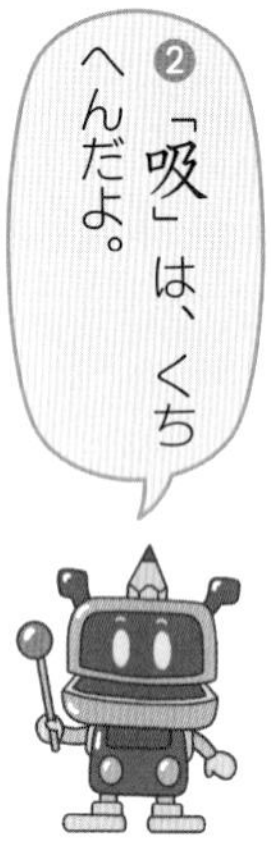

❷ 漢字の書き　漢字を書きましょう。

① 大会で○［　　］（ゆうしょう）する。

② 空気を○［　］（す）う。

❸ 六年間の思い出を文章に書く時の表現の工夫《ふう》や大事なことを、次のようにまとめました。（　）に合う言葉を、［　］から選んで書きましょう。

●文章を書く時は、その時の様子や（　　　　）にぴったり合うような言葉を選ぶ。

●何かに（　　　　）と、物事がよりリアルに読み手に伝わる。

●言葉や文の（　　　　）を変えると、読み手を引きつけたり強く印象づけたりすることができる。

●（　　　　）がわかるように、できごとやその時の気持ちを書くようにする。

たとえる　気持ち
伝えたいこと　順序

4 次の文章を読んで、問題に答えましょう。

グラウンドの風

相木《あいき》　将吾《しょうご》

①

どこにでもふいている風。ふだんは気づかないことさえある。小学校生活をふり返ったとき、あの日グラウンドで感じた風は、ぼくにとって特別な風だった。

昨年の五月、サッカーの大会があった。ぼくはゴールキーパーとして出場した。

決勝戦。その日は風がかなり強かった。しかも「決勝」という大きな舞《ぶ》台。風がふくたびに、緊《きん》張や不安、きょうふなどがいつも以上に感じられた。その風はまるでぼくに「おまえは勝てない。」と、耳もとでささやいているようだった。

②

気がつくと、風なんてこわくなくなっていた。

そして試合に勝ち、ぼくたちは優勝した。四十分の試合を終え、あせをかき、つかれた体に感じる風は冷たく気持ちよかった。風を胸いっぱいに吸いこみ、ぼくはすがすがしい気持ちになった。

同じ風のはずなのに、風が味方に感じられた。その時の風にはきょうふではなく、喜び、達成感、そしてみんなとの友情が入っていた気がする。

③

心のもちよう一つで風の感じ方も変わることを、「グラウンドの風」から教わった。〈略〉

〈「六年間の思い出をつづろう――卒業文集」による〉

---

1 相木さんは、決勝戦にのぞんだ時の気持ちを、どのように表現していますか。

風が自分に「（　　　）」と、耳もとで（　　　）ように感じたと表現している。

2 よく出る● 文章中の②にはどんな内容が書かれていますか。［　］から選んで書きましょう。

（　　　）

相木さんは「サッカーの大会」に出ているよ。

［自分の感じ方の変化　　文章の内容説明　　自分が教わったこと］

3 試合が終わった時に、相木さんの風に対する感じ方はどう変化しましたか。合うもの一つに○をつけましょう。

ア（　）試合が始まった時は風がこわかったが、試合のあとは風が味方のように感じられた。

イ（　）試合が始まった時は風が強いと感じたが、試合のあとでは風はそれほどふいていないと感じた。

ウ（　）試合が始まった時は風をこわく感じたが、試合のあとは、風を暖かく、やさしいもののように感じた。

4 相木さんは「グラウンドの風」について独自の考えを述べています。それはどんなことですか。

（　　　）一つで風の感じ方が変わるということ。

ものしりメモ

「推敲《こう》」は、「文章を練り直してよくすること」という意味の故事成語。中国《ちゅうごく》の詩人が、「推《お》す」と「敲《たた》く」という表現について考え迷ったことから生まれた言葉だよ。

基本のワーク

言葉と私たち SDGs
漢字の広場⑤ 同じ訓をもつ漢字 ほか

教科書 下90～94ページ
答え 20ページ

勉強した日 月 日

学習の目標
●私たちが使っている言葉について考えよう。
●同じ訓をもつ漢字を、意味を考えて正しく使い分けよう。

漢字練習ノート24～26ページ

新しい漢字

◀練習しましょう。

教科書ページ	漢字	読み	画数
92	就	シュウ	12画
92	値	チ ね	10画
92	憲	ケン	16画
92	納	ノウ おさめる	10画
93	盟	メイ	13画
93	革	カク	9画
93	揮	キ	12画
93	卵	たまご	7画
93	寸	スン	3画
93	鋼	コウ	16画
93	供	キョウ そなえる とも	8画

1 漢字の読み

読み仮名《がな》を横に書きましょう。

○新しく学ぶ漢字
●新しい読み方を覚える漢字
◆特別な読み方の言葉

❶ 就職　❷ 価値　❸ 憲法学　❹ 納める
❺ 連盟　❻ 改革　❼ 指揮者　❽ 鳥の卵
❾ 寸法　❿ 鋼材　⓫ 供える

2 漢字の書き

漢字を書きましょう。

❶ 作品の□□《かち》。
❷ 税金を□《おさ》める。
❸ 国際□□《れんめい》。
❹ □□《すんぽう》をはかる。

3 五年生の漢字　漢字を書きましょう。

①［　］《けわ》しい山道。

②係員の［　　］《しじ》。

③［　　］《べんとう》を食べる。

④自然を［　　］《ほご》する。

⑤［　　］《かいてき》な船旅。

⑥［　　］《ひりょう》をまく。

漢字の広場⑤　同じ訓をもつ漢字

4 次の——の漢字の使い方が正しいほうに〇をつけましょう。

① ア（　）今年の夏は暑い。
イ（　）暑いココアを飲む。

② ア（　）外は暖かい。
イ（　）暖かいスープ。

③ ア（　）木の上で鳥が鳴く。
イ（　）赤んぼうが鳴く。

④ ア（　）道に看板が建つ。
イ（　）学校が建つ。

⑤ ア（　）遠足の集合時間は早い。
イ（　）あの子は走るのが早い。

①どちらかは「熱」を使うよ。
③どちらかは「泣」を使うよ。
⑤どちらかは「速」を使うよ。

5 次の□に合う漢字を、［　］から選んで書きましょう。

① あう
答えが［　］う。
友人に［　］う。
［会　合］

② つく
電車が駅に［　］く。
くつにどろが［　］く。
［付　着］

③ なおす
病気を［　］す。
字を［　］す。
［直　治］

④ そなえる
台風に［　］える。
お墓に花を［　］える。
［備　供］

⑤ つとめる
会社に［　］める。
完成に［　］める。
議長を［　］める。
［努　務　勤］

⑥ はかる
時間を［　］る。
体積を［　］る。
身長を［　］る。
［測　計　量］

ものしりメモ　中国《ちゅうごく》で1716年に完成した「康熙《こうき》字典」には、約4万7千字の漢字がのっているんだ。これにのっていないものも全てふくめると、20～30万字の漢字があるともいわれているよ。

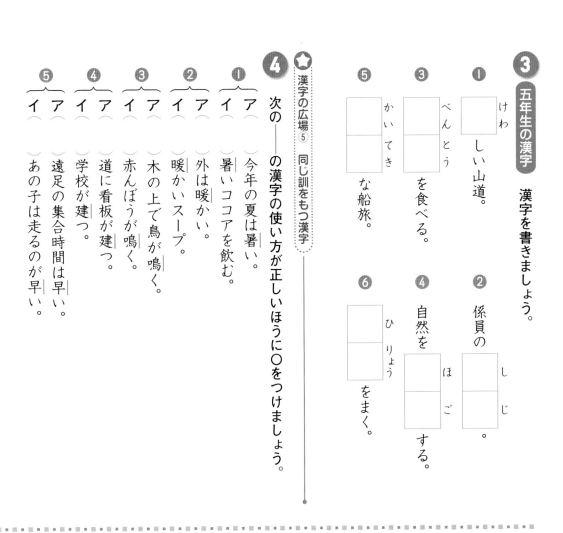

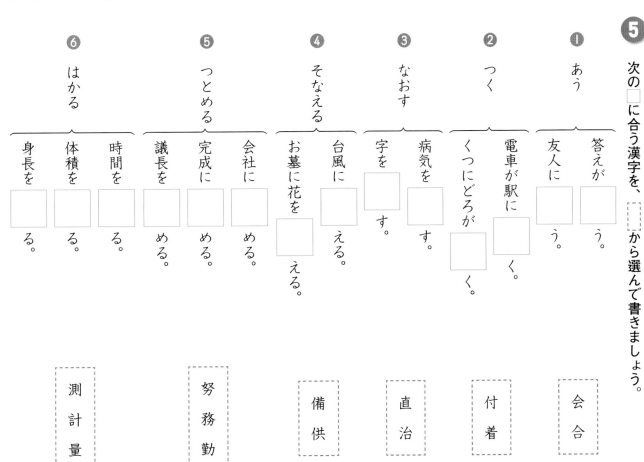

まとめのテスト

言葉と私たち 漢字の広場⑤ 同じ訓をもつ漢字

SDGs

教科書 下86～94ページ
答え 20ページ
勉強した日 月 日
時間 20分
得点 /100点

1 若田光一《わかたこういち》さんの文章を読んで、問題に答えましょう。

教科書 90ページ下段1行（宇宙飛行において、安全で……）～90ページ下段13行（……きっかけになると思います。）

1 若田さんが、宇宙飛行で、論理的な表現を心がけている理由を次のようにまとめました。（　）に合う言葉を書きぬきましょう。 一つ4〔8点〕

宇宙飛行において、（　　　　）で、（　　　　）に仕事を進めるために必要だから。

2 若田さんが論理的な思考が役に立つときとしてあげているのは、どんなときですか。合わないもの一つに○をつけましょう。 〔6点〕

ア（　）宇宙飛行における打ち上げや着陸、船外活動のとき。

イ（　）くつろいで、のんびりと読書をするとき。

ウ（　）宇宙飛行で緊《きん》急事態が発生したとき。

3 若田さんは、論理的な考え方の基礎《そ》を、何をすることで学びましたか。 〔6点〕

（　　　　）

4 教科書90ページ下段9行「そうしたこと」とは、どんなことですか。 〔8点〕

（　　　　）

5 よく出る● 若田さんは、読書によってどんなことができると考えていますか。一つに○をつけましょう。 〔8点〕

ア（　）世の中のすばらしいことに気づくことで、宇宙飛行士になる可能性を高めることができる。

イ（　）世の中のすばらしいことや貴重な情報に直接出会うことができ、体験することができる。

ウ（　）先人や著《ちょ》者のもつさまざまなかちある知識や考え、教訓を吸収して、人生の糧《かて》とすることができる。

6 若田さんは、読書によって吸収した知識は、何をするきっかけになると思うと言っていますか。 一つ3〔6点〕

（　　　　）を発見したり、新たな考えを（　　　　）するきっかけになる。

言葉の意味プラス
教科書90ページ下段1行 効率的…物事がむだなく行われる様子。
91ページ下段10行 謙譲《けんじょう》語…自分や自分の身内のことをへりくだって言う言葉。

2 ロバート キャンベルさんの文章を読んで、問題に答えましょう。

教科書 91ページ下段1行（だれでも友人やクラスメイトなどと……）～91ページ下段18行（……きたからだと、そう信じています。）

1 友達が一人もいなかったことから、キャンベルさんはどうなりましたか。〔8点〕

（　　　　）

2 キャンベルさんは、どんなことに二年もかかったのですか。〔8点〕

（　　　　）

チャレンジ!

3 よく出る キャンベルさんは、英語に比べて、日本語はどんな言語だと言っていますか。一つ4〔8点〕

（　　　　）をのばしたり縮めたりするのに（　　　　）言語。

4 キャンベルさんは、日本語の尊敬語や謙譲《けんじょう》語を使うことで、どんなことができると言っていますか。一つ4〔8点〕

日頃《ごろ》から（　　　　）を意識し、（　　　　）ができる。

5 キャンベルさんに他者の心を日本語でたくさん教えてくれたものは、なんでしたか。四字の言葉を書きぬきましょう。〔4点〕

□□□□

6 教科書91ページ下段15～16行「今、目の前にいる他人《ひと》とのきょりを少しばかり縮めることができる」とありますが、キャンベルさんがこのようになったのはなぜですか。一つに○をつけましょう。〔8点〕

ア（　）日本語のいい作品をたくさん読んで、現代と変わらない他者の心を教わることができたから。

イ（　）日本での他人とのきょりのとり方について書かれた、日本語のいい作品にたまたまめぐり会えたから。

ウ（　）日本での他人とのきょりのとり方について書かれた、論説文をたくさん読んだから。

3 次の□に合う同じ訓をもつ漢字を書きましょう。一つ2〔14点〕

① あつい
- 夏の□い日。
- スープが□い。
- □い本を読む。

② おさめる
- 王様が国を□める。
- 大学で学問を□める。
- 市に税金を□める。
- 人形を箱に□める。

ものしりメモ

宇宙飛行士の若田光一《わかたこういち》さんは、宇宙船の船内でリラックスするためにヨガを試みているんだって。地球上とは異なり、さまざまなポーズができるのが興味深いと述べているよ。

六 伝記を読んで、生き方について自分の考えをまとめよう

基本のワーク

津田梅子《つだうめこ》――未来をきりひらく「人」への思い SDGs

教科書 下96～113ページ
答え 21ページ

勉強した日 月 日

学習の目標
●西暦や年齢《れい》を手がかりにし、津田《つだ》梅子《うめこ》の行動やできごとをとらえよう。
●行動や発言から、人物の生き方を読み取ろう。

漢字練習ノート27ページ

新しい漢字

◀練習しましょう。

教科書ページ	漢字	読み	画数
96	幕	マク・バク	13画
96	訳	ヤク・わけ	11画
99	机	つくえ	6画
106	翌	ヨク	11画
112	認	みとめる	14画
112	潮	チョウ・しお	15画
112	障	ショウ	14画

1 漢字の読み

読み仮名《がな》を横に書きましょう。

①幕府 ②通訳 ③机 ④翌年 ⑤認める ⑥潮流 ⑦保障

○新しく学ぶ漢字
●新しい読み方を覚える漢字
◆特別な読み方の言葉

①「幕府」の「幕」は、「将軍が政治を行うところ」という意味があるよ。

2 漢字の書き

漢字を書きましょう。

① □□（ばくふ）を開く。
② 英語の□□（つうやく）。
③ □（つくえ）を動かす。
④ □□（よくねん）の春。
⑤ 実力を□（みと）める。
⑥ 時代の□□（ちょうりゅう）。

4 言葉の意味

○をつけましょう。

① 97ページ 梅子《うめこ》の天真らんまんな好奇《き》心。
ア（ ）周りをかえりみないこと。
イ（ ）しつこく知りたがること。
ウ（ ）明るくむじゃきなこと。

② 100 女性の地位が低いとなげく。
ア（ ）不満を口に出して言う。
イ（ ）大声で泣きわめく。
ウ（ ）苦しさをこらえる。

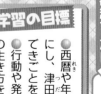

3 言葉の知識

（　）に合う言葉を、□から選んで書きましょう。

① （　　　　）のある人。

② 先生は学生に優《やさ》しく（　　　　）する。

学問　勉強　指導　育てる

内容をつかもう！

☆ 津田梅子《つだうめこ》 ―― 未来をきりひらく「人」への思い　教科書 96～109ページ

津田梅子の生涯《がい》を次のようにまとめました。（　）に合う言葉を□から選んで、記号で答えましょう。

● 一八七一年…父からの提案を受け、日本で初めての（①　　）の一人としてアメリカへ旅立った。

● 一八八二年まで…留学中は、十分な教育と（②　　）夫妻の愛情を受け、なにごとにも前向きに取り組む女性に成長した。

● 一八八八年まで…英語の教師となるも、女性の地位の低さを感じ、再び（③　　）に留学することを決心する。

● 一八九二年ごろまで…英文学と歴史学に加え、生物学を学び始め、研究に明け暮れる。（④　　）制度を作ることで、日本でも女性の教育のためにできることをしたいと思い、帰国する。

● 一八九八年ごろ…「万《ばん》国婦人クラブ連合大会」で（⑤　　）と出会い、自分の学校を創ると覚悟を決める。

● 一九〇〇年…英語教師を育てるための学校である「（⑥　　）」を創立。

● 一九二九年…この世を去る。

ア　ナイチンゲール	イ　奨《しょう》学金
ウ　ランマン	エ　女子英学塾《じょしえいがくじゅく》
オ　アメリカ	カ　女子留学生

津田梅子は、女性に教育を受けさせ、地位を向上させるために努力したんだよ。

③ 101 思いをうち明ける。
ア（　）自分の意見を宣言する。
イ（　）人にうったえかける。
ウ（　）思いをかくさずに話す。

④ 101 教育は私の天職だと思う。
ア（　）運よくついた仕事。
イ（　）自分に合っている仕事。
ウ（　）向いていない仕事。

⑤ 103 月日はまたたくまに過ぎる。
ア（　）ほんのわずかの間。
イ（　）のんびりと長い間。
ウ（　）自分が知らない間。

⑥ 105 社会にこうけんできる女性。
ア（　）興味をもって関わること。
イ（　）力をつくして役に立つこと。
ウ（　）おくれが出て失敗すること

⑦ 106 志があれば、道はひらける。
ア（　）こうしようと心に決めたこと。
イ（　）他人に決めてもらったこと。
ウ（　）自分で学んで得たこと。

⑧ 108 人生を無為《い》にしない。
ア（　）一生けんめい努力すること。
イ（　）何もせずぶらぶらすること。
ウ（　）好きなように過ごすこと。

ものしりメモ　津田梅子《つだうめこ》が創立した「女子英学塾《じょしえいがくじゅく》」は、現在は「津田塾《つだじゅく》大学」となっているよ。大学の資料室では、梅子やその周りの人々に関するさまざまな資料を見ることができるんだ。

練習のワーク1

津田梅子《つだうめこ》――未来をきりひらく「人」への思い　SDGs

教科書　下96～113ページ　答え　22ページ

勉強した日　月　日

できるナビ
梅子が留学から帰国したあとにどんなできごとがあったのか、その時の心情や思いをとらえよう。

次の文章を読んで、問題に答えましょう。

一八八二年（明治《めいじ》十五）年、梅子《うめこ》は日本に帰国することになり、いよいよランマン夫妻との別れの時が来た。別れぎわ、チャールズは言った。

「梅と暮らした十年間は、毎日本当に幸せだった。これから先もずっと、私たちは家族だよ。」

ランマン夫妻と過ごした日々が次々と思い出され、①梅子の目からなみだがあふれた。しかし一方で、日本の家族との再会は、とてもなつかしく、楽しみでもあった。

ところが、②そんな気持ちは長くは続かなかった。日本語をほとんど忘れてしまった梅子がなんとか会話できるのは、英語を話すことができる父や姉だけで、英語がわからない母とは、見つめ合い、ほほえむことしかできない。なやみや不安を本音で語り合えるのは、捨松《すてまつ》と繁子《しげこ》だけだった。

1　「①梅子の目からなみだがあふれた」とありますが、この時の梅子はどんな気持ちですか。一つに○をつけましょう。

ア（　）やっと日本で家族と生活することができてうれしい。
イ（　）十年間を共にしたランマン夫妻との別れが悲しい。
ウ（　）留学を続けたくても続けられなかったことがくやしい。

2　「②そんな気持ちは長くは続かなかった」について、答えましょう。

(1)　「そんな気持ち」とはどんな気持ちですか。
日本の家族と再会することがとても（　　　）な気持ち。

(2)　なぜ「長くは続かなかった」のですか。
留学から帰国した梅子がなやんでいたことをとらえよう。
（　　　）をほとんど忘れてしまい、家族とは（　　　）を本音で語り合えないから。

3　よく出る　「③移植された木のような気持ち」とはどんな気持ちですか。一つに○をつけましょう。

ア（　）日本での生活になじめず、落ち着かない気持ち。

言葉の意味プラス
19行　本音…本当の気持ち。
38行　裕《ゆう》福…財産があり、生活が豊かな様子。

そんな梅子のために、父の仙《せん》は、ベッドや西洋式の机を用意してくれた。梅子は毎日机に向かい、自分自身の心を整理するために、日本での日常を英語で文章にした。

「なんだか、③移植された木のような気持ちがして変な感じです。」

ランマン夫妻への手紙にそう書いて送った。

十年以上アメリカで学んできたのだから、得られた成果を社会に役立てたい。しかし、男子留学生とは異なり、帰国後の女子留学生を活躍《やく》させる場を政府はつくっていなかった。当時の日本社会では、女性が高等教育を受けて仕事をもつ必要はないと思われていたのだ。④女性の地位があまりにも低い、と梅子はなげいた。

（この状況《きょう》をなんとか変えていきたい。そのためには、女性も自由に教育を受けることができるようにしないと。）

帰国して三年がたったころ、梅子は華族女学校《かぞくじょがっこう》の英語の教師となることができた。国費留学生としての責任を感じていた梅子は、三年も時間がかかったが、⑤政府に採用されたことをうれしく思った。

しかし、華族女学校の生徒たちは裕《ゆう》福な家のむすめばかりで、学校に通うことはお稽《けい》古ごとと同じであるようだった。

「あなたの意見はどうですか。」

梅子が授業で呼びかけても、生徒たちは下を向くばかりだった。

（このままここで教師をしていても、学ぶことの楽しさを伝えることはできない気がする。）

⑥梅子の中で不安が大きくなっていった。

〈髙橋《たかはし》 裕子《ゆうこ》「津田梅子《つだうめこ》――未来をきりひらく『人』への思い」による〉

イ（　）アメリカでの経験が生かせて、満足する気持ち。

ウ（　）新しい環境《かん》で学ぶことを、不安に思う気持ち。

4 よく出る 「④女性の地位があまりにも低い」とありますが、梅子はなぜこのように思ったのですか。

5 「⑤政府に採用されたことをうれしく思った」とありますが、梅子はなぜこのように思ったのですか。一つに○をつけましょう。

梅子はこの時、自分の現状をどのように感じていたかな。

ア（　）自分が得意としている英語の能力を発揮することができる場が、日本にもようやくできたから。

イ（　）政府が女性の地位を高めるためにつくってくれた場に、こうけんすることができたから。

ウ（　）国費留学生としての責任を感じていたところ、留学の経験を生かせる機会を得られたから。

6 「⑥梅子の中で不安が大きくなっていった」とありますが、「不安」とはどういう気持ちですか。

書いてみよう！

梅子が心の中で思っていることから読み取ろう。

ものしりメモ 文章中にある「華族女学校《かぞくじょがっこう》」の「華族」とは、当時の日本に存在した貴族階級のことだよ。1947年の日本国憲法によって廃《はい》止されたんだ。

練習のワーク②

津田梅子《つだうめこ》――未来をきりひらく「人」への思い

SDGs

教科書　㊦96～113ページ
答え　22ページ
勉強した日　月　日

できるナビ
●梅子が置かれた状況《きょう》や思いをとらえよう。
●梅子が行った選択《たく》と、それに対する周囲の人々の反応を読み取ろう。

次の文章を読んで、問題に答えましょう。

優秀《しゅう》さを見こまれた梅子《うめこ》は、生物学の教授の助手をたのまれ、研究に明け暮れていた。ブリンマー大学で少人数のきめ細かい教育を経験するうちに、梅子は、日本の女性たちが自分と同じような教育を受ける機会を作りたいと強く思うようになった。

そこで、梅子は日本の女性が留学できるように、奨《しょう》学金の制度を作ろうと計画した。八千ドルの募《ぼ》金を実現できれば、その利子で四年に一人の学生をブリンマー大学に留学させることができる。梅子は、募金活動のために①アメリカ留学期間を一年延長することを華族女学校《かぞくじょがっこう》に願い出た。アリスや、一回めの留学時代からの知人などが募金活動に協力してくれた。

梅子を高く評価していたトマス先生は、梅子にブリンマー大学に残って生物学の研究を続けるよう強くすすめた。それは、研究者としての可能性が開きかけていた②梅子にとって魅《み》力的なさそいだったが、なかなか決断できなかった。一回めの約十年間の留学、そして今も華族女学校から給料をもらって留学していることを考えると、帰国して日本の女性の教育のためにできることをしなくてはならない、という強い思いがあった。

なやみぬいた末に、梅子は生物学の研究者として歩む道ではなく、自分の得たものを日本の女性たちに広げる道を選んだ。

2　梅子は、ブリンマー大学でどのようなことを思うようになりましたか。

少人数の（　　　）を経験して、
（　　　）にも自分と同じような教育を受ける
（　　　）を作りたいと強く思うようになった。

3　「①アメリカ留学期間を一年延長する」とありますが、梅子が留学期間を延長したのはなぜですか。一つに○をつけましょう。

梅子が計画したことは何かな。

ア（　）これから留学してくる日本の女性たちを受け入れる準備をするため。
イ（　）日本の女性たちの留学のための奨学金制度に必要な募金を集めるため。
ウ（　）自分がブリンマー大学に支払《はら》わなければならない学費をかせぐため。

4　よく出る●「②梅子にとって魅力的なさそいだったが、なかなか決断できなかった」とありますが、それはなぜですか。

今までの自分の留学を考えると、日本の女性の（　　　）をしなくてはならない、という強い思いがあったから。

言葉の意味プラス
2行　明け暮れる…物事に熱中する。
7行　利子…お金を貸したり預けたりして生《しょう》じるお金。
13行　魅《み》力的…心を引きつけるさま。
31行　共感…他者の気持ちと同じように思うこと。

「③あなたには大変失望しました。」

自分と同じように、女性研究者として道をきりひらいてくれる、と梅子に大きな期待をかけていたトマス先生は激怒《ど》した。お世話になり、尊敬していたトマス先生のいかりを買ってしまい、梅子はせつなくなった。

（この選択《たく》を後悔《かい》しないためにも、日本の女性が高等教育を受けられるようにしなければ。）

奨学金制度を作ることで、梅子は「人を育てる」という自分の思いに共感し、応援《えん》してくれる人たちと、たくさん出会うことができた。最初はおこっていたトマス先生も、梅子の選択を尊重し、力になってくれた。日本の女性の高等教育を支えたいというアメリカの女性たちの輪の中で、梅子は留学生活をしめくくった。

〈高橋《たかはし》　裕子《ゆうこ》「津田梅子《つだうめこ》――未来をきりひらく『人』への思い」による〉

1 梅子は、ブリンマー大学でどのように過ごしていましたか。

（　　　　）をたのまれ、（　　　　）に明け暮れていた。

5 「③あなたには大変失望しました。」について、答えましょう。

(1) トマス先生は、梅子の何に対して「失望」したのですか。

梅子が、（　　　　）として歩む道ではなく、自分の得たものを日本の女性たちに（　　　　）道を選んだこと。

(2) トマス先生がこのように言ったのは、梅子にどのような期待をかけていたからですか。

先生の「期待」は裏切られたんだね。

（　　　　）

(3) よく出る　トマス先生にこう言われた梅子は、どのような思いでいましたか。一つに○をつけましょう。

ア（　）世話になったトマス先生のいかりをおさめるために、先生が望む選択をしようという思い。

イ（　）尊敬するトマス先生をおこらせてしまうのがつらいので、選択を変えようかという思い。

ウ（　）尊敬するトマス先生をおこらせたことはせつないが、選択を変えるつもりはないという思い。

6 梅子は奨学金制度を作り、どのような人と出会いましたか。

「（　　　　）」という自分の思いに（　　　　）し、応援してくれる人。

トマス先生の気持ちも、あとになって変わったんだね。

ものしりメモ　明治三十年ごろは、1円＝0.5～1ドルだった。1円は、当時のお金で1両と等しい価値とされていたんだよ。

練習のワーク③

津田梅子《つだうめこ》――未来をきりひらく「人」への思い

SDGs

教科書　下95～113ページ
答え　23ページ

勉強した日　月　日

できるナビ
●帰国した梅子の中にある思いをとらえよう。
●梅子がナイチンゲールとの出会いをとおして思ったことを読み取ろう。

次の文章を読んで、問題に答えましょう。

一八九二（明治《めいじ》二十五）年、ブリンマー大学での三年の留学を終え、梅子《うめこ》は再び華族女学校《かぞくじょがっこう》の教壇《だん》に立った。

教授としての安定した収入や地位は保証されていた。しかし、①それらを手放しても、女性が高等教育を受けられる学校を創りたい、という思いがどんどん大きくふくらんでいった。心の中でずっと温めてきた夢だったのだ。社会にこうけんできる自立した女性を、日本でも育てたい。これまで自分にあたえられてきた特別な機会は、そのためにあったのではないか。

②ちょうどそのようなことを考えているときに、梅子のもとにあるいらいがあった。アメリカで開かれる「万《ばん》国婦人クラブ連合大会」で、日本代表として講演をしてくれないか、というものだった。

一八九八（明治三十一）年、大会に参加した梅子は、アメリカやヨーロッパの女性たちと交流した。さらに③イギリスの女性たちから招待を受け、翌年にはオックスフォード大学で講義を聞いた。梅子は、イギリスで出会った多くの女性リーダーたちから、なんだか勇気づけられる思いがした。

中でも、フローレンス＝ナイチンゲールとの出会いは特別だった。梅子は、日本では女性に高等教育は必要ないと言われ

2　「②そのようなことを考えているときに、梅子のもとにあるいらいがあった」について、答えましょう。

(1)　「そのようなこと」は、何をさしていますか。

自分にあたえられてきた（　　　　）は、日本でも社会にこうけんできる（　　　　）を育てるために、あったのではないかということ。

(2)　「あるいらい」とは、どのようないらいですか。

（　　　　　　　　　　）

3　「③イギリスの女性たちから招待を受け、翌年にはオックスフォード大学で講義を聞いた」とありますが、この経験をとおして、梅子はどのような思いを得たのですか。一つに○をつけましょう。

ア（　）世界にはさまざまな女性リーダーたちがいることにおどろく思い。

イ（　）梅子の立場を知り、理解を示してくれた人たちに感謝する思い。

ウ（　）出会った多くの女性リーダーたちに勇気づけられるような思い。

言葉の意味プラス
6行　温める…自分でもっていること。
10行　いらい…用件をたのむこと。
36行　経る…過程や筋道を通る。

ていることを話した。

「四十年ほど前までは、イギリスもそうでした。④あなたが道をきりひらいていけば、あとに続く人が現れるでしょう。」

そう告げたナイチンゲールは、別れぎわ、梅子にすみれの花束をおくった。

（自分の前にも、こうして道をきりひらいてきた女性がいる。私もこのような女性に続きたい。志があれば、きっと道はひらけるはず。）

梅子はそう確信しながら、もらった花をおし花にして、大切に日本に持ち帰った。花束はナイチンゲールから受け取ったバトンのように感じられた。

日本から海をわたるたびに、梅子は自分を見つめ直してきた。そして今回の旅を経て、いよいよ覚悟《ご》が決まった。華族女学校をやめ、自分の学校を創るのだ。

〈髙橋《たかはし》 裕子《ゆうこ》「津田梅子《つだうめこ》――未来をきりひらく『人』への思い」による〉

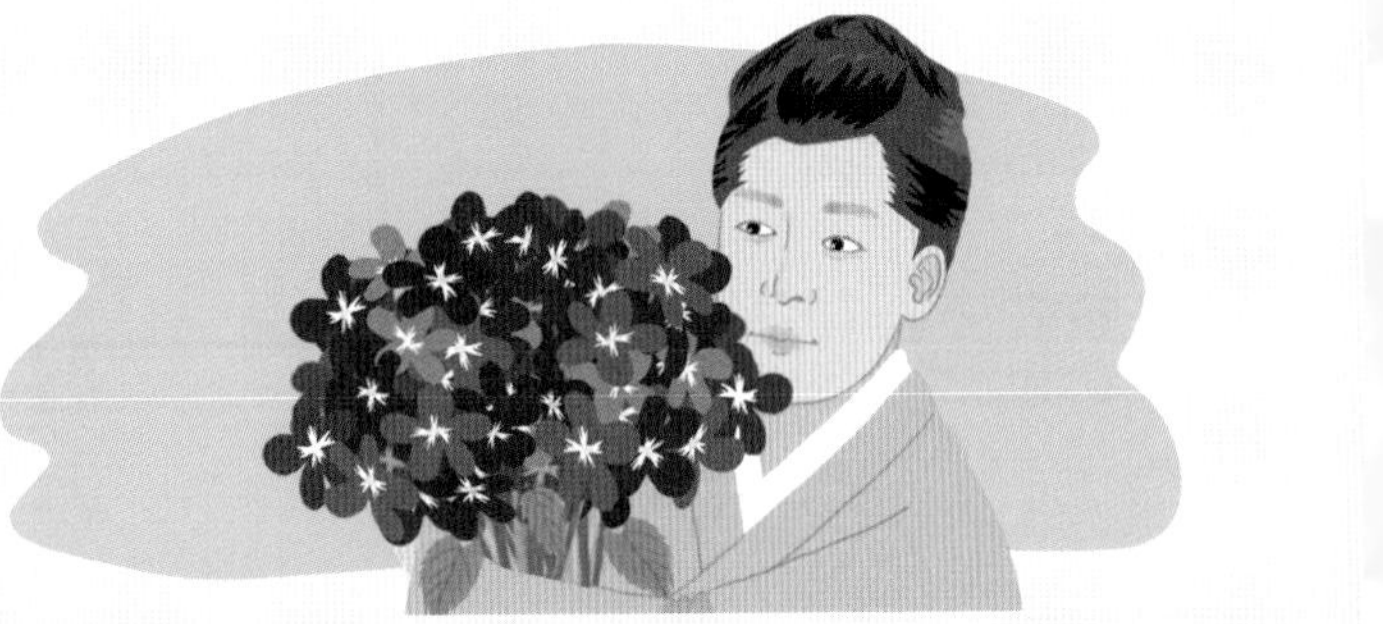

1 ①「それら」とありますが、何をさしていますか。

（　　　　　　　　）

4 「④あなたが道をきりひらいていけば、あとに続く人が現れるでしょう。」とありますが、「道をきりひらく」とは、ここではどのようなことを意味していますか。一つに○をつけましょう。

ア（　）女性も高等教育を受けられるようにすること。

イ（　）日本人が自由に海外留学できるようにすること。

ウ（　）世界の人々がたがいに尊重し合うようにすること。

5 よく出る ナイチンゲールとの出会いをとおして、梅子はどのようなことを思いましたか。

ナイチンゲールは、イギリスで出会った女性たちの中でも「特別」な人だったんだね。

●（　　　　　　）であるナイチンゲールに出会ったことで、ナイチンゲールに（　　　　　　）ということ。

●（　　　　　　）があればきっと道はひらけるはずだということ。

6 よく出る ナイチンゲールからもらったすみれの花束を表す、三字の言葉を書きぬきましょう。

梅子はナイチンゲールに出会い、「このような女性に続きたい」と考えたよ。

ナイチンゲールと梅子には共通点があるんだね。

ものしりメモ ナイチンゲールは、クリミア戦争に従軍《じゅう》して「クリミアの天使」と呼ばれたよ。ランプを持って病室を見回ったことから、「ランプの貴婦人」とも呼ばれたんだ。

基本のワーク

言葉の広場⑤　日本語の文字

教科書　下 114～119ページ

答え 24ページ

勉強した日　月　日

学習の目標

●日本語で使われる文字の種類を知ろう。

●漢字・平仮名《がな》・片仮名の特徴《ちょう》をおさえよう。

新しい漢字

教科書 116ページ

宝　ホウ　たから　8画

丶 丷 宀 宀 宀 宇 宇 宝

教科書 119ページ

著　チョ　11画

艹 艹 艹 芏 芏 茅 茅 著 著

◀練習しましょう。

❶宝　❶著

1 漢字の読み

読み仮名《がな》を横に書きましょう。

❶ すぐれた宝。

❷ 著名。

❷「著」には、書物を書きあらわすという意味があるよ。

○新しく学ぶ漢字

●新しい読み方を覚える漢字

◆特別な読み方の言葉

2 漢字の書き

漢字を書きましょう。

❶ □（たから）を見つける。

❷ □□（ちょめい）な作家。

3

次の文字の説明として合うものを□から選んで、記号で答えましょう。

漢字練習ノート27ページ

❶ 漢字（　　）（　　）

❷ 万葉仮名《まんようがな》（　　）

❸ 平仮名・片仮名（　　）

❹ 平仮名（　　）

❺ 片仮名（　　）

❻ ローマ字（　　）（　　）

ア　音を表すだけでなく、意味も表す。

イ　古代ローマで用いられた文字。

ウ　日本語の一音一音を表すため、漢字をもとにつくられた。

エ　三千年以上も前に中国《ちゅうごく》で誕生した。

オ　漢字の書き出しのところや最後の一部分をとってつくられた。

カ　漢字をくずして書いた形からつくられた。

キ　漢字を仮名のように用いるもので、『万葉集《まんようしゅう》』に多く用いられた。

ク　音だけを表す文字で、コンピューターに文字を入力するときなどにも用いられている。

4 次の漢字は、ア…象形《しょうけい》文字、イ…指事《しじ》文字、ウ…会意《かいい》文字、エ…形声《けいせい》文字のどれですか。記号で答えましょう。

❶ 上（　　）　❷ 山（　　）　❸ 時（　　）
❹ 信（　　）　❺ 岩（　　）　❻ 三（　　）
❼ 魚（　　）　❽ 泳（　　）

5 次の――の漢字は、二通りの読み方で読むことができます。読み仮名を書きましょう。

❶ 効果が重複する。（　　）（　　）
❷ 木の実を拾う。（　　）（　　）

6 日本では西洋の文化を取り入れるため、英語の「science」（サイエンス）という言葉を、どう表しましたか。漢字二字で書きましょう。

7 次の漢字から生まれた平仮名は、なんですか。

❶ 加 → か → （　　）
❷ 計 → 计 → （　　）
❸ 毛 → も → （　　）

8 次の――の言葉が片仮名で書かれていることの説明として、合うものを［　］から選んで、記号で答えましょう。

❶ お店でパンを買ってきた。（　　）
❷ かみなりがゴロゴロと鳴った。（　　）
❸ アゲハチョウの観察をした。（　　）
❹ 料理のコツを教えます。（　　）

ア 鳴き声や、物の音を表す言葉を表している。
イ 特にはっきり示したい言葉を強調している。
ウ 外来語を、和語や漢語と区別している。
エ 動植物の名前を表している。

❹は、きわだたせたい言葉に片仮名が用いられているよ。

9 同じ文を次の❶～❸のようにそれぞれ書き表したときの説明として、合うもの一つに○をつけましょう。

❶ あすははれるようです。
❷ 明日は晴れるようです。
❸ **Asuwahareruyôdesu.**

ア（　）❶は仮名を使うことで言葉の意味がはっきりとしている。
イ（　）❷は言葉のくぎりがはっきりしていてわかりやすい。
ウ（　）❸は間をあけずに書いているので読みやすい。

ものしりメモ ローマ字は、ヨーロッパのほとんどの国で使われているほか、南北アメリカやオセアニア、そしてアフリカなど多くの国々で使われているんだよ。

基本のワーク

漢字の広場⑥　さまざまな読み方
特別な読み方の言葉

教科書　㊦120～122ページ

答え　24ページ

勉強した日　月　日

学習の目標
- 漢字のさまざまな読み方を知ろう。
- 特別な読み方の言葉を覚えよう。

漢字練習ノート28ページ

新しい漢字

教科書120ページ　◀練習しましょう。

従	ジュウ　したがう	10画
劇	ゲキ	15画
乳	ニュウ　ちち	8画
朗	ロウ	10画
覧	ラン	17画

1　漢字の読み

読み仮名《がな》を横に書きましょう。

○新しく学ぶ漢字
●新しい読み方を覚える漢字
◆特別な読み方の言葉

① 従者　② 劇　③ 牛乳　④ 朗読

⑤ 一覧表　⑥ ◆博士　⑦ ◆下手　⑧ ◆迷子

⑨ ◆真っ青　⑩ ◆眼鏡

2　漢字の書き

漢字を書きましょう。

① [　　]《じゅうしゃ》の登場。

② 詩の[　　]《ろうどく》。

3　漢字の広場⑥　さまざまな読み方

次の――の言葉の意味を[　]から選んで、記号で答えましょう。

① 子どもが持った風車が回る。（　）

② 風車を使って水をくみ上げる。（　）

③ 夏は生物の保存に注意する。（　）

④ 図鑑《かん》で生物の勉強をする。（　）

ア　風の力で動力を得る機械。
イ　動物や植物などの生き物。
ウ　風で羽根が回るおもちゃ。
エ　にたり焼いたりしていない食べ物。

4 次の――の漢字の読み仮名を（　）に書きましょう。また、――の意味を□から選んで、〔　〕に記号で答えましょう。

1 料理は、兄のほうが一枚上手だ。（　）〔　〕
2 主役の俳優が上手から登場する。（　）〔　〕
3 かぜをひいて、寒気がする。（　）〔　〕
4 春になって、寒気がゆるむ。（　）〔　〕
5 かのじょの演技は見物だった。（　）〔　〕
6 祭りを見物する。（　）〔　〕
7 株式市場の動きを見る。（　）〔　〕
8 村の市場で野菜を買う。（　）〔　〕
9 色紙でつるを折る。（　）〔　〕
10 色紙に俳句をしたためる。（　）〔　〕
11 海からのぼる初日を拝む。（　）〔　〕
12 今日は競技会の初日だ。（　）〔　〕

ア 見る価値があるもの。
イ 小さな店が集まった所。
ウ 最初の日。
エ 書や絵をかく四角い厚い紙。
オ 体に感じる寒さ。
カ 相手よりすぐれていること。
キ 見て楽しむこと。
ク 折り紙用の色のついた紙。
ケ 一月一日の朝の太陽。
コ 客席から見て舞《ぶ》台の右の方。
サ 冷たい空気。
シ 人が取り引きする場所。

5 次の――の漢字の読み仮名を書きましょう。

1 参加者が増える。（　）
2 音楽に対する興味が増す。（　）
3 冷たいジュースを飲む。（　）
4 みそしるが冷める。（　）
5 家の中が冷える。（　）
6 箱のふたを閉じる。（　）
7 部屋のドアを閉める。（　）
8 雪がたくさん降る。（　）
9 目的地でバスを降りる。（　）
10 山には細い道がある。（　）
11 細かい砂が散らばる。（　）

6 次の――の特別な読み方の言葉の読み仮名を書きましょう。

1 果物を食べる。（　）
2 広い部屋。（　）
3 下手の横好き。（　）
4 清水がわく。（　）
5 七夕まつり（　）
6 外の景色。（　）
7 真面目な人。（　）
8 眼鏡を買う。（　）
9 迷子になる。（　）

ものしりメモ
漢字での特別な書き表し方に、「当て字」というものがあるよ。漢字の意味に関係なく、音だけをあてはめたもので、「亜米利加《あめりか》」「可哀相《かわいそう》」などがそうだよ。

まとめのテスト

津田梅子《つだうめこ》――未来をきりひらく「人」への思い

SDGs

教科書　下96〜122ページ
答え　24ページ
勉強した日　月　日
時間20分
得点　/100点

次の文章を読んで、問題に答えましょう。

一九〇〇（明治《めいじ》三十三）年九月十四日、梅子《うめこ》は「女子英《じょしえい》学塾《がくじゅく》」を創立した。英語教師を育てるための、生徒わずか十人の小さな学校だった。開校式で、梅子はあいさつをした。

「真の教育には、立派な校舎や教材よりももっと①大切なことがあります。それは、教師と生徒、両方の熱意です。」

梅子は、ただ講義を聞くのではなく、生徒が自分の考えをもつことを重視した。梅子の熱意に応えようと、生徒も、みな真剣《けん》だった。

開校から十三年が過ぎた一九一三（大正《たいしょう》二）年の卒業式の日、梅子は卒業生に英語で語りかけた。

「多くを得た人は、社会にそれを②お返ししなくてはなりません。人生を無為《い》にせず、広く社会にはたらきかけることのできる、多くの人の役に立つ人になってください。」

梅子は、自分の学校で学び、卒業していく女性たちが、全国の学校で教師として活躍《やく》することを③ほこらしく思った。

一九二九（昭和《しょうわ》四）年、梅子は六十四歳《さい》でこの世を去った。梅子の最後の日記にはたった一行、英語で「昨夜はあらし」と書かれていた。困難な状況《きょう》の中でも前へ前へと進み続けた、

1　梅子が創立した学校は何を目的とした学校ですか。〔10点〕

2　梅子が考える「①大切なこと」とは、どんなことですか。十一字の言葉を書きぬきましょう。〔10点〕

3　梅子が生徒に対して重視したのはどんなことですか。〔15点〕

4　よく出る　「②お返ししなくてはなりません」とありますが、具体的にはどうすることですか。〔15点〕

言葉の意味プラス

7行　真剣《けん》…本気である様子。　15行　活躍《やく》…おおいにすばらしい働きをすること。
19行　困難…物事をするのが難しいこと。　22行　力をつくす…せいいっぱい努力する。

梅子の人生を表しているようだった。

第二次世界大戦後、梅子の学校は正式な「大学」となる。そのために力をつくしたのは、梅子が作った奨《しょう》学金制度で学んだ女性たちだった。

梅子の教育への思い、そして未来をきりひらく「人」への思いは、百年以上の時を経て、今も私たちに受けつがれている。

〈髙橋《たかはし》　裕子《ゆうこ》「津田梅子《つだうめこ》——未来をきりひらく『人』への思い」による〉

5 「ほこらしく思った」③とありますが、ここから梅子のどんな気持ちがわかりますか。一つに○をつけましょう。〔10点〕

ア（　）多くの生徒たちが集まってうれしく思う気持ち。
イ（　）卒業生たちの社会での活躍を得意に思う気持ち。
ウ（　）自分の考えが生徒たちに伝わり安心する気持ち。

チャレンジ!

6 筆者は梅子の人生を、どんな人生だったと述べていますか。〔15点〕

（　　　　　　　　）

7 よく出る● 梅子が創立した学校はどうなりましたか。一つ5〔10点〕

梅子が作った（　　　）で学んだ女性たちによって、正式な「（　　　）」となった。

8 津田梅子についての説明として正しいものはどれですか。一つに○をつけましょう。〔15点〕

ア（　）梅子の教育への熱量によって、奨学金制度が社会で活躍することにつながった。
イ（　）学校を創立したことで、梅子は全国の学校で教師として活躍することができた。
ウ（　）梅子の教育への思いや「人」への思いは、現在の私たちに受けつがれている。

ものしりメモ

津田梅子《つだうめこ》は、2024年度から発行の5000円札にえがかれているよ。選定された主な理由として、女性活躍《やく》の観点から日本の近代化をリードした人物であることがあげられているよ。

まとめのテスト

薫《くん》風

教科書 下 128～131ページ
答え 25ページ

時間20分

得点 /100点

勉強した日 月 日

次の文章を読んで、問題に答えましょう。

五月も半ばごろになると、町中《じゅう》がこの花みかんの香りに包まれる。毎年、①この季節になると、私《わたし》はみかん畑をかけ回った②子どものころに引きもどされる。宝《たから》物をうめたり、かくれんぼをしたり、私たちの遊び場は、みかん畑の広がる裏《うら》山だった。とはいっても、③当時は花みかんの香りを、こんなに意識していなかったように思う。遊ぶことに夢中だったのだろう。帰宅《たく》時間を知らせるチャイムが流れて、夕暮《ぐ》れが近づくと、花みかんはいっそうにおう。暮《く》れぎわの山のりょう線、たかぶる水の音、そして花みかんのにおいは、チャイムの音色とともに、子ども時代の思い出のワンピースをなしている。

そしてもう一つ、④花みかんの香りと切っても切れないものが、なき祖父の着物のにおいである。おじいちゃん子だった私は、どこへ行くにも祖父をともなって行った。校庭のすみで、プールサイドで、みかんの木の下で、祖父はいつも、遠まきに私が遊ぶ姿をながめていた。「さあ、そろそろ帰ろうか。」祖父の胸《むね》に飛びこむと、生まれた時からなじんでいる祖父のぬくもりと、ころものにおいがそこにあった。東京《とうきょう》で古物《こぶつ》をあきない、一時はとてもはぶりのよかった祖父は、年老いても大変なしゃれ者で、家の中でも四六時中しゃれたアンサンブルの和服を着て

3 「③当時は花みかんの香りを、こんなに意識していなかった」について答えましょう。

(1) なぜ、当時は花みかんの香りをあまり意識していなかったのだと、筆者は考えていますか。〔10点〕

(2) よく出る 筆者は、夕暮れごろの「花みかんの香り」と一緒《しょ》に思い出されるものとして、どんなものをあげていますか。三つ書きましょう。一つ5〔15点〕

4 「④花みかんの香りと切っても切れないものが、なき祖父の着物のにおいである」について、答えましょう。

(1) 筆者と祖父との関わりの強さがわかる言葉を、七字で書きぬきましょう。〔5点〕

言葉の意味プラス
8行 りょう線…山のみねからみねへと続く線。 10行 ワンピース…一つの部分。
19行 アンサンブル…同じ布で作ったひと組の服。 21行 うとい…よく知らない。

いた。もちろん、そんなかっこうをした老人はいなかではめずらしかったので、その手のことにはうとかった私も、「うちのおじいちゃんは、ちょっとよそのおじいさんとは、ちがうわ……。」と自慢《まん》に思っていた。着物の風《ふう》合いとほのかなしょうのうのにおい、心臓《ぞう》に重い持病のあった祖父のふところは、いつもじっとりとしめっていた。

花みかんの風にふかれながら、祖父と手をつないで家へ帰った遠い日を、五月の風に会うたびに、昨日のことのように思い出す。一口に「薫《くん》風」といっても、それぞれの香りがあり、また思い出があるのだ。

⑤薫風や橋を渡《わた》れば隣《となり》町

〈黛《まゆずみ》まどか「薫《くん》風」による〉

1 ①「この季節」とは、いつごろですか。　一つ5〔10点〕

（　　　）ごろになって、町中が（　　　）に包まれるころ。

2 ②「子どものころ」の筆者は、どんな遊びをしていましたか。　一つ5〔15点〕

（　　　）に行って、（　　　）をうめたり、（　　　）をしたりした。

(2) 祖父は、どんな人でしたか。　一つ5〔15点〕

（　　　）で古物をあきない、一時はとても（　　　）人であり、年老いても大変な（　　　）だった人。

(3) よく出る● 当時の筆者は、祖父のことを、どんなふうに思っていましたか。　一つ5〔10点〕

祖父は、よそのおじいさんとは（　　　）と感じて、（　　　）に思っていた。

(4) 祖父の着物のにおいが、花みかんの香りと「切っても切れない」のは、どんな思い出があるからですか。　〔10点〕

書いてみよう！

（　　　）

チャレンジ！

5 ⑤「薫風」とありますが、筆者にとって薫風とは、どんなものですか。一つに○をつけましょう。　〔10点〕

ア（　）自分だけの大切な思い出とともに、感じ取られるもの。

イ（　）五月ごろにふく風であり、だれにとっても同じもの。

ウ（　）その時の気分によって、毎年ちがう香りがするもの。

ものしりメモ

「薫《くん》風」以外にも、風の名前はたくさんあるよ。例えば、「東風《こち》」は、春になって東からふく風のこと、「黒南風《くろはえ》」は梅雨《つゆ》の初めのころにふく南風のことなんだ。

付録

まとめのテスト

正岡子規《まさおかしき》

教科書 下136～139ページ　答え 25ページ

勉強した日　月　日

時間15分

得点　/100点

次の文章を読んで、問題に答えましょう。

病気が重くなった子規《しき》は、そのころ松山《まつやま》市の中学校で英語教師をしていた漱石《そうせき》の下宿で二か月ほど静養し、①二人で俳《はい》句作りにはげんでいました。

なお、このころの体験をもとに漱石が書いたのが『坊《ぼ》っちゃん』です。

漱石との交流も幸いしたのか、子規は体調が回復し、大阪《おおさか》や奈良《なら》などを旅行しながら東京《とうきょう》にもどりました。その時に奈良で作ったのが、有名な次の俳句です。

②柿《かき》くへ（エ）ば鐘《かね》が鳴るなり法隆《ほふりゅう》（ホウリュウ）寺

しかし、その後、病状が悪化してほとんどねたままの状態となり、子規は自分の命が長くないことを知ります。けれども、悲しみにくれるだけの子規ではありません。自分がなんのために生きてきたのか、これからいかに生きていくべきかを考え、③俳句と短歌の革《かく》新に情熱をかたむけていきます。俳句や短歌は、言葉をかざって作るものではなく、耳や目に入ってくるものを素《す》直に受け取り、表すものであると考えて、写実的な俳句や短歌のすばらしさをうちだしたのです。ですから、子規の作品は、俳句や短歌についての知識がなくても理解でき、情景が目にうかびやすく、イメージが広がっていきます。

〈「正岡子規《まさおかしき》」による〉

1 「①二人」とは、だれとだれですか。〔20点〕

（　　　　）

2 「②柿くへば鐘が鳴るなり法隆寺」の俳句は、だれがどこで作ったのですか。両方できて〔20点〕

（　　　　）が、東京にもどる時に（　　　　）で作った。

3 よく出る 「③俳句と短歌の革新に情熱をかたむけていきます」とありますが、その結果、子規は何を世の中にうちだしましたか。〔20点〕

（　　　　）

チャレンジ!

4 子規の作品にはどのような特徴《ちょう》がありますか。両方できて〔40点〕

俳句や短歌についての（　　　　）がなくても理解でき、（　　　　）が目にうかび、イメージが広がるという特徴。